渠道建设密码

密码

消费品渠道数字化的发展与实践

刘昭 董阳 王启彪 ◎ 著

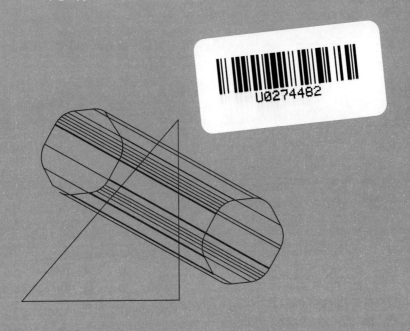

清华大学出版社
北京

内 容 简 介

消费品行业产品同质化严重，渠道竞争进入白热化阶段。通过渠道数字化系统建设构建企业渠道核心竞争力，成为众多消费品行业的共识。在消费品行业中，不同的细分行业所面临的渠道管理的痛点、难点均有所不同，如何基于细分行业特征有效构建渠道数字化体系，成为渠道数字化建设的关键。TOP级的消费品企业在渠道数字化建设方面已经取得了较大的成功，这些领先的公司是如何进行渠道数字化建设的，其成功的秘诀是什么，这些信息都是行业内有数字化建设需求的品牌商或经销商企业迫切需要学习和借鉴的。

本书论述消费品行业渠道的发展史，以及各细分行业渠道的特征变化，基于上述变化分析该细分行业渠道数字化建设的需求。在此基础上，重点介绍渠道数字化的价值，以及建设的成功路径。最后重点介绍当前新技术对于渠道数字化加速的作用，如SaaS、AIaaS等。此外，还结合勤策的数字化实践，介绍行业头部企业的渠道数字化建设的成功实践，以期给读者带来一些思考。

本书适合消费品行业管理者、研究人员阅读，也适合数字化转型的从业者阅读。

图书在版编目(CIP)数据

渠道建设密码：消费品渠道数字化的发展与实践 / 刘昭，董阳，王启彪著 . —北京：清华大学出版社，2024.3
ISBN 978-7-302-65711-8

Ⅰ.①渠⋯　Ⅱ.①刘⋯ ②董⋯ ③王⋯　Ⅲ.①消费品—商品流通渠道—数字化—建设—研究　Ⅳ.① F713.1-39

中国国家版本馆 CIP 数据核字 (2024) 第 044989 号

责任编辑：王中英
封面设计：杨玉兰
版式设计：方加青
责任校对：胡伟民
责任印制：曹婉颖

出版发行：清华大学出版社
　　　　　网　　　址：https://www.tup.com.cn，https://www.wqxuetang.com
　　　　　地　　　址：北京清华大学学研大厦 A 座　　　　邮　　编：100084
　　　　　社 总 机：010-83470000　　　　　　　　　　邮　　购：010-62786544
　　　　　投稿与读者服务：010-62776969，c-service@tup.tsinghua.edu.cn
　　　　　质 量 反 馈：010-62772015，zhiliang@tup.tsinghua.edu.cn
印 装 者：涿州汇美亿浓印刷有限公司
经　　销：全国新华书店
开　　本：170mm×240mm　　　印　　张：15.75　　　字　　数：300 千字
版　　次：2024 年 3 月第 1 版　　　印　　次：2024 年 3 月第 1 版
定　　价：69.00 元

产品编号：102024-01

推荐语

　　企业管理数字化、销售和渠道管理数字化，对企业来说不是做不做的问题，而是怎么做的问题，尤其对于具有一定规模的企业来说，是帮助提升效率和有效性的必备能力和工具。勤策已经服务和助力各个消费品行业的多家企业进行渠道和销售管理的数字化转型，本书总结了其多年的实践经验，并结合案例进行分享，对于探索渠道和销售数字化的企业——无论是刚起步的还是有一定实操经验的——都有较好的参考和借鉴意义，值得一读。

蒋斌华　阿克苏诺贝尔装饰漆中国区零售渠道销售总监

　　"工欲善其事，必先利其器"，所谓"器"，工具也。中国现代线下零售业的管理与升级，离不开数字化工具的加持。勤策智慧零售数字化管理工具经过十多年的实践和升级，实现了从数字化到数智化的创新，已成为新零售行业管理的强大智能化工具。我们公司就是这一工具的忠实用户，通过近十年的应用，帮助经销商有效地管理数十万网点及数千名市场专员，实现了公司、经销商、网点的多方共赢。未来渠道网络的竞争就是数智化的竞争，迎接挑战，未来可期！

刘少严　西卡德高中国副总经理兼全国销售总监

　　伴随着中国经济的蓬勃发展，以满足个性化需求为特点的消费升级，把我们带到了消费者主权时代。由此衍生出渠道的多元化，每一个新兴渠道的产生都是在满足需求相似的消费者。数字化工具拥抱全渠道、服务渠道商、精准触达细分渠道消费者，是企业保持强劲增长的唯一办法。

彭传纲　徐福记国际集团销售总经理

《渠道建设密码》一书分析了行业的发展历史、业务形态演进，从传统的渠道营销模式到更加复杂的全渠道营销模式，提出了更高的时效要求和客户体验要求。如何依靠数字化平台工具全面打通各个环节？需要考虑各种挑战和问题，包括组织、人才、技术及流程各个方面的挑战和机会点，本书都进行了细致的拆解和分析，并罗列了典型行业的突出重点。

本书的对象覆盖范围很广，零售行业的读者应该都可以从中找到共鸣，吸取经验，提前规避企业数字化转型中可能遇到的问题，尽早在数字化转型中选对路，提高企业的数字化管理效率，在各自的竞争领域中独领风骚！

徐蔚　上海家化联合股份有限公司CTO

在零售渠道领域，变的是渠道生意的形态，不变的是渠道背后的生意逻辑。跟勤策合作许多年，这个团队给我最深的印象就是专注和激情——专注于渠道数字化这一件事，并永远保持着创业的激情，以及打造最能提升渠道的可视性、可及性和投资效率的数字化产品的激情。本书分享勤策在渠道数字化领域积累的丰富经验，希望给读者带来启发。

阳友维　Kenvue China CIO

中国消费品渠道的变化

想把一个商品从工厂送到消费者手中，中间需要经过多个环节。这多个环节可以分为两部分，一部分叫通路，一部分叫渠道。我们可以把通路理解为用来存储和运输的管道；而渠道是用来与客户产生交易与交付的场所。通路一般由多个角色上下游衔接，通过一层一层接力完成商品的流通。渠道是指多种类型的零售商同时面对消费者，根据不同的消费场景来满足不同消费需求的多种业态组合。对于一个品牌商来说，如果想把商品快速交付到消费者手中，必须借助通路的能力，完成对渠道的覆盖。

改革开放四十多年来，差不多每十年，中国零售渠道就会出现新一代零售模式，迄今为止中国共出现了四代零售模式：

- 第一代零售模式（1989 年）：夫妻店、批发市场。

- 第二代零售模式（1998 年）：连锁便利店、大卖场。

- 第三代零售模式（2007 年）：平台电商、垂类电商、私域电商。

- 第四代零售模式（2016 年）：前置仓电商（社区团购＋闪电仓）、折扣／会员店卖场（量贩零食＋硬折扣＋会员）、兴趣电商（品类＋KOL＋内容）。

- 在四种零售模式的背后，对应着四种不同的通路供应链模式：

- 第一代零售模式：经销商、分销商、批发商。

- 第二代零售模式：品牌商直营、经销商。

- 第三代零售模式：品牌商直营、TP（电商的代运营服务）商、TP 分销商。

● **第四代零售模式：品牌商直供、超级供应链、TP 商、经销商。**

纵观四代零售模式下的通路组合，我们看到，随着时间的推移，整个通路与渠道的复杂度呈现出指数级上升的特点。市场内参与的玩家越来越多，竞争越来越激烈，也越来越内卷。随着技术的成熟和基础设施的完善，中国的消费品价值链在不断缩短，实现了去中间化、数字化和货物的快速流转。数字化、可视化是今天对通路渠道最迫切的需求。

渠道背后正在面临深刻的变革

从过去的角度来看，渠道营销工作概括来说包括两个方面：分销管理和动销管理。

这样的工作每个营销人应该都不陌生，但是大家有没有想过，这是建立在类型相对单一、数量规模巨大的单一零售业态基础之上实现的营销管理模式。换句话说，这种模式可以适配的渠道终端类型其实非常少。

对于品牌商来说，计划性消费品类（比如家里用的调味品、日化用品，一般都是有消费周期的）只需要关注现代渠道（超市、大卖场），即时性消费品类（比如饮料、零食，一般是没有消费周期的）只需要针对传统渠道（夫妻店＋餐饮）做好深度分销。今天的生意逻辑已经从货不动人动，变成了人不动货动。货架也已经从物理空间的概念，转为交易场景上的形态。

从交易场景的角度看渠道，渠道就从二维就变成了三维：无论在家里、在学校、在办公室还是在公交车上，都不影响你购买全世界任何一款商品；不管是上午、下午、晚上还是凌晨，都不影响你购买任何商品；不管你是在超市、朋友圈还是电子商城里，都可能买到你想买的商品。当交付变得简单，交易就变得越来越重要。

电子货架让整个生意逻辑全变了。电子货架带来的不仅仅是交易的便捷性，包括整个交付（供应链）也跟着交易形式的变化发生了天翻地覆的变化。我把这种变化总结成下面三点。

1.价值链大幅度缩短

今天电子货架可以实现一对多的大规模交易，也可以实现物流的低成本交付，所以同样的生意体量，根本不需要那么多的分销商。简单举个例子，做得比较好的新消费品牌，不用找经销商，在线上照样卖能十多亿元。平台的个性化精准推荐，让消费者不再仅仅相信品牌，更愿意相信算法。

信息透明度越来越高，已经很难通过信息差来获取更多的利润，这就导致很多之前的信息掮客，都没有了靠信息差赚钱的可能性。只要有条件，所有人都更倾向于直接交易。中心仓、物流（干支仓拣配）的功能越来越完善，一件代发、一键直达的物流网，使货物不再需要那么多的搬运次数。

社区团购、折扣店在聚合了巨大的流量之后，反过来向上游要求更低的价格，如果得不到满足，它们就直接找品牌商合作，不再和传统的品牌商所构建的"经销商＋批发商分销体"合作。

价值链在缩短的逻辑，本质上是因为信息熵的减少、社会供应链的完善，驱动了整个价值链逐步向更高效的方向发展。

2.交易逻辑发生了变化

交易逻辑的变化包括两种。

第一种变化是选品逻辑变化了。社区团购、网红直播和山姆会员店的逻辑，本质上都一样，都在帮助消费者选品。它们不见得知道消费者是谁，但是它们通过巨大的流量聚合，反向倒逼供应链必须提供更优质、更便宜的商品。

大品牌不一定会被选中，消费者认为适合的才会被选中。这种适合，不仅仅是低价，低价只是消费需求的一种，消费者还有很多其他需求，例如品质需求、象征性需求、情感需求等。

来看第二种变化。你在抖音上买东西，真的是你需要的吗？其实是算法觉得你需要，推荐给你，然后你心动了，买了。这个现象叫"选择权让渡"，意思是说现在互联网上的信息过载，人们根本没有那么多时间和精力去遴选产品，也没有能力去辨别屏幕中产品的好坏，人们只能把自己的选择权交给算法，让算法来替自己做出选择。只要算法认为你需要，就给你推荐，而且质量好、价格便宜，没准还让你很开心。

这两种变化都是第四代零售模式非常显著的特征，因为选择权让渡，人们都不可逆地进入信息茧房内，在不同的茧房中，消费的需求、交易的逻辑都各有不同。我们想把货在第四代零售模式下卖给消费者，不能只考虑低价，而是要重新理解第四代零售模式的交易逻辑。

3.场景变得越来越重要

在前两代零售模式里面，大多数是货在超市里，消费者去超市购物，购物的场所和时间都是相对固定的。从第三代零售模式开始，零售有一个非常重要的变化，那就是所有的货架都已经"上线"，不仅仅是在线下，线上也同步销售，甚至一些货架只在线上存在，人们拿出手机就可以随时购物。当购物开始变得方便，人们就已经不太在乎具体的购买时间，囤货的需求大幅度减少，消费者购买的时刻大概率就是需求发生的时刻。

所以我们今天要重新理解场景的意义，从货不动、人动，变成了人不动、货动。这是革命性的变化，很多企业严重低估了这个变化的重要性：

- 过去交易的场是确定的，现在交易的场是不确定的。

- 过去交易的人大概率是购买者（不一定是使用者），现在交易的人大概率是消费者（即实际使用者）。

- 过去的营销是在交易场景下靠品牌驱动，现在的营销是在消费场景下靠痛点驱动。

- 人不动货动，意味着交易可以随时发生，发生的前提是建立在场景下的需求，所以场景即渠道，渠道即交易。

- 场景≈渠道。

写在最后

今天的中国市场，正在从成长型市场进入成熟型市场，除了竞争激烈，通路和渠道管理也变得越来越复杂。企业的转型升级，不能单纯地从改进和改良的角度去改善渠道问题，更要从第一性原理出发，去洞察需求、演绎消费逻辑、抽象营销模型，并且从战略的角度去做顶层设计。

过去的二十年，谁在数字化方面做得好，谁就一定会在同领域里面领先。未来的二十年，谁不做数字化，谁就一定会被市场淘汰。

本书系统阐述中国消费品通路和渠道的发展变革历史，并从发展的脉络中梳理总结其中的规律与变化，针对今天市场零售场景的多元化、数字化需求，给出了系统的解决方案与变革建议。希望本书带给读者更多思考。

赵波

新经销创始人

推荐序二

从全局实践中破解迷思，从脚踏实地中累积成果，从价值体现中验证策略，从机制体系中持续发展。

本书简述了零售渠道的发展史，分享了勤策的行业实践，解构了快消零售行业在市场变化下的数字化历程。作者结合自身的思考和实践，讲述了众多实务操作的生动案例。这些案例有助于读者更全面地认识和理解快消零售领域渠道数字化发展历程。

从本书中不难发现，消费品行业受互联网发展的影响非常大，品牌企业、渠道和通路上的每个伙伴都在接受新的挑战和转变。品牌商面临渠道分散和快速迭代的压力，需要强化精准营销以占据消费者心智。尤其现在对成本控制不断加强，在这个背景下，品牌商在渠道和通路上的运营能力更显重要。

基于上述背景，企业往往需要依赖一整套体系来赋能快消零售行业的数字化转型，通过系统整合各方面的协作与连接才能发挥综合效果，所以最终不能仅仅以技术落地思维去思考数字化的目标，而要能用"好用""有用""享用"的价值体验来验证数字化的目的，因为最终影响数字化决策的因素往往是思维。

书中的案例从不同维度阐述场景背后的故事，这种带入式的体验有利于读者理解。但是，别人的故事毕竟是别人的，读者可以问一下自己，自己的故事又是什么？书中的故事对自己有什么启发？

谈到渠道数字化的价值，本人做几点分享。

从信息化到数字化，一路走来常常听到一个词叫"一把手工程"，但是在实践上也会因为误区而导致整个数字化历程出现过犹不及的情况，从本书的案例可以窥见，数字化的关键在于思维的把控。

　　首先，数字化不是建设 IT 系统，而是基于业务需求，通过系统驱动业务，实现数字化对业务的赋能。这种情况下，好的做法应该让组织、技能、流程各方面的 IT 系统与业务协作，分步实施规划，逐步实现数字化的变革。

　　从企业经营的角度看，数字化最终要能体现价值，价值最好能衡量，这也是大部份 IT 人遇到的困扰，因为系统做好后并不能直接体现价值，系统需要被驾驭和应用，才能将价值展现出来。所以就需要考虑在业务用户的当前条件下如何赋能，才能发挥 IT 系统的价值。

　　接下来可能要讨论如何产生需求，书中提到，不同的公司在业务模式、团队效率、客户体验等方面往往存在较大的差异，这和公司规模、管理思维、数字化的程度有密切关系。因为大部分企业可能是追随者，只有少数企业是领跑者，所以了解书中的案例时，可以探讨案例中的需求是否和自己企业相符。

　　数字化转型的另外一个特点是数据化。数据需要具备真实性、即时性、一致性和丰富性，只有这样才能满足管理需求，发挥数据的价值，且可以成为企业运营的资产。消费者的习惯在新型冠状病毒流行期间加速转变，现在传统线下渠道的经营模式需要与线上渠道的能力进行融合，通过系统赋能交易来实现以数据为核心的人、货、场线上线下整合，加上深度分销需要更健壮的分销体系来把渠道和通路做大做深，因此在体系规划下，需要利用数据的力量在每次边际成本增加或变化时形成数据资产，以收获意想不到的洞察和价值。然而渠道和通路上的数据往往并不完美，如何在不完美中找到力量？可能要借助更多的技术和创意才能窥探出数据背后的业务真相。

　　最后，技术不能解决所有问题，单一系统也未必能解决读者的所有问题，但是保持开放心态，连接生态伙伴，长期持续对问题和需求更新迭代，也是一个非常关键的要素，就像渠道上的生意伙伴，长期稳定的合作关系、知己知彼的状态也是企业很重要的资产。

郑弘祺

康师傅集团 CIO

前言

在最近参加的很多行业论坛中，笔者发现"数字化"已经成为最受欢迎的主题之一，似乎没有数字化就无法谈行业，也无法谈发展。作为数字化的从业者，短短 10 年间，笔者亲眼目睹了中国企业对数字化的态度由漠不关心到静观其变，再到躬身入局，最终到积极创新的过程。

整体上来说，我国企业数字化的程度还是偏低的。根据 Gartner 2020 年的报告，中国的 IT 软件支出占整个 GDP 的 0.1%，而美国的这个数值是 1.1%，英国是 1.0%，德国是 0.6%，我们与它们的差距巨大。我国是制造业大国，但为制造业服务的生产性服务业发展不充分。在发达国家，生产性服务业产值在 GDP 中的占比为 40% ～ 50%，是 GDP 中占比最大的一项；而我国目前的生产性服务业产值只占 GDP 的 15% ～ 20%。可以说，我国和欧美发达国家的差距不在制造业本身，而在为制造业服务的生产性服务业上。

对比国内企业与欧美发达国家企业，我们发现欧美发达国家企业长期享受数字化带来的益处，企业内部从上到下都非常认可数字化的价值，加上这些国家的人力成本较高，所以企业都把数字化作为经营的默认选项。以前国内的人力成本不高，企业习惯性地投入更多人力成本来完成经营管理工作，而不太重视数字化，或者对于为软件付费的接受度不高，导致数字化的进程有点缓慢。这一历史现象也提升了国内企业对于数字化的价值的重视，即更追求搭建数字化系统的投资回报比，更希望数字化系统有显性的价值。这就使得在国内为企业做数字化工作，必须非常贴近行业，贴近客户，贴近使用者。笔者认为，这对行业来说是一件好事。

2016 年，马云在云栖大会上提出"新零售"的概念，把零售行业的数字化升级、数字化转型推向了一个高潮。不过，此前，在零售行业的上游——消费品渠道领域早就拉开了数字化变革的大幕。

消费品行业是一个市场竞争充分的行业，从早年的外资品牌率先进入中国市场，到国有品牌突破原有的刻板形象、建立自己的竞争力壁垒，再到民营品牌持续创新、百花齐放，市场上形成了你中有我、我中有你的局面。无论是可口可乐发起的深度分销，还是今麦郎发起的"四合一"模式，或是众多白酒企业发起的盘中盘战略，亦或是阿里、京东建立的 B2B 产业互联网平台，都是以强大的数字化系统为基础的。可以说，知名品牌的成功都离不开背后的数字化逻辑。

通过阅读本书，读者不但能够了解渠道数字化的常规操作方式和原理，感受数字化对渠道建设的价值，还能够从数字化的角度来看待消费品行业渠道的历史变迁。期待能有读者提出创新的思维和方法，用数字化引领消费品行业渠道的下一次变革。

刘昭

2023 年于南京

目录

第一部分　认识消费品渠道数字化

第1章　全面认识消费品行业的渠道 / 3

1.1　消费品行业渠道历史沿革 / 3

1.1.1　渠道单一，传统经销批发为主，商超渠道逐渐崛起 / 3

1.1.2　单一渠道转变为多元渠道，线下与线上并重 / 7

1.1.3　多元渠道向全渠道发展，新场景、新零售、新方式不断涌现 / 8

1.2　消费者的变化推动渠道的变化与发展 / 10

1.2.1　消费者流量变化 / 10

1.2.2　消费者思维变化 / 11

第2章　消费品主流渠道的发展现状 / 14

2.1　便利店：最健康的线下渠道 / 14

2.1.1　便利店的起源 / 14

2.1.2　便利店对于品牌厂家的意义 / 17

2.2　商超：凤凰涅槃，浴火重生 / 18

2.2.1　商超的历史与变迁 / 18

2.2.2　国内商超的多样性发展 / 19

2.2.3　商超的困局 / 19

2.2.4　商超在长期内，仍然是消费品牌的关注点 / 21

2.3　电商：逻辑转换，双轮驱动 / 21

　　2.3.1　电商的崛起 / 21

　　2.3.2　电商的变化 / 22

2.4　餐饮：增长迅速，受疫情冲击大 / 24

2.5　社区团购：主流渠道之外的有益补充 / 25

2.6　传统小店：毛细血管式的通路 / 27

　　2.6.1　传统小店的顽强生命力 / 27

　　2.6.2　传统小店不再传统 / 28

第3章　从数字化角度看典型行业渠道管理特征 / 30

3.1　食品饮料：渠道下沉，构筑企业线下市场竞争的护城河 / 30

　　3.1.1　渠道下沉面临高昂的人力成本 / 30

　　3.1.2　渠道下沉的典型做法 / 31

　　3.1.3　渠道数字化建设需求 / 36

3.2　酒水：区分价格带，构建专项渠道分销网络 / 38

　　3.2.1　高端白酒：聚焦高端餐饮与烟酒专柜，注重圈层营销 / 39

　　3.2.2　中端白酒：聚焦中端餐饮与烟酒店，注重宴席开拓和控盘分利 / 42

　　3.2.3　低端光瓶酒：注重购买便利，聚焦低端现饮和流通渠道 / 50

　　3.2.4　渠道数字化建设需求 / 52

3.3　日化：强化通路执行，打造完美门店 / 56

　　3.3.1　注重渠道5P执行提升通路生动化 / 58

　　3.3.2　打造完美门店抢占店内黄金资源 / 60

　　3.3.3　渠道数字化的建设需求 / 64

3.4　农资：连接种植户，做好农资服务；增加终端覆盖，做好营销活动 / 67

　　3.4.1　从散户时代到种植户与规模企业时代 / 67

　　3.4.2　种植户时代是服务的时代 / 68

3.4.3　多招商，强覆盖，提升产品分销　/　70

3.4.4　渠道数字化的建设需求　/　72

3.5　五金建材：渠道下沉，连接师傅，建设店招　/　76

3.5.1　房地产行业的黄金期已过，渠道下沉成为新的行业关键词　/　76

3.5.2　终端动销组合拳——店招＋陈列　/　77

3.5.3　直接连接师傅群体，打造销售前哨站　/　78

3.5.4　渠道数字化的建设需求　/　79

3.6　调味品：抢占餐饮渠道，控制零售终端、拓展工业渠道　/　82

3.6.1　餐饮渠道——借助经销商力量，多维立体式开拓维护餐饮渠道　/　82

3.6.2　餐饮渠道——下沉农贸市场，增加终端覆盖，提升铺货与动销　/　85

3.6.3　拓展工业渠道，为业绩增长注入动力　/　86

3.6.4　渠道数字化的建设需求　/　87

第二部分　渠道数字化的方法论

第 4 章　渠道数字化的价值在哪里　/　93

4.1　价值一：渠道数据更真实　/　97

4.2　价值二：渠道业务模式更先进　/　105

4.3　价值三：渠道销售效率更高　/　110

4.4　价值四：渠道客户体验更佳　/　115

第 5 章　如何做好渠道数字化　/　120

5.1　想做好企业数字化这件事，最重要的是人才　/　120

5.1.1　CIO 该向 CFO 汇报吗　/　120

5.1.2　错把 CIO 变成 CTO　/　121

5.1.3　CIO 的能力模型 / 122

5.1.4　所有人员的数字化素养 / 123

5.1.5　企业文化中和数字化相关的部分 / 124

5.2　公司的数字化要花多少钱来建设 / 126

5.3　数字化建设失败的四大原因 / 130

5.3.1　失去高层领导的支持 / 130

5.3.2　来自员工 / 合作伙伴 / 客户的抵制 / 131

5.3.3　不切实际的目标 / 132

5.3.4　难以坚持 / 133

5.4　如何选择供应商 / 134

5.4.1　在别的同行那里成功的供应商，会不会在我这里也能成功 / 134

5.4.2　选择产品好的供应商，还是服务好的供应商 / 135

5.4.3　供应商的规模越大，是不是越好 / 135

5.4.4　数字化项目，供应商的选择是否要遵循"价低者得" / 137

第 6 章　渠道数字化的技术、工具和平台 / 139

6.1　选择 SaaS，低成本实现渠道数字化转型的最优解 / 145

6.2　选择 PaaS，高性价比满足个性化需求的最佳方式 / 149

6.3　选择 AIaaS，新技术是解决老问题的最佳途径 / 151

6.4　选择 DaaS，懂得行业逻辑分析才能真正帮助业务决策 / 153

第三部分 渠道数字化实践

第 7 章 渠道数字化最佳实践 / 159

7.1 某日化企业——构建以销量和利润为导向的费用投放机制 / 159

7.1.1 项目背景 / 159

7.1.2 业务问题梳理与分析 / 159

7.1.3 项目建设方案 / 162

7.2 某啤酒企业——赋能经销商，提升经销商数字化水平与协同效率 / 169

7.2.1 项目背景 / 169

7.2.2 业务问题梳理与分析 / 169

7.2.3 项目建设方案 / 172

7.3 某建材企业——B2B 平台直连终端，通过促销直达＋深度运营，拉动终端动销，提升品牌知名度 / 182

7.3.1 项目背景 / 182

7.3.2 业务问题梳理与分析 / 182

7.3.3 项目建设方案 / 183

7.4 某保健与白酒企业——构建费用核销和商品流向管理平台，实现核销无纸化与流向透明化 / 187

7.4.1 项目背景 / 187

7.4.2 业务问题梳理与分析 / 188

7.4.3 项目建设方案 / 190

7.5 某食品饮料企业——五个在线化，为企业深度分销战略插上翅膀 / 195

7.5.1 项目背景 / 195

7.5.2 业务问题与分析 / 196

7.5.3 项目建设方案 / 197

第 8 章　渠道数字化成熟度评估　/　207

8.1　人员在线化　/　209

8.2　客户在线化　/　213

8.3　订单在线化　/　217

8.4　库存在线化　/　222

8.5　费用在线化　/　223

第 9 章　新技术对 SaaS 未来的影响　/　228

认识消费品渠道数字化

第1章 全面认识消费品行业的渠道

1.1 消费品行业渠道历史沿革

对消费品行业来说，渠道的本质作用就是更有效地触达消费者。

所谓渠道，就是消费品从厂家流转到消费者手中的路径，消费品行业把这些路径称为通路。通路构成了消费品行业的毛细血管，源源不断地运送各类商品。

数十年以来，消费品渠道经历了多次跃迁升级，每一次变化也都为消费品行业的发展注入了新的活力。

1.1.1 渠道单一，传统经销批发为主，商超渠道逐渐崛起

1.传统经销商批发阶段

中国幅员辽阔，电商未出现之前，商品必须依靠一层层的中间商流转出去。这些中间商就是我们俗称的经销商，按照承担职责的大小和管辖区域范围的不同，经销商又可以细分为一级经销商、二级经销商，规模较大的经销商又会往下发展它与终端之间的中间商，也被称为批发商。

经销商的发展不是一蹴而就的，它的发展经历如表 1.1 所示。

表 1.1　传统经销主体的发展变化

阶段	经营主体	时间	特征
阶段一	糖烟酒公司 供销社	20 世纪 90 年代初	具备了经销商的一些特质 单位或者企业往往由地方政府进行直接管理
阶段二	批发商	20 世纪 90 年代末	拥有固定的经营场所，俗称"档口"

续表

阶段	经营主体	时间	特征
阶段三	现代商贸公司	2000 年以后	组建销售队伍，独立走向市场，积极开拓终端，自主制定销售政策和促销活动

第一阶段：以糖烟酒公司，供销社为代表的官商。

20 世纪 90 年代，消费品行业总体来说处于商品短缺、渠道流通单一等窘迫状态。为改变现状，经过一系列的改革，各地的糖烟酒公司、供销社变成了自主经营、独立核算、自负盈亏、具有法人资格的经济实体，具备了经销商的一些特质，但是单位或者企业往往是由地方政府直接管理的，所以，第一代经销商往往被称为"官商"。

第二阶段：以批发为代表的坐商。

随着国有企业改革的进行、商品经济的发展，尤其是消费者需求的逐渐多元化，20 世纪 90 年代末消费品行业涌现出一大批批发商，这些批发商往往拥有固定的经营场所，俗称"档口"。与现在的积极开拓业务不同，当时的批发商都是等待客户上门购买。因此，这一阶段的经销商被称为"坐商"。

第三阶段：以现代商贸公司为代表的行商。

伴随着生产力水平的不断提高，消费品市场物质短缺的状态逐步改善，市场上的商品琳琅满目，层出不穷。商品同质化要求经销商能承担起更多的职能。这样的背景下，2000 年以后一大批新兴的经销商开始出现，这些经销商往往都是以商贸公司的形式存在，相较于原来的经销商，商贸公司类型的经销商自己组建销售队伍，独立走向市场，积极开拓终端，自主制定销售政策和促销活动。因此，这一阶段的经销商被称为"行商"。

商贸型经销商一般具备五大职能，分别是销售、配送、关系、资金、仓储（见表 1.2）。

表 1.2　商贸型经销商的五大职能

职能名称	职能描述
销售职能	最核心的职能 至少包括两个环节：终端开拓与维护；终端铺货与动销

续表

职能名称	职能描述
配送职能	与销售职能相配套 访销和车销都包含配送环节
关系职能	熟悉区域内的社会情况、风俗习惯、消费偏好、人际关系等 拥有当地的关系和人脉，包括与地方政府的合作与联系
资金职能	需要有一定的资金实力
仓储职能	需要有储存厂家产品的能力

职能一：销售职能。

销售职能是经销商最核心的职能，经销商存在的核心价值就是销售货物，这里的销售至少包括两个环节，第一个是终端开拓与维护；第二个是终端铺货与动销。厂家往往会根据经销商所负责的区域的实际情况，如经济发展水平、人口、市场竞争态势以及自身经营规模，为经销商制定周期销售目标，能否完成销售任务是厂家衡量经销商成绩的最关键指标。

职能二：配送职能。

与销售职能相配套的就是配送职能，消费品行业经销商的销售方式一般有两种，其一是访销，即先有业务员上门抄单，再有后方人员完成订单的配送。其二是车销，即业务员直接把货物装车到门店销售。两种销售方式实际上都包含了配送的环节，只是车销过程中，销售和配送合二为一。因此，配送职能是经销商完成销售的环节中必不可少的。

职能三：关系职能。

对于厂家而言，绝大多数区域都是属于"两眼一抹黑"的状态。经销商往往是土生土长的"当地人"，对当地人的社会情况、风俗习惯、消费偏好、人际关系等均很熟悉。因此，相较于直接开分公司，招募当地商贸公司的方式能够更加快速高效地打开当地市场。以白酒为例，白酒新市场开拓往往需要做各类品鉴会活动，如果没有当地的关系和人脉，厂家甚至都很难找到愿意参加品鉴会的人。此外，为了防止别的经销商把货窜到自己区域来，防止假货冲击市场，经销商往往需要具备一些当地的政府关系和人脉。

职能四：资金职能。

厂家的核心职能是负责品牌的运营和产品的生产，但是厂家的资金是有限的，为了能尽快回笼资金以便于扩大再生产，厂家需要不断地把自己已经生产出来的产品转移给经销商，由此就需要经销商具备一定的资金职能，所以厂家招商的说明中往往都会有对经销商的资金实力的要求。

职能五：仓储职能。

与资金职能一样，仓储职能是厂家转嫁成本给经销商的一种需要。一般而言，消费品行业的仓储成本大概占总成本的 7%。

当然，经销商发展到今天又有了新的变化。比如，有些经销商成立了市场部、电商部、新零售部等部门，突破原来只做线下生意的限制；有些则直接转变自己的经营思路，开始转型做平台运营商，把自己的物流能力、仓储能力甚至管理能力转移出去。比如，四川八界公司从经销商转型为统仓统配的服务商；这样的经销商就不再通过卖货来赚钱，而是通过服务管理费来获取利润。

2.商超渠道逐步崛起

中国的商超渠道发展大致经历了三个阶段，如表 1.3 所示。

表 1.3　商超主体的发展变化

阶段	经营主体	时间	特征
阶段一	百货店	20 世纪 90 年代初	货物品类较少，消费者可供选择的商品较少，实际上是处于卖方市场
阶段二	连锁超市与专卖店	20 世纪 90 年代末	连锁超市中上架了大量的食品饮料，各类服装品牌都开设专卖店开始销售服装
阶段三	购物中心与便利店	2003 年以后	以购物中心为代表的大卖场逐步崛起，涌现出一大批巨型商超；便利店以其便利高效、全天全时服务的特点满足消费者的即时消费需求

阶段一：百货店阶段。

如前文提到的，百货店与糖烟酒公司处于同一个时代，虽然取名百货店，但货物品类较少，消费者可供选择的商品较少，实际上处于卖方市场。

当然，当时人均收入较低，百货店里面的商品都是切合了当时人的消费水平的。大家在网上还能看到当年王府井百货的现场视频，营业员站在玻璃柜台后面，气宇轩昂。当时能在百货商店工作的营业员都倍感光荣。

阶段二：连锁超市与专卖店阶段。

20 世纪 90 年代末期，随着商品经济的发展，生活水平的逐步提高，市面上可供购买的商品越来越多，百货店中的食品和服装逐步转移至超市和专卖店，超市改变了百货店的购物形态，让人可以在市场中亲手接触并选购商品，超市中上架了大量的食品饮料并有了连锁化趋势，同期各类服装品牌都开设专卖店开始销售服装。

阶段三：购物中心与便利店阶段。

2003 年以后，大卖场逐步崛起，涌现出一大批大型商超，家乐福、大润发、沃尔玛等零售商超巨头纷纷在中国开设大量的门店。另一方面，中国的经济高速发展，老百姓的生活水平不断提高，城镇化迅猛发展，都在一定程度上推动了商超的快速发展。

一方面大型商超不断发展，另一方面便利店也在不断增加，相对于商超而言，便利店以其便利高效、全天全时服务的特点来满足消费者的即时消费需求。

1.1.2 单一渠道转变为多元渠道，线下与线上并重

中国的互联网电商的发展如图 1.1 所示。

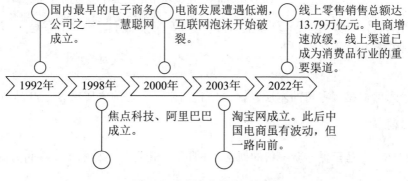

图 1.1 中国电商发展时间轴

中国互联网电商大致开始于 20 世纪 90 年代。

1992 年，慧聪网成立，专注于 B2B 线上交易，是国内最早的电子商务公司之一。

1998 年，焦点科技运营的中国制造网（英文版）在南京上线；同一年阿里巴巴成立。

刚开始，电商的发展并不顺利。2000—2003 年，中国电子商务风雨飘摇，几乎夭折。2000 年 3 月纳斯达克指数一路下跌，互联网泡沫开始破裂，全球范围内的互联网企业均受到波及。2000 年上市的网易一路向下，跌至 1 美元；成立不久的阿里巴巴，发展也是举步维艰，最终，软银伸出了援手，向其投资 2500 万美元，帮助阿里巴巴度过了早期的艰难时刻。

2003 年 5 月 10 日，淘宝网正式成立，专注于 B2C 交易。从此以后，中国的电子商务虽有波动，但终究是一路向前，仅 2015—2021 年的 7 年间，中国电子商务交易额从 9.1 万亿元增长至 26.1 万亿元，年均增长率达 27%。值得一提的是，2003 年中国遭遇"非典"疫情，老百姓足不出户，反而一定程度上拉动了电子商务的发展。当然，如果仔细研究电子商务，尤其是淘宝的发展史，其中更为关键是因素是：淘宝通过支付宝解决了不见面交易最大的难题——信任问题。

截至 2022 年，中国线上零售总额达到 13.79 万亿元，占社会商品零售总额的 30% 左右。虽然最近电商的增速放缓，但线上渠道俨然已经成为消费品行业的一个重要渠道，几乎所有的消费品企业都把原来的线下单一渠道转变成线上和线下并重的双渠道。

1.1.3 多元渠道向全渠道发展，新场景、新零售、新方式不断涌现

铃木敏文在《零售的本质》一书中指出："零售的本质就是把产品或者服务卖给消费者。"

2016 年，马云提出新零售的概念，由此衍生出各种各样的新型零售方式（见图 1.2）。

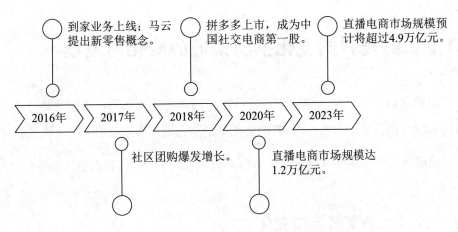

图 1.2　新零售发展时间轴

　　其实,从 2015 年开始,到家业务进入了群雄混战的局面,多点、京东到家纷纷上线;饿了么、美团也在一级界面上开设了到家的业务;阿里也以盒马、淘鲜达等平台也强势入局,随着各种全新的模式和资金的不断注入,到家市场进入新的格局。

　　2017—2018 年间,社区团购在资本的加持下爆发增长,业内玩家将运营模式从微信群向小程序转化,商业模式更加成熟,运营也更加规范。

　　2018 年 7 月 26 日,拼团模式的平台型社交电商拼多多正式登陆纳斯达克,成为中国社交电商第一股。

　　2020 年中国直播电商市场规模达 1.2 万亿元,年增长率为 197.0%,预计未来三年年均复合增速为 58.3%,2023 年直播电商规模将超过 4.9 万亿元。

　　所谓的新零售,就是借助互联网、大数据、人工智能等先进技术提升零售的效率。

　　至此,中国消费品零售的渠道已经演变为全渠道。消费者无处不在,无时不在,这就要求厂家改变原来单一渠道的认知,重新构建新的渠道认知,借助多方资源,结合自身特色,构建全方位的渠道网络。

1.2 消费者的变化推动渠道的变化与发展

消费者的变化是推动渠道变化最核心的因素。笔者认为："消费品行业渠道向来没有什么主动的变化，所有的变化都是因为消费者本身的变化而造成的。"

消费者的变化主要来自于两个方面：消费者流量变化、消费者思维变化。

1.2.1 消费者流量变化

以前，对于厂家而言，只要覆盖住主流渠道，就能抓住消费者。宝洁 HBG 战略就是在此背景下诞生：通过在核心媒体上的大规模广告轰炸，建立消费者的认知，辅以高强度的渠道铺货，快速拉动销售。

时至今日，仅在核心媒体上触达消费者的营销方式已经显得不够，现在的消费者对核心媒体广告的信任度已经大幅下降，而且大家的时间极度碎片化，所以同一个消费者经常会出现在各种的场景中，以消费者购买啤酒为例（见图1.3）。

①便利店购买

②商超购买

③带货直播间购买

④外卖平台购买

⑤社区团购

图 1.3 多场景消费（以购买啤酒为例）

- 早上在楼下的便利店买啤酒。

- 周末去超市买啤酒。

- 下班回来，躺在沙发上，在罗永浩的直播间买啤酒。

- 晚上跟朋友一起吃夜宵，在美团、饿了么等外卖平台上买啤酒。

- 吃夜宵回来，团购群里看到团长发的优惠信息，又买了一箱啤酒。

厂家想要获得更多的销量，就必须在传统渠道（便利店）、现代渠道（商超）、新兴渠道（外卖平台、团购渠道）均有铺货。这样的背景下，如果仅仅靠厂家的力量去覆盖会显得捉襟见肘。因此，我们看到很多厂家会支持经销商群体做大做强，由经销商群体实现更多渠道的覆盖。华润雪花首届全国渠道伙伴大会上，公开提出"大商化"概念，并在后续2021年明确将其大客户分为三层，即全国级、省级以及市级，分别对应叫华鼎会、华樽会和华爵会。宝洁在2021年年中经销商伙伴会议上，也明确将持续不断帮助宝洁的大经销商们进一步地升级和进化，通过专门的团队和预算，对"大商"进行专门的扶持。

相对于厂家而言，经销商熟悉当地市场，组织架构相对简单，先天更具备应对区域新变化，新场景的能力。目前，消费品行业的很多经销商，尤其是酒水的经销商，均配备了市场部，以此去统筹区域新场景的开发与覆盖。而腾出手来的厂家，需要更多地关注消费者，专注新产品的开发，并围绕新流量、新场景构建全新的分销逻辑和行销体系。此外，还需要通过渠道数字化工具赋能和武装经销商，提升经销商的运营能力和运营效率。

1.2.2　消费者思维变化

消费者的消费思维变化是显而易见的，思维的变化导致了渠道的变化与发展（见表1.4）。

表 1.4　消费者思维变化

变化	变化描述
变化一	对便利性的要求越来越高
变化二	对消费场景的认同感越来越高
变化三	对价格的敏感度更加高
变化四	对产品健康属性的关注变高

变化一：对便利性的要求越来越高。

由于物质极大丰富，消费者的选择很多，于是诞生出了对便利性的要求，主要表现在两个方面：一是交易是不是方便；二是履约时间是不是更短。现在的消费者对便利性的要求越来越高，带来了消费品渠道两方面的变化。

- **传统渠道积极提升交易交付的便利性**。商超和便利店积极拥抱到家平台，消费者在到家平台的 App 上面直接下单，到家平台的骑手到店取货，一般都能在半小时内到达。

- **便利性更高的新兴渠道不断出现**。各种无人超市，自动售货机的出现大大提升了交易的效率；盒马鲜生、山姆会员店可以在半小时内把新鲜的生鲜产品送至消费者家中；美团平台上的商品不断丰富，消费者几乎可以在平台上买到各类日常消费品。

变化二：对消费场景的认同感越来越高。

在商品匮乏的卖家时代，消费者主要注重功能，而现在的消费者会追求多元化的消费场景。这样的变化要求商品的呈现形式要做出较大的变化。就渠道而言，比较明显的变化是：内容电商的大量兴起。

内容电商，如小红书，博主们结合自身的生活经验，分享各类商品的消费场景，奥利奥、乐事薯片、奶茶、芝士、蜂蜜等食品的 N 种吃法分享；乌苏啤酒、江小白的 N 种喝法等。抖音、淘宝等直播平台上，各类主播 24 小时全天候分享各类商品的消费场景，李佳琦销售的每一支口红，都精心设计了消费场景，比如"穿风衣的时候，一定要有这种颜色"，"这个颜色，一看就很有知识"，等等。现在的消费者不再是按需消费，而是按场景消费，为场景买单。

变化三：对价格的敏感度更加高。

虽然近些年来，消费升级一直是一个很热门的话题。但是，这并不意味着消费者会为相同等级的商品支付更高的费用，从实际情况看，消费者对价格的敏感度比以往更高了。比如，拼多多等社交电商平台的出现就有效证明了这一点。很多人既会在生活中遭遇"砍一刀"恐惧症，也会期待社区团购中买到物美价廉的商品。在资本的加持下，内容电商、社交电商在过去很长一段时间内获得了空前的发展，但是信息更加透明的时代，消费者非常容易对比商品价格，也让对价格的高敏感度成为一个不可逆的趋势。

变化四：对产品健康属性的关注变高。

当今的消费者比以往的任何时候都关注健康话题。各种无糖型的产品如雨后春笋一样被研发出来：元气森林 3 年营收突破 60 亿元；不含添加剂成为食品类产品非常大的宣传亮点，90 后、00 后青年都开始养生的话题成为社会热点，很多消费者已经开始学会看商品的配料表。这一切都说明健康消费的观念深入人心。这样的变化不仅驱使厂家在研发新产品时注入健康元素，还带来渠道方面的变化，便利店渠道发展非常迅速（后文中会有介绍）。因为在便利店渠道中一般产品的售价比较高，所以除了突出的便利属性之外，更加偏向于契合的健康、新奇、时尚等相关元素，提高其出售商品的单价。

第2章 消费品主流渠道的发展现状

2.1 便利店：最健康的线下渠道

2.1.1 便利店的起源

便利店发展历程如图 2.1 所示。

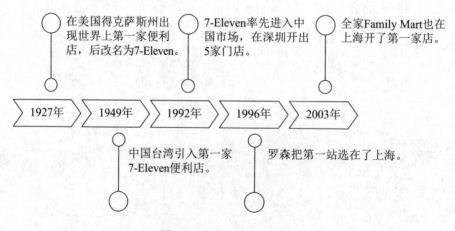

图 2.1 便利店发展时间轴

便利店最早起源于美国，美国在 20 世纪 20 年代，超级市场的业态就已经非常成熟，但是超级市场往往邻近郊区，去超级市场购物需要开车前往，每次购物花费的时间长，购买的商品数量也多，但如果仅是购买生活所需的一些小商品如牛奶、鸡蛋、日化用品等，或者临时购物的时候，去超级市场就显得非常不方便。

世界上第一家便利店公认是在 1927 年由美国的得克萨斯州南大陆制冰公司创建的，后来这家店在 1946 年改名为 7-Eleven 便利店，名字的起因是从早上 7 点经营到晚上 11 点，这个经营时间也体现了便利店的特征。

1949 年，中国台湾引入第一家 7-Eleven 便利店。

1992 年，7-Eleven 率先进入中国市场，一口气在刚刚经历过南方谈话的深圳开出 5 家门店。

1996 年，罗森把第一站选在了上海。

2003 年，全家 Family Mart 也在上海开了第一家店。

此后，便利店增长迅速。截至 2021 年，中国便利店门店数量 15.7 万家，市场规模近 3 万亿元。

1.健康度指标1：销售额稳步增长，下沉市场仍有较大空间

图 2.2 显示，从 2015 年开始，便利店的每一年的增长率都维持在 10% 以上；根据贝恩报告，2022 年，在中国社会商品销售额整体下滑 0.2% 的情况下，便利店逆势增长 10%。

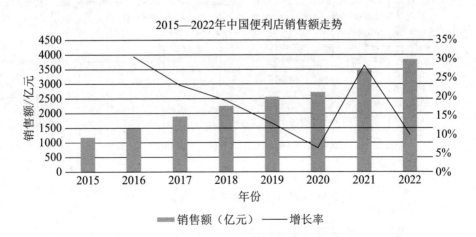

图 2.2　2015—2022 年中国便利店销售额走势

另一方面，国家层面在政策支持上发力，2020 年商务部发布《关于推动便

利店的品牌化和连锁化三年行动的通知》，提出力争到 2022 年，全国品牌连锁便利店的门店总量达到 30 万家，最终市场如预测般增长。图 2.3 显示了 2015—2022 年中国便利店门店数量变化情况。

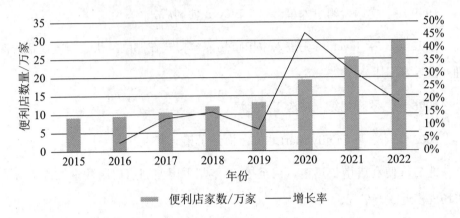

图 2.3 2015—2022 年中国便利店门店数量变化情况

从在市场主体上看，品牌集中度较高，TOP 级企业的销售额占比超过 80%，在门店数量上，本土系中的易捷（2.76 万家）、美宜佳（2.24 万家）、昆仑好客（2.03 万家）分别位于前三甲（见图 2.4）。

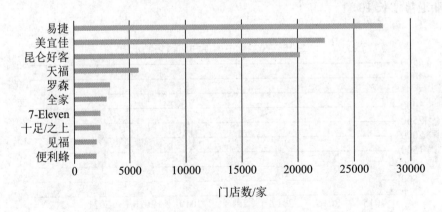

图 2.4 2021 年中国便利店门店数量 TOP10

同时，很多便利店品牌其实已经主动开启下沉之路，罗森、7-Eleven、全家、便利蜂等便利店品牌，纷纷走出一二线城市，迈向三四线城市甚至县城，寻找新的增量。中国青年报社社会调查中心曾做过一项调查，51.0% 的受访者期待连锁便利店进农村。

2.健康度指标2：定位中高消费者群体，消费潜力高

便利店定位一二线城市、月收入在 5000 ～ 20 000 元的人群，该类人群消费潜力较高，主要聚焦大健康、高品质、新奇小众的产品，对价格敏感度不高。基于此背景，便利店往往成为一些高毛利、新品的核心战场。近年来便利店如此受欢迎的主要原因是便利店增加了对鲜食的供应，特别是早间的鲜食满足了上班族早餐的需求，对路边的早餐店形成了降维打击，部分连锁便利店中午和晚上均售卖快餐，对于商务楼宇、住宅区的客户形成了极大的吸引。从而带动了便利店中其他品类商品的销售，特别值得一提的是连锁便利品牌更因为稳定的供应链而让鲜食的质量得以保障，这也是头部连锁便利品牌形成强力市场集中化的原因。

此外，从 2021 年开始，部分便利店开始尝试推广咖啡品类，产品售价比连锁咖啡品牌略低，但由于其便利性，也受到了消费者的欢迎。虽然咖啡这个品类占比整个便利店销售规模尚小，但是随着国内消费者对咖啡的消费习惯培养，咖啡估计未来会成为便利店吸引客户更加重要的武器。

2.1.2　便利店对于品牌厂家的意义

便利店除了有相当大规模的销量以外，对于品牌来说，还有额外的意义。便利店因为便利，离用户更近，往往也意味着产品零售价格较高，这成为了中高端新品牌产品最重要的试练场。

中高端新品牌往往采用更好的原料，售价也较高，一般采用线上种草营销的方式打开第一轮销售，但是要想获得更大销量以及消费者对品牌、产品的认知，还是需要通过线下，这时候便利店便成为最好的选择。

便利店面向的人群较为年轻化，一般为 20 ～ 40 岁上班族，月收入在 5000 元以上，一二线城市为主，购买力强劲，对价格敏感度低，而这些特征都极度

吸引新品牌。

新品牌线下团队组建的第一件事一般就是开拓连锁便利渠道。如果产品在连锁便利渠道中都动销很差，形成不了规模，往往也就证明产品是失败的。

此外，便利店的供应链渠道成熟，冷链质量有保证，部分品牌的产品，比如中高端的乳制品、冷饮产品，在线下几乎只能在连锁便利店渠道进行销售。

连锁便利店一般数字化水平较高，拥有完善的数字化会员系统，部分便利店能够将购买人群的画像信息、购买决策相关信息与品牌方共享，这能够帮助品牌方研究用户消费行为，提升和改善产品的用户体验。

（2.2） 商超：凤凰涅槃，浴火重生

2.2.1 商超的历史与变迁

无论是中国，美国，还是日本，商超渠道的前身都是百货商场。美国商超的起源很有意思，实际上源于三个背景，第一是汽车的普及，第二是冰箱的普及，这两者让消费者有能力去远处购物，并且将购买来的物品，特别是食物，储存在家中。第三个背景就是市场大环境、城市化进程、人均购买力提升、城市的租金上涨等。从而诞生了沃尔玛（Walmart）、卡马特（Kmart）、塔吉特（Target）等大家耳熟能详的连锁商超品牌。好事多（Costco）以及山姆会员店的会员制商超业态模式，至今仍是全世界效仿的对象。

中国的商超起步是非常晚的，主要原因是中国的商品早期一直处于供小于求的状态。早期，百货商场的营业员的社会地位很高，是"铁饭碗"。所以，直到20世纪80年代，才开始有让客户自己挑选商品的零售业态诞生。1991年，联华超市的第一家店在上海开业，1994年物美超市的第一家店在北京开业，此后，大润发、永辉相继开业，中国的商超历史才被拉开。

同期，家乐福、沃尔玛、麦德龙等外资的商超也开始进入中国，所以国内的商超行业，可以认为是中国本土企业和外资在同一起跑线开始了竞争。

2.2.2　国内商超的多样性发展

在国内，商超业态也在不停调整自己，首先拆分为大型超市、中型超市，以及社区超市，三者的区分主要是根据面积和位置（见表 2.1）。大型超市普遍超过 6000 m²，中型超市一般在 2000 ～ 6000 m²，社区超市一般小于 2000 m²。大型超市开在离市中心稍远一些的地方，而社区超市顾名思义，更接近用户社区。

表 2.1　国内商超类型

商超类型	特点
大型超市	面积普遍超过 6000 m²，开在离市中心稍远一些的地方
中型超市	面积一般在 2000 ～ 6000 m²
社区超市	面积一般小于 2000 m²，更接近用户社区

经营的品类也在发生变化。大型超市逐渐增加自己的品类，从原有的食品、饮料、日用百货，扩展到甚至卖体育器材、家用电器，更多大型超市在超市周边形成业态组合，包括餐饮、儿童游乐、教育培训等。

生鲜化也是国内超市演进的重要路线。生鲜的经营对供应链要求很高，但是随着技术的进步，以及消费者对生鲜旺盛的需求，国内商超大部分都开始经营生鲜品类。甚至出现了专门经营生鲜的超市、经营水果的超市。

2.2.3　商超的困局

毫无疑问，商超行业在当下是遇到了较大困难的。根据公开数据，2017—2022 年家乐福中国收入连跌 6 年（见图 2.5），关闭了 80 多家门店，并且家乐福中国在 2019 年被苏宁收购，2023 年上半年，苏宁关掉了 100 多家家乐福门店，还在营业的门店已不足 50 家。

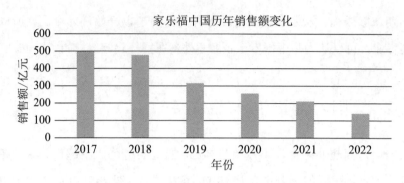

图 2.5　2017—2020 年家乐福中国销售额

据中国连锁经营协会数据，永辉超市的门店数量自 2019 年的高点 1440 家后就逐渐下滑（如图 2.6 所示），2020 年减少了 18.6% 的门店，门店数量为 1172 家。2021 年进一步减少 7%，仅余 1090 家。截至 2022 年 9 月，永辉超市官网显示门店数为 1051 家，市值比 2010 年高峰期 1000 亿元，已经缩水了 70%。

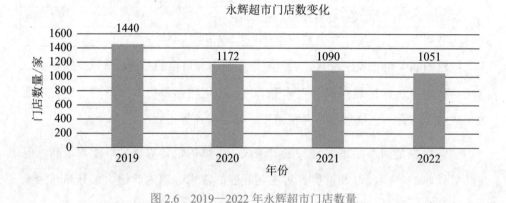

图 2.6　2019—2022 年永辉超市门店数量

2010 年登陆 A 股的民营超市第一股人人乐，曾经和沃尔玛、家乐福竞争。从 2019 年至 2022 年上半年，人人乐累计亏损金额约为 15.78 亿元。2021 年关店 37 家，截至 2022 年 6 月底，人人乐仅有门店 116 家。

根据 2022 年各家上市公司年报，排名前 10 的商超企业中，收入同比下滑的有 6 家，处于亏损状态的有 5 家。中国连锁经营协会发布的《2021 超市业态调查快报》中提到，2021 年，67.1% 的超市企业销售同比下滑，72.2% 的企业净利润同比下降，68.39% 的企业来客数下降。种种数据表明，商超行业陷入了前所未有的困局。

商超的业务下滑实则反映了当前社会商品零售的发展趋势：

- 电商的冲击，让原本商超商品种类齐全的优势荡然无存，电商企业精细化运营使得商品零售的价格也很实惠，对商超物美价廉的特征也形成了冲击。

- 零售业态的多样性，便利店、专卖店、社区团购等零售业态出现，分流了商超业务。

2.2.4　商超在长期内，仍然是消费品品牌的关注点

虽然商超业务下滑严重，很多品牌反馈给商超供货不赚钱，但是商超渠道仍然是消费品品牌的关注点。

首先，商超的体量仍然非常庞大，根据 CCFA 的统计，全国超市百强在 2022 年的销售总额仍然达 9300 亿元之高。

其次，休闲零食、生鲜、啤酒、饮料、乳制品等即时消费的品类，在商超的份额还是非常稳定的。

此外，各大商超也在线上到家业务上进行发力，形成线上线下融合的态势，很可能爆发出业绩增长的第二曲线。以永辉超市为例，2023 上半年，线上业务营收 79.2 亿元，占全渠道主营收入的 18.7%，为三年来最高。

2.3　电商：逻辑转换，双轮驱动

2.3.1　电商的崛起

毫无疑问，电商是近十年来成长速度最快的大行业，也是零售业态最大的

变数。根据国家统计局数据 2022 年全国电子商务交易额达 43.8 万亿元，同比增长 3.8%；全国网上零售额达到 13.98 万亿元，同比增长 4%。和 2012 年 1.3 万亿元的网上零售额相比，过去 11 年内，全国网上零售额增长了 10.6 倍，年复合增长率达到 27%。

很多言论认为，随着智能手机普及率的提升，人们的外出活动增加，更倾向于返回店内购物，全球范围内房地产租金成本下降，网上流量成本激增等，电商行业的增速将会放缓，但是放缓到多少没有定论，但即使是放缓，增速也会保持在 10% 以上，远远超过了全球范围内 GDP 的增长速度。

2.3.2 电商的变化

作为"新物种"，电商行业的变化总是令人瞩目。近年来，国内电商行业出现了几个明显的变化趋势（如表 2.2 所示）：

表 2.2 电商变化趋势

变化趋势	特点
社交电商	以拼多多为代表的拼购类电商平台崛起，引导客户分享，从而拥有更低的用户获取成本
直播电商	直播电商行业监管政策越来越严格 国潮文化大流行和直播电商关联度提高 主播集中度高，议价能力强，"低价"特点突出
农村电商	原产地直销已经成为了众多农副产品的重要销路

第一，社交电商。

以拼多多为代表的拼购类电商平台崛起，引导客户分享，从而拥有更低的用户获取成本，拼多多在成立 3 年后就成功上市，市值一度超过京东，成为国内平台电商最耀眼的明星。

脱胎于内容平台的小红书也是社交电商的代表，随着小红书打造流量闭环，相信市场份额也会进一步提升。

第二，直播电商。

从最开始被用户诟病的互联网时代的电视购物，2017 年仅为 366 亿元，到现在 2022 年中国直播电商市场规模约为 3.5 万亿元，年复合增长率达到 249%，可谓一路高歌猛进。

很多人认为直播电商鱼龙混杂，产品质量低劣，假货横行，而且头部主播垄断严重，偷税漏税现象屡见不鲜，但随着直播电商行业监管政策越来越严格，相信这类问题很快会得到解决，整个直播行业也会朝着良性方向发展，更多的品牌和主播会借助直播的东风，获得得到更好的发展。

此外，国潮文化大流行和直播电商关联度提高，在疫情期间捐助较多的公司的产品受到年轻消费者的抢购。

很多高端品牌到目前为止还不愿意在直播电商上开拓业务，主要还是受之前直播电商的负面信息影响，但随着直播电商的市场份额的提升，VR、AR 技术的加持以及和用户互动的直观体验，相信很快会变成一个全民的、通用的电商平台。

在直播电商大火的过程中，更多的品牌选择了"拥抱"，但是直播电商的主播集中度高，议价能力强，甚至强于传统商超店，这使得品牌在参与的过程中明显感觉到了两个字——"低价"。每次参与，都要求是全网最低价，消费者等着购买时，也是期望着买到最便宜的商品。所以绝大部分品牌都很难在直播电商中赚到钱，往往只是增加了一些销量。

直播电商发展到现在，已经进入比较稳定的阶段，部分品牌脱离头部主播，自建直播频道，甚至 24 小时不间断直播，也不完全是依靠低价去获得客户，虽然销量并不如头部主播那样高，但至少变成了一个正常的渠道。

第三，农村电商。

我们说农村电商，主要有两个概念，一个是农村地区的电商零售额，一个是网上电商商品中农产品的零售额。这两者在国内均有良好的发展。

根据《中国农村电子商务发展报告（2021—2022）》，2021 年，全国农村网络零售额为 2.05 万亿元，同比增长 11.3%，已经达到全国网络零售额的 15.66%。

2013 年起，各大电商巨头进入农村市场，开启了农村电商时代。由于当时农村的各项基础设施相对落后，支付手段也不是很成熟，因此农村电商初期发展并不快。后随着政府政策的导向变化，特别是家电下乡，拉动了农村电商的进一步发展。

目前直播电商在农产品电商中也起到了很大的作用，原产地直销已经成为了众多农副产品的重要销路。

2.4 餐饮：增长迅速，受疫情冲击大

餐饮渠道并不是所有消费品的主战场，但是对于碳酸饮料、白酒、啤酒、调味品来说，绝对是不可缺少的主战场。

中国餐饮行业一直是一个非常主流和健康的行业，在 GDP 中占比超过 10%，并且常年保持较好的增长，增速一直超过 GDP 的增速。受到疫情影响，2020 年餐饮出现了较大的下滑，但是 2021 年起又有较好的反弹，2023 年上半年，全国餐饮收入同比增长 21.4%，体现了餐饮行业的韧性，也体现了中国人注重饮食、民以食为天的传统。

业内对餐饮渠道未来的发展还是充满信心的。餐饮渠道的发展趋势如表 2.3 所示。

表 2.3　餐饮行业变化趋势

变化趋势	特点
外出就餐	城市化率提升，工作节奏加快会导致外出就餐比例在未来逐步提升
连锁化	其门店众多，可调配的资源丰富，融资能力强，抗风险能力强，供应链能力强，餐饮品质稳定
在线化	外卖兴起，提供堂食的餐饮店，绝大部分开设了外卖业务

特点一：年轻人外出就餐的比例提升。

虽然中国传统偏好于在家做饭，但城市化率提升，工作节奏加快会导致外出就餐比例在未来逐步提升。对于品牌企业来说，长期在餐饮渠道保持投入，是必不可少的渠道政策。

特点二：餐饮的连锁化趋势加强。

中式餐饮一直以其不能连锁化规模化，导致不被资本市场看好，这一趋势正在逐步改变。特别是疫情的影响，连锁餐饮因为其门店众多，可调配的资源丰富，融资能力强，在疫情面前抵抗风险的能力明显比单体餐饮店强。2020年受疫情影响最严重的时候，餐饮业整体营收同比下降16%，但餐饮百强企业营收同比仅下降3.1%。此外，连锁餐饮因为供应链能力强，餐饮品质稳定，也逐渐更加受老百姓的喜爱。火锅、快餐行业尤其容易连锁化。在2022年，我国餐饮的连锁化率仅有19%，远低于美国日本54%和49%的连锁化率，还有很大的成长空间。

对消费品品牌来说，餐饮的连锁化，意味着想进入餐饮渠道，变得更容易，省去了一家店一家店开拓的大量销售费用支出。但是连锁餐饮的议价能力高，使得品牌在餐饮渠道的毛利开始下降。

特点三：在线化。

外卖的兴起，在疫情期间可以说挽救了餐饮行业。餐饮O2O行业2022年市场规模达到1400亿元，相比2020年增长48%，这个增速非常夸张。外卖行业在这几年中不断地打破人们心中送货慢、餐饮质量低、卫生程度差的刻板印象。提供堂食的餐饮店，绝大部分开设了外卖业务，甚至包括高端餐饮。

(2.5) 社区团购：主流渠道之外的有益补充

和直播电商一样，社区团购是近年来零售领域最火的话题之一。毕竟，在5年期间，就产出了2000亿元规模的市场。社区团购的发展如图2.7所示。

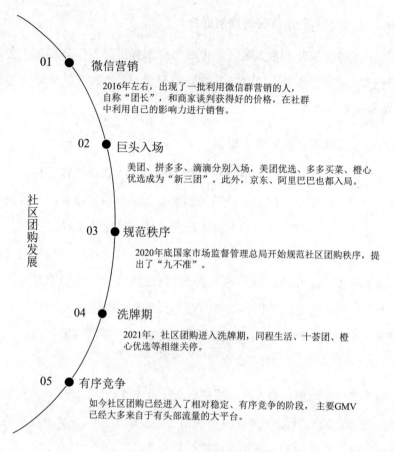

01 微信营销

2016年左右，出现了一批利用微信群营销的人，
自称"团长"，和商家谈判获得好的价格，在社群
中利用自己的影响力进行销售。

02 巨头入场

美团、拼多多、滴滴分别入场，美团优选、多多买菜、橙心
优选成为"新三团"。此外，京东、阿里巴巴也都入局。

03 规范秩序

2020年底国家市场监督管理总局开始规范社区团购秩序，提
出了"九不准"。

04 洗牌期

2021年，社区团购进入洗牌期，同程生活、十荟团、橙
心优选等相继关停。

05 有序竞争

如今社区团购已经进入了相对稳定、有序竞争的阶段，主要GMV
已经大多来自于有头部流量的大平台。

社区团购发展

图 2.7　社区团购发展图

2016年左右，出现了一批利用微信群营销，特别是基于小区微信群营销的人，他们自称"团长"，团长往往是社区中比较活跃的个人，他们有着用户的信任基础，通过一方面和商家谈判获得好的价格，一方面在社群中利用自己的影响力进行着销售。销售的产品以外地特产、水果生鲜等价格不透明的产品为主。接着出现大量公司开始组织这些团长，给团长提供供应链，给团长分佣，以此拉开了社区团购的大幕。其中，头部的三家兴盛优选、十荟团、同程生活被称为"老三团"。

随之而来的是巨头入场，美团、拼多多、滴滴分别入场。美团优选、多多买菜、橙心优选，被称为"新三团"。此外，京东、阿里巴巴也都入局，再加上众多创业公司，颇有当年"百团大战"的风范了。并且社区团购开始了疯狂的烧钱模式，根据各大上市公司的财报，2021 年社区团购等新业态亏损均超 100 亿元。

　　所以，2020年底国家市场监督管理总局开始规范社区团购秩序，提出了"九不准"，既可以看作对市场的监管，也止住了社区团购巨头们的无序竞争。但谁也没有想到，2021年，社区团购就进入了洗牌期，7月，同程生活申请破产，10月十荟团关停。2022年，美团优选无法忍受亏损增加，将效益比较差的地区关停，3月，橙心优选全线关停，2022年6月，京喜拼拼关停大量地区。

　　经过这次洗牌，可以认为社区团购已经进入了相对稳定、有序竞争的阶段。并且，虽然地方社区团购还在，依托快团团的散客团长的团购模式还在，但社区团购的主要GMV已经大多数来自于有头部流量的大平台。国家统计局和电子商务部的数据预测，2023年社区团购的零售规模大约为8365.1亿元，这个数字已经非常庞大，已经是便利店零售总额的2倍以上。

　　由于社区团购一直以来都是以生鲜为主，并非以品牌的消费品为主，所以一直以来并未获得品牌方的重视。但随着社区团购的普及，交易量扩大，大量包装冻品、方便食品、日化产品、调味品，甚至酒水都成为了社区团购的主要品类。

　　建议消费品品牌方还是需要尽早关注和覆盖社区团购渠道，毕竟，老百姓的消费方式已经在悄悄转变。

（2.6）传统小店：毛细血管式的通路

2.6.1　传统小店的顽强生命力

　　商务部流通产业促进中心发布《我国传统便利店数字化转型报告》，对于国内的传统小店下了一个最为精准的定义：主营快消品的非连锁便利店。但是我们还是比较喜欢称之为"夫妻老婆店"。传统小店看上去经营水平很低，店面不够整洁明亮，没有固定的营业时间，有时候老板出去店就关了，店内陈列杂乱，货物摆放不规整。由于店很小，和供应商谈判的能力也不足，临期的产品经常出现在货架上，在时常出现假货，畅销产品经常缺货的同时，货架上长期没有动销的货蒙上了浅浅的灰尘。

5 年前就有观点认为，传统小店将会被连锁便利店取代，成为过去时。但是到目前为止，这样的小店在国内仍然有 600 万家。对这 600 万家店每年产出的销售总额缺乏有效的统计，有人称占据了中国 40% 的快消品出货量，笔者认为这个数量有所高估，但整体的传统小店的市场份额是不容小觑的。

传统小店的生命力如此顽强，主要有两个原因：一是成本低，一个小店养活一家人，不用工资社保不用加班费，而且房租一般都极度便宜。二是一家人在用心经营这家店，和邻里维持了很好的关系，帮收个快递，帮上门送个啤酒，和街坊邻居唠个嗑。

2.6.2 传统小店不再传统

传统小店数字化转型的速度也很快，在 2018—2022 年的资本的大力推动下，很多小店都低成本地使用上了 POS 收银系统，这使得小店的进销存和每日营收情况都变得很清楚。在阿里零售通和京东新通路的推动下，很多小店老板都学会了用 B2B 订货。虽然阿里、京东在 B2B 的发展路上遇到极大挑战，极度收缩了战线，但是这极大地改变了市场，培养了传统小店老板用手机订货的习惯。

在线订货这件事，看上去并不会给小店老板带来多少便利，毕竟，以前业务员上门访销和车销，对店老板来说，不需要做太多的事情，也能顺利完成订货。但是，在线订货却有两个非常特别的优势：

第一就是电子优惠券可以应用起来了，也就是说，对于向门店供货的供货商，可以有效地利用优惠券这一工具进行营销。除了优惠券以外，还有信用额度、预充返点、积分兑换等营销工具，在传统小店老板开始在线订货以后都变得可行了。

第二是可以比价了，很多小店老板平常在店内并没有多么忙碌，会在闲暇的时候打开 B2B 订货软件在各个平台比价，这已经成为他们日常工作的一部分了。

对于厂家来说，小店的在线订货给厂家带来了绝佳的机会，首先可以掌握产品的实际流向，长期以来，因为经销商的出货数据无法在线化，快消品厂家无法知道自己的货从经销商出去都流向了哪里，仅有部分关键客户渠道的数据无法拼出完整的线下商品销售的拼图。相比之下，医药企业对自己产品的流向就掌握得非常清晰，因为所有的医院、药店的数字化都做得很好，可以通过各种方法获取数据。

当传统小店逐渐推行数字化时，快消行业正在发生巨大无比的变化。以前，所有品牌都无法真正触达百万家零售终端，即使对于可口可乐、康师傅、农夫山泉这样的大品牌来说，派出上万名业务员跑零售终端，也只是到了零售终端以后，代店老板下单而已，并没有实质性的连接零售终端。但传统小店推行数字化以后，连接正在逐步形成。

有的品牌厂家开始向零售终端推送优惠券，也已经有品牌厂家开始直接面向零售终端做直播、订货会，零售终端进货并在线支付以后，再把资金流分发给真正向小店供货的经销商，品牌和零售终端的连接又加深了一层。

第3章 从数字化角度看典型行业渠道管理特征

3.1 食品饮料：渠道下沉，构筑企业线下市场竞争的护城河

℮ 3.1.1 渠道下沉面临高昂的人力成本

食品饮料行业的主战场仍在线下，这是食品饮料行业的共识。

前文提到，线上销售额虽然快速发展，但是依旧只占社会商品零售总额的30%左右。具体到食品饮料细分行业，考虑到消费的及时性与便利性，线上的渗透率是更低的。因此，线下市场目前仍是食品饮料企业核心的市场。

另一方面，线下的渠道多种多样，铺货最广的传统小店有650万家，这些小店掌握着国内超过40%的快消品的流通，它们90%以上分布在三四线城市。因此，食品饮料的厂家，如百事可乐、可口可乐、康师傅、今麦郎等都聚焦在渠道下沉，以此来构建自身的渠道护城河。

渠道下沉的核心是依靠业务员，但是，人力的成本是高昂的。我们以一个饮料企业渠道下沉的场景为例：一个60万人的县，按每家店覆盖300人算，共2000家零售终端店（卖场、超市、便利店、杂货店等）。

我们先来计算一下一年的销售额：

以覆盖率70%为例，需要覆盖的终端店数是1400家；按照一个业务员平

均负责 200 个终端店计算，需要 7 位业务员；按照每周工作 6 天计算，一个业务员平均每天拜访 33 家终端店；按成交率 50% 计算，平均一个业务员每天成交 16.5 家终端店；按每家终端店进货 4 箱、每箱 45 元计算，一个业务员一天的销售额是 2790 元，7 位业务员一年带来的销售额是 7 484 400 元。

我们再来计算一下人力的成本：

基本工资支出 =4000×7×12=336 000 元（以三四线平均薪资计算），其他支出 =1000×7×12=84 000 元（包括社保等相关费用）；提成 =7×16.5×4×2×360=332 640 元（提成 2 元 / 箱）；人力成本（总）：33.6+8.4+33.26=75.26 万元。由此，我们可以看到渠道下沉的总成本大概占总销售额的 10%（如图 3.1 所示）。

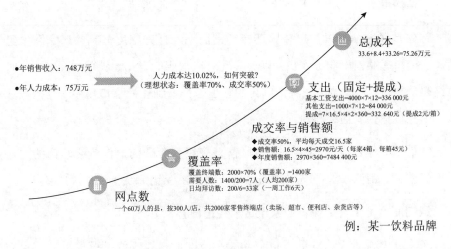

图 3.1　渠道下沉的人力成本计算图

ⓔ 3.1.2　渠道下沉的典型做法

除了直接依赖经销商合作下沉渠道，食品饮料行业品牌商渠道下沉的典型模式还有两类：一类是深度分销模式，以可口可乐、百事可乐、康师傅、统一等企业为代表；另一类是四合一的模式，以今麦郎、白象等企业为代表（如表 3.1 所示）。

表 3.1　食品饮料行业渠道下沉的典型模式

模式	模式名称	典例	特征
模式一	深度分销	可口可乐 康师傅	厂家跨过经销商，直接指挥经销商业务人员 终端的配送关系依旧属于经销商 对厂家管理能力要求极高
模式二	四合一	今麦郎 白象	四元素：人、终端、车，以及终端机 一线人员从原来领工资的业务员变成赚取分润的小老板，工作积极性高 生意的增量来弥补经销商的"损失"
共同目的：降低人力成本			

1.深度分销模式

厂家借助经销商业务员实现渠道下沉。

所谓深度分销，拆解下来就两个词，一个是"深度"，另一个是"分销"。

首先是深度。与以往厂家只连接经销商不一样，深度分销的厂家跨过经销商，直接指挥经销商业务人员，以此实现对终端店的开拓、管理与经营。同时，对终端的类型、所在的区域做精细化的管理这种精细化操盘市场终端店的做法，在业内也被称为"通路精耕"。

然后是分销。虽然终端店是由厂家直接经营管理的，但是终端店的配送关系依旧属于经销商，业务员采集的订单依旧是由经销商负责配送和收款。

经销商给员工发工资，厂家用货给经销商补偿。

深度分销背景下，业务人员劳动关系上一般是属于经销商的，经销商直接承担人力成本，厂家全部或者按照一定比例给予经销商补偿（一般是以货的形式）。因此，厂家实质上是人力成本的间接承担者，其理所当然地拥有了业务人员的指挥权。

当然，用货补给经销商，客观上也增加了在渠道中铺货的数量，对市场业绩的提升又有更多的益处。

深度分销模式下，经销商的核心职能就只剩下仓储和配送了，承担的职责减少，意味着在分销链路中的贡献减少，经销商获得的利润也就少了，一般来说规模也小了。

- 以某知名外资饮料企业为例，2018 年有 3000 多家经销商，到 2021 年直接交易经销商 30 000 家。经销商一旦变小，博弈的天平自然就会倾向于厂家。

大规模人员作业管理成为深度分销的拦路虎。

深度分销模式下，以可口可乐、康师傅为代表的企业，把数万业务人员的日常作业内容全部标准化，形成了所谓"一图两表六定"的管理要求，这在管理上难度极大。因此，深度分销模式对厂家管理能力提出极高的要求，一般的企业很难有效模仿。

2.四合一模式

四合一——人、终端、车及终端机，由今麦郎提出，已经成为快销行业的一个优秀的管理实践。

四合一模式把经销商的业务员发展为小老板，小老板与经销商不再是雇佣关系，有的已经不再领取经销商的基本工资。小老板承包某个区域，自己开车开拓终端，抄订单，赚取订单的分润和厂家的相关补贴。这个场景下主要有四个元素，包括人、终端、车及终端机［用于管理这个过程的 SFA（销售能力自动化）系统］，所以，这种模式称为四合一模式。

四合一模式下，一线人员从原来领工资的业务员变成为赚取分润的小老板，心态和行动都会发生变化：

- 心态上，原来是打工思维，现在是老板思维。

- 行动上，原来对终端店拜访敷衍了事，对终端店老板爱答不理；现在变成了尽职尽力，任劳任怨。原来不愿意在终端生动化上面花时间，只是问老板要不要订货；现在每一次拜访都要想尽一切办法把终端生动化做好，以此来获得厂家的补贴——如果终端生动化变好，终端动销自然提升，小老板的分润自然也就变高了。

借助小老板的力量实现渠道下沉。

小老板承包一个片区，根据城市等级和人口密度不同，一个片区大概有 6 万～ 9 万人口，按照每 300 ～ 400 人口 / 终端店来计算，大概有 150 ～ 225 家终端店。小老板对这些终端进行日常覆盖，根据进货频次的不同，覆盖的周期不同：饮料一般是每周覆盖一次；方便面则以旬为单位覆盖。

车——小老板覆盖终端店的关键一环。

四合一模式主要集中在三四线城市，尤其是北方的城市。这些城市的区域面积相对较大，且人口较分散，车销模式往往适合。所以，车是四合一过程中非常关键的一环。

小老板用于巡店的车辆形式不一，有的是三轮车，有的是厢式货车。有些新进的小老板暂时没有车，可以交由相应的经销商暂时代配送，但是需要减少一部分分润。有一些厂家会直接给小老板配车，小老板在 3 ～ 5 年逐步支付车辆的费用，最后拥有车辆的归属权。也有厂家给予小老板一定补贴，鼓励其自己买车。

日薪制——极大调动小老板的作业积极性。

四合一模式之所以能取得成功，关键在于它有效地调动了小老板的积极性。通过日薪制的方式让小老板随时掌握自己的当日收入。而且收入项变得更丰富，除了订单的利润，还有开拓终端奖励、终端生动化奖励等，这在管理上叫及时激励。

用生意的增量来弥补经销商的"损失"。

经销商层面，终端拜访率的提高和生动化水平的提升，带来的生意的增量可以弥补经销商的"损失"。比如，经销商原来一箱货支付 2 元提成，赚 5 元，现在小老板变成了类似于二批商的角色，低价拿货，经销商一箱少赚 2 元，当销量上升，增量带来的收益就能弥补这 2 元 / 箱的损失。另外，经销商每月要支出的固定工资成本可以节省下来了。

综上，厂家对小老板的管理，有效地实现了对终端的覆盖和管理，终端的生动化情况大大优于竞品，销量自然有较大的增长。

四合一具有明显的行业适配性。

跟深度分销模式一样，四合一的模式也不是放之四海而皆准的真理，在特定的行业具备明显的适配性。我们可以用小老板的收入模型做简单的分析：四合一模式要想成功，第一要素是小老板的收入要能有保障。小老板的收入主要包括补贴和分润。

要素一：补贴带来的生动化提升对动销有拉动作用。

首先是补贴。补贴主要来源于新拓终端奖励和生动化奖励。增加新拓的前提是要有大量待开发的终端；终端生动化奖励的前提是生动化对终端的动销有明显的拉动作用。

要素二：终端店数量多、进货频次和毛利较高。

再看看分润收入：

$$分润 = 终端数 \times 进货频次 \times 毛利 \times 分润比例$$

符合要素的行业基本就是食品饮料了：一方面，食品饮料，尤其是饮料，生动化对动销的拉动作用是非常明显的。另一方面，食品饮料的铺货范围广，以周货旬为单位进货，毛利能达到30%～40%，且适合车销模式。

从实践的角度上看也确实如此，成功的厂家也都是食品饮料的厂家，有些其他行业厂家也尝试过，比如米面粮油，最终效果都不是很理想。

3.深度分销和四合一，殊途同归

深度分销和四合一模式的目的都是实现渠道下沉，以此来获得更多的产品铺货。深度分销是以货补经销商的方式来降低人力成本；四合一模式是发展小老板的方式来降低人力成本。深度分销依靠的是数以万计的小型经销商，四合一依靠的数以万计的小老板，两者底层逻辑上有着相同之处。

至于选择哪一种，不同的企业要根据自己的实际情况综合考虑，即使同一个企业的不同区域，不同品类显然也有可能做出不一样的选择。

3.1.3 渠道数字化建设需求

企业在深度分销和四合一模式下的数字化建设需求如表 3.2 所示。

表 3.2 深度分销和四合一模式下的数字化建设需求

深度分销模式	四合一模式
人员大规模分工协作	助力数据更真实
业务人员高效作业	助力激励更及时
业务高效协同	助力数据更清晰

1.深度分销模式下的数字化建设需求

1）人员大规模分工协作，需要数字化系统

一线人员，从岗位分类上看，可能包括普通业务员、主管、市场人员、促销员等各类角色。从数量上看，少则上千，多则数万。不同的岗位的人员的责任不一样，日常工作自然也是不尽相同。

如何让不同岗位的人员正确地、有计划地、有成效地开展工作，确保指令及时下达，动态信息实时反馈？实现上述目标，必然要用到相应的数字化系统，比如 SFA 系统。

SFA 系统可以有效安排业务员每天的工作计划，设定好每家终端的拜访动作，实时采集终端的铺货状态、冰箱信息、订单数据等。SFA 系统可以自动编排好每天的协访计划或检核计划，检核结果实时反馈给一线业务员，需要整改的，业务员及时整改，主管及时完成验收。主管可以实时查看员工的目标完成情况，团队业绩出现问题的时候，可以及时查看问题的源头，及时处理。

2）业务人员高效作业，需要数字化系统

以康师傅为例，一个业务员一天需要跑一条线路，每条线路有 25 ～ 30 家终端店，每家门店的作业时间大概是 10 ～ 15 分钟。如何提高效率显然是一个非常关键的事项。效率对数字化的要求就是：能按照距离远近、出行交通工具的不同、客户的重要紧急程度不同智能地生成线路；能根据终端的实际情况，自动生成终端拜访的特定任务，如有冰箱投放的需要检查冰箱的纯净度、饱满度；

有付费陈列的需要检查陈列的执行情况；能自动识别业务员拍摄的现场照片，根据照片识别结果自动生成终端的画像，比如铺货是否达标、冰箱纯净度是否合格、陈列是否合格、地堆是否合格等；能让业务员用语音上报订单，只需对着手机说出产品的名称或者编号即刻完成下单等。

3）业务高效协同，需要数字化系统

业务员的一线作业环节有很多，其中订单是必不可少的一个环节。深度分销模式下，厂家管理的业务员直接采集终端的进货订单，在没有 SFA 系统的情况下，订单往往是通过手抄单，或者电话 / 微信的方式传递给相应的配送商，这种传统的做法，容易造成先天的配送延迟、错单、漏单等问题。通过 SFA 系统，业务员在线下单，订单实时传递至经销商的系统后台，经销商及时完成发货配送，不仅效率大大提升了，整个订单的可视化程度也变高了。

有些厂家在此基础上再进一步，直接为经销商提供一套完整的进销存系统，一方面让经销商用这套系统接收业务员传过来的订单；另一方面也能用这套系统管理自己的日常生意经营，甚至可以把非这个厂家的商品也录到系统中经营。这样一来，经销商的信息化程度也变高了，整体分销链上的协同效率自然也就提升了。

2.四合一模式下的数字化建设需求

1）数字化系统助力数据更真实

前文提到，四合一模式下厂家要给予小老板补贴，补贴的前提是数据真实，如果数据是造假的，那么奖励也就变成了薅羊毛了。对于厂家而言，数据一旦造假，不仅被薅了羊毛，市场也就丢了，正因为如此，坊间总是流传一句话：数据造假是渠道建设的最大毒瘤。

渠道数字化建设有效提升数据真实性的工具包括作业位置校验、人脸识别、虚假照片识别、相似照片检测、门头照对比查重等。通过上述工具的协调发力，厂家最终能够逐步提高数据真实性。

2）数字化系统助力激励更及时

为了提升小老板的积极性，激励及时性很重要。及时性体现在两方面：一是激励呈现更及时；二是激励变现更及时。

首先是呈现的及时性。小老板数以万计，激励策略也会根据市场、产品等各种情况不断变化而变化，想纯粹靠人力计算达到及时性要求显然是不可能的，尤其是采用日薪资的情况下，当天出数据毫无可能性，因此就需要构建一套奖励计算的 SFA 系统，系统可以灵活设置不同区域产品的相关政策，既可以按照过程指标计算，也可以按照进货数据来计算，计算结果是实时的，呈现也就可以实时了。

其次是变现的及时性。厂家给小老板的过程激励往往不是直接发现金的，而是以积分的形式代替，积分就会存在一个变现的问题，一旦变现不及时，激励效果自然就会大打折扣。因此，这也就要求厂家在通过数字化系统的建设搭建积分的兑换平台，以满足小老板及时把积分兑换成各类硬通货的需求，比如直接提现，或者兑换手机卡、加油卡、购物卡等。

3）数字化系统助力数据更清晰

数据可视化是刚需。不管是深度分销模式还是四合一模式。

从主管到中层到总经理，都需要查看目前市场的数据、终端数据、铺货数据、陈列数据、冰箱资产数据、KPI 完成数据、通路库存数据等。很多企业都会把核心关注的数据做成数据大屏，方便及时地关注市场的动态，而实现上述场景，数字化的建设是必不可少的。

3.2 酒水：区分价格带，构建专项渠道分销网络

注意，本节讲的酒水重点指白酒。

一般而言，白酒按照价格，可做如下分类：

第1档：1500元以上的超高端酒，代表产品是茅台飞天。

第2档：800～1500元的高端酒，代表产品有普五、国窖1573、梦9、青花郎、青花汾30、东方红、内参、国台龙酒、君品习酒、茅台1935。

第3档：500～800元的次高端酒，代表产品有窖藏1988、红花郎15、珍藏剑、古20、摘要。

第4档：300～500元的中高端酒，代表产品有水晶剑、青花汾20、红花郎10、泸特、窖龄60、井台、臻酿八号、天之蓝、品味舍得、珍15、窖藏1998、国台国标、国缘四开。

第5档：100～300元的中端酒，代表产品有海之蓝、五粮春、老白汾、金王子、紫迎宾。

第6档：30～100元的中低端酒，代表产品有玻汾、绿脖西凤、乳玻贡、经典玻贡、沱牌T68、尖庄、泸州老窖头曲。

第7档：30元以下的低端酒，以前这个档位的王者就是白牛二（牛栏山陈酿白酒），但随着6月1号《白酒新国标》的实施，白牛二就不再属于白酒一类了，所以目前这个价位段的大单品还暂时缺失。

3.2.1　高端白酒：聚焦高端餐饮与烟酒专柜，注重圈层营销

1.高端白酒的三种消费场景

高端白酒的三种消费场景如表3.3所示。

表3.3　高端白酒的消费场景

场景	描述
礼品馈赠	高端白酒有较强的礼品属性，收礼的客人可以自己用来自饮或招待他人，也可以找名烟名酒店回收
高端宴席	高端白酒具有社交属性，可以有效表达宴席主人对宴请对象的尊重程度，自带话题的酒水可以拉近席间距离
收藏	高端白酒具有金融属性，酒类属于大众消费品，且高端白酒（如茅台）易于保存，产地局限

场景一：礼品馈赠。

坊间有一句俗语："买的人不喝，喝的人不买。"高端白酒既具备优质的产品特征，又有较强的礼品属性。收礼的客人可以自己用来自饮或招待他人，也可以找名烟名酒店回收。多如牛毛的名烟名酒回收店就印证了这是一个体量很大的市场。

场景二：高端宴席。

中国是一个人情的社会，酒桌宴席上体现得尤为明显。

高端场合的宴席，酒水往往被赋予了更多的社交属性。酒水的档次代表的文化属性是餐桌社交的重要载体。不同的酒水可以有效表达宴席主人对宴请对象的尊重程度；自带话题的酒水可以拉近席间距离："茅台是不是用的汾酒工艺，采用赤水河河水酿造的？""李渡作为最贵的光瓶酒，它的酒质到底怎么样？""酱香白酒的风口是怎么起来的？"等各种话题都是餐饮热衷的话题。

场景三：收藏。

高端白酒，尤其是以茅台为首的超高端白酒，金融属性特别明显。香料、丝绸、瓷器、贵金属是历史上常见的具备金融属性的产品。这些产品普遍具备的特征是：

（1）多为大众消费品或等价物，香料、丝绸、瓷器都是生活中必备的。

（2）相对易于保存，在主要的流通过程中损失风险可控。

（3）产地局限，产量稳定，有巨大的贸易规模。

反观高端白酒，比如茅台酒，同样具备上述特征：

（1）茅台酒的本质就是酒，是大众消费品，只是受限于价格高昂，实际情况仅是小众的消费品。

（2）白酒易于保存，甚至年份越高价格越高。

（3）酿酒用的是赤水河的水，加上那里独特的气候，导致茅台酒只能在那里酿造，产地局限且产量稳定。

基于上述三种消费场景，高端白酒的销售渠道往往聚焦在高端餐饮店和烟酒专柜。

但是，当消费者到达高端餐饮店和烟酒专柜的时候，他的购买决策其实已经做完了。因此，高端白酒的营销动作需要前移。与大众白酒不同，高端白酒的价格比较高，这类白酒更多的是立足一个圈层，通过品鉴会、会员营销、集体活动等方式实现多方位的传播，进而形成一个很有辨识度的文化圈或者消费圈，从而影响最终的消费者。

2.高端白酒构建营销圈层的方式

高端白酒构建营销圈层的方式可概括为天地人三条线路（如表 3.4 所示）。

表 3.4　高端白酒构建营销圈层的方式

线路	描述
天线	聚焦品牌，提高传播影响力，主要形式是高端媒体品牌传播
地线	聚焦圈层，塑造产品调性，举办品牌专属品鉴会、品牌峰会等
人线	连接圈层 KOC/KOL，打造专属会员服务体系，针对核心消费者服务

天线：聚焦品牌，提高传播影响力。

更多地注重厂家的宣传，主要形式是高端媒体品牌传播，包括机场、高铁、城市地标、航空、财经杂志。

地线：聚焦圈层，塑造产品调性。

举办品牌的专属品鉴会、品牌峰会等。以郎酒为例，2020 年 6 月，来自长江商学院、清华经管 EMBA、清华五道口金融 EMBA、北大光华管理学院、中欧国际工商学院五大知名商学院的 300 余位商界精英共赴郎酒庄园。2021 年 12 月 4 日，首届青花郎·中国 TOP20+ 俱乐部发展论坛在郎酒庄园举行，同年来自碧桂园、华鑫股份、南京新百、昆药集团、平治信息、白云机场、报喜鸟、通策医疗、康华生物等知名上市公司的 40 位董秘及高管也来到郎酒庄园，就消费升级、品牌建设、行业生态等话题展开讨论，共论发展之道。

人线：连接 KOC/KOL，打造专属会员服务体系。

每一个圈层里都有"圈层 KOC/KOL"，这类人群在圈层内有良好的口碑，具有一定的影响力，威望较高。KOC/KOL 起着意见领袖的作用，影响着圈层客户群的消费选择和心理。针对核心消费者服务，一线名酒已经进行了较长时间的探索，比如茅台的"茅粉节"、泸州老窖的"国窖 1573•国窖荟"、郎酒的"青花郎会员中心"、酒鬼的"内参名人堂"等，都在做核心消费者的培养和教育，并形成成套的服务系统，品牌销售节节攀升。

3.2.2 中端白酒：聚焦中端餐饮与烟酒店，注重宴席开拓和控盘分利

1.大众宴席餐饮的比例在不断提高

全国疫情逐渐消退，占据餐饮绝大多数的大众宴席消费慢慢开始恢复元气，逐渐成为白酒厂商的兵家必争之地。过去，中大型酒店的政商务消费占了整个餐饮消费的 50% 以上，宴席消费只占 15% 左右。而现阶段宴席消费占据了 60% 以上的消费份额，消费占比呈现了一个逐年递增的趋势。2020 年宴席市场的总消费就有 3600 亿元以上的规模，酒水消费也有 1200 亿元的市场容量。在消费升级和高价奢侈消费受监管的大背景下，政商务的消费者高端消费在减少，日常大众宴席聚餐的比例在快速提高。

2.大众宴席餐饮中白酒档次在不断提高

大众宴席餐饮的比例在上升，同时餐饮的档次也在不断提高。

随着经济的不断发展，人民的生活水平不断提高，此外伴随着消费升级的影响，人们的理念从过去更多地强调"多喝酒"，变成了"少喝酒，喝好酒"。

以婚宴为例，据数据显示：2017 年全国婚宴消费平均价格在 1650 元 / 桌，到了 2021 年全国婚宴消费平均价格就突破了 2000 元 / 桌，超过 3000 元 / 桌的婚宴消费在地级以上城市就占据了 18%。白酒作为宴席市场的刚需，价格也在

不断提升。近 10 年，二三线城市的白酒平均消费价格从原来的（70～80 元）/瓶，变成（150～200 元）/瓶；准一线城市则从 200 元/瓶提升至 300 元/瓶。发达地区，比如江浙沪、广东等，400 元/瓶的酒水也是屡见不鲜。当然，由于中国城乡差异大，百姓收入贫富差距大，消费习俗、习惯各异，各个地域、各个家庭在举办宴席时也呈现出不同的消费特点和消费档次。一些农村地区的大众餐饮依旧呈现出相对较低的消费水平。

3.大众宴席餐饮吸引众多白酒厂商入局

宴席战场吸引无数厂家入局，既有全国性的酒企，如茅台、五粮液、洋河、泸州老窖、剑南春、劲牌、西凤等，也有区域性酒企，如安徽金种子酒业、口子窖；江苏今世缘、双沟；河南仰韶、皇沟；山东景芝等。很多酒企甚至专门推出相关产品，专攻宴席市场，如茅台的喜宴、五粮液的富贵吉祥、剑南春的东方红、今世缘的 K 系列等。

一般而言，大众宴席餐饮上的白酒的来源有两类，一类是宴席主人直接从餐饮店里面购买；另一类则是自带酒水，自带酒水往往来自各大烟酒店。因此，为了抢占如火如荼的大众宴席餐饮市场，白酒企业就必须有效地跟这两大源头建立连接（如图 3.2 所示）。

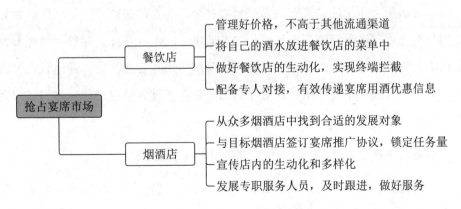

图 3.2　白酒企业抢占宴席市场的方法

首先是餐饮店，常见的做法是：与餐饮店深度结盟，打造样板餐厅。

厂家筛选自己覆盖的核心餐饮店，尤其是那些有大厅的，以宴席为主要客源的餐饮店，与这些餐饮店签署协议，在产品品项、价格、返利、终端生动化、客户推荐等方面做深度的捆绑。劲牌毛铺酒的经销商甚至会在一些餐厅里面搞毛铺主题餐厅，以此来宣传品牌和产品。

与餐饮店深度合作最为关键的是把价格管理好。

众所周知，消费者去餐饮店往往都是自带酒水。究其原因是餐饮店的酒水价格普遍要高出不少。因此，打造样本餐饮的酒企通过签订价格政策，保证餐饮店内的产品的价格不高于其他的流通渠道，用给予其他奖励的方式保障餐饮店的原有利润不损失。比如，包量奖励，宴席奖励等。这样一来，消费者更愿意直接在餐饮店购酒，免去宴席前后要多次搬运酒水的麻烦。

其次，要将自己的酒水放进餐饮店的菜单中。

酒水进菜单有两种形式：一种是直接出现在餐饮店的酒水单中，另一种是与终端餐饮店联合推出套餐，比如 2388 元 / 桌，其中含 ××× 酒水 1 瓶，额外再赠送两瓶果汁。第二种情况对于那些对酒水没有特别要求的，或者图省事的消费者有较大的吸引力。

再次，要做好餐饮店的生动化，实现终端拦截。

餐饮店的生动化的形式可以是多种多样的，有点菜的灯箱，主打产品差异化的堆头，吧台酒柜后面的产品陈列等。同时，利用价格爆炸贴等物料把餐饮店内的价格信息或促销信息及时地传递给现场的消费者。比如，洋河就在餐饮店摆放易拉宝来展示宴席用酒的优惠信息。企业通过各种生动化动作形成组合拳，引导消费者现场订购宴席用酒。

最后，配备专人对接，有效传递宴席用酒优惠信息。

一般而言，大型的宴席都是需要提前预订的，餐饮店一般也都会配备专门的人员与定宴席的消费者对接，这些人可能是前台，可能是大堂经理或者其他人，酒企需要配备专门人员对这些特殊的餐饮店进行对接，尤其是与餐饮店中负责对接消费者的人员保持高频的联系和良好的客情关系。一是要把宴席的优惠政策准确无误地传递给这些人员；二是想办法给予这些人员相关激励，提升其推荐的积极性。

烟酒店是宴席用酒的第一大来源，企业要深挖烟酒店背后的销售路径，建立宴席前哨站。

首先，要从众多烟酒店中找到合适的发展对象。

据不完全统计，我国有 295 万家烟酒店，它们是中国白酒的最主要销售渠道之一。每一家烟酒店都有自己的"生存之道"，并不是所有的烟酒店都适合发展为宴席的前哨站。

以一个县城来说，大的做团购宴席的烟酒店数量就一二十家，家喻户晓，而乡镇更是就集中在 3 ～ 5 家大超市或烟酒店。这就要求厂家能够准确地找到这些烟酒店，并深挖其背后的销售路径，建立门店的 360° 业务画像，制订针对性的策略和合作计划，推进深度合作。

其次，与目标烟酒店签订宴席推广协议，锁定任务量。

与目标终端签订宴席联盟协议，每家目标终端授予"烟酒店宴席服务站"的标识牌匾；在政策上，保证终端充分利润的基础上，有针对性地开展宴席用酒的活动和服务，为终端店吸引客流量，赢得更多的宴席客源；在服务上，开展宴席用酒服务的一揽子计划，为消费者提供一个终生难忘的宴席体验，赢得良好的口碑，不断提升品牌美誉度。

第三，店内的生动化和多样化的宣传也是必不可少的。

与餐饮店一样，烟酒店也需要在店内做各种生动化的展示，核心是向消费者传递宴席的相关政策信息。常用的宣传形式有专柜上的宴席卡、吧台上的台卡、店内的易拉宝、店面橱窗的半透或 KT 板、店门口促销台和地堆等。还可以设立宴席烟酒专柜，放置消费者品鉴用酒，准备相关道具，方便消费者试饮。也可以准备一些小酒样品赠送给消费者，增加消费者的好感度。在此基础上，还可以借助现代互联网工具，辅助服务站老板用小视频账号或直播账号进行宣传，如抖音、西瓜视频、视频号等 App 软件，锁定同城区域进行精准传播。

第四，发展专职服务人员，及时跟进，做好服务。

宴席活动政策一般针对中间人和消费者进行激励和让利优惠。中间人主要指介绍人和烟酒店老板，比如，在国庆 7 天限时奖励，凡是成交一场婚宴 5 桌以上的，除常规政策外每场额外奖励 500 元现金。而对宴席消费者的活动主要是优惠和礼品赠送，主要形式有买一赠一（赠品不带外盒）、每桌送 1 瓶、5 箱送一支大坛纪念酒等，各个区域可根据当地习俗、竞品力度、价格管控等情况和要求进行综合评估制定。宴席是会有较大的费用产生的，因此，宴会的及时跟进、取证就变得极为重要，否则，可能会存在薅羊毛的情况。另外一方面，宴席用酒能否及时送至宴席现场，宴会结束后，事先约定的奖励能否及时兑现都是宴席活动能否有效在更大范围内推广的重要因素。因此，酒企要发展专职的服务人员，通过他们搜集宴席信息、开展宴席活动、跟进宴席销售、做好宴席服务。

4.控盘分利，助力终端动销

1）什么是控盘分利

控盘分利是当前白酒行业非常火的一种新的营销模式，五粮液、国台酒等企业都在实施上述战略。

行业头部白酒中，除了洋河、古今贡酒有"类深度分销"的影子，其他的白酒企业都采用大经销商制来实现渠道销售。大经销商体制下，品牌商一方面可以借助经销商的人力、财力快速开拓市场，另一方面也会出现"尾大不掉"的问题。

控盘：核心的大经销商控制了当地销售的各个环节，可能导致当地出现渠道库存积压、价格倒挂等各类问题，也就是所谓的"盘"出了问题，包括价盘、库存盘、需求盘。因此，厂家才会衍生出"控盘"的诉求。

分利：合理的渠道利润分配是渠道健康的核心指标之一。大经销商控制下的市场必然会出现二批商、终端的利润挤压问题，利润空间被挤压也必然会导致畸形的销售市场。

分利不是给渠道商平进平出，把所有的利润重新分配，而是渠道商在正常赚取差价的同时，可以额外获得一笔返利，厂家通过利润后返的方式来重构利润的分配体系。利润的来源有两个：一个是原来为了压货投放的费用，比如经销商进货奖励；另一个是渠道动销增加带来的增量利润。

2）控盘分利是如何实现的

控盘分利的第一步是产品赋码，实现白酒行业通行的五码合一（箱码、垛码、盒码、瓶外码、瓶内码）。如何赋码不在本书的讨论范围之内，这里重点介绍赋码之后是如何实现控盘与分利的。

赋码完成之后，厂家出货扫垛码，经销商扫箱码签收，终端扫外箱码签收，销售者扫瓶内码开瓶饮用。

价盘：为什么价盘会被砸？一方面是因为窜货泛滥，产品本身存在价差，渠道商低价依旧有较大的利润空间；另一方面，产品本身品牌力较差、利润较低或分配不合理，渠道商通过砸价快速降低库存。基于码系统，销售环节层层扫码，窜货的可能性大大降低；扫码一旦完成，产品的动销就往前推了一步，厂家由此给予一定的分利，渠道商在正常销售情况下的利润又多了一笔，正价销售的信心增加，砸价的意愿大大降低。

库存盘：库存盘的管控核心在于两个层面，一是要准确了解渠道商的库存；二是要想办法帮助渠道商动销，以降低库存。控盘分利的层层扫码，可以让厂家准确知晓渠道商的库存情况；同时，通过扫码激励有效链接了消费者，吸引消费者多消费，进而往上拉动终端、二批商、经销商的动销。

需求盘：顾名思义就是管理消费者的需求，这里的管理主要是刺激消费者的消费。刺激消费者消费取决于三个方面，一是白酒的品牌影响力与产品力拉动；二是终端店主或餐饮店主（服务员）的推荐拉动；三是产品营销拉动，如扫码领红包等。基于码的系统，可以通过定向投红包或实物奖励来吸引消费者多消费该产品。

分利： 以往厂家只能跟经销商分利，分利有两种形式，一是产品差价；二是进货的返利。这样的方式更多的是压货的逻辑，是分销的管理思路，而不是动销的思路。码系统把厂家—经销商—二批商—终端—消费者连接起来，建立一个大的利益共同体，这个共同体除了一荣俱荣、一损俱损之外，还具备一个核心的特征，那就是整体的利润来源是从后向前推动释放的，即消费者多消费，终端的动销增加，二批商的动销增加，经销商的动销增加。

3）控盘分利的价值

综上，酒企通过控盘分利，实现了四大核心价值：

价值一： 构建了更为健康的渠道生态。厂家与经销商、二批商、终端等结成利益共同体，不再通过压库存的方式实现更多的销售额；渠道商也不再通过乱价的方式消耗库存；终端的利润有个更好的保障；消费者在各类扫码营销中增强了对品牌和产品的认知。

价值二： 厂家可以直接连接消费者。在以往的销售过程中，厂家的触角只能连接经销商，至多是连接到终端，但是真正消费的白酒消费者，厂家是无法连接的，在这套体系下，厂家可以清楚掌握核心终端的分布与销量，也可以知晓消费者的画像信息。这对于厂家分析市场、调整产品结构、优化供应链体系都起着至关重要的影响。

价值三： 可以准确掌握渠道的库存和动销数据。掌握经销商的库存和动销数据一直以来都是行业的难题，以前厂家获取数据的方式无非三种：一种是人工上报库存和动销数据；另一种是通过给经销商进销存安装插件程序，定时获取并清洗数据；三是给经销商一套厂家的进销存系统，以此获取数据（后文中保健酒案例中的方式）。以上三种方式均带有一定的局限性，厂家开辟了第四种方式即直接通过下游的扫码签收数据算作上游的出货数据，并记做下游的进货数据。这样一来，就通过码掌握了渠道的库存和动销数据。

价值四： 厂家可以更精准地制定营销策略。基于码系统，厂家可以准确获取终端的开箱扫码率、消费者的消费数据，基于数据制定的新的营销策略势必能更有针对性地激活市场。

4）如何刺激各环节扫码

扫码环节涉及的主要对象包括品牌商、经销商、二批商、终端、消费者。在上述环节中，笔者认为终端的进出扫码是最为关键也是最难实现的环节。

终端不愿意扫码，常见的原因有：没有奖励，或奖励的力度不够，不愿意扫码；货是窜货的，来路不正，不愿意扫。

基于上述原因，厂家设计的方案必须基于如下原则：

扫码有利，不扫码利益受损。

利是多重的，损也是多重的。

终端扫码的三重利：

利益一：终端进货奖励。扫码签收即可获取积分奖励，积分可直接兑换现金或其他商品。

利益二：助力终端的常规动销。正常扫码的酒水可以参加厂家在该区域投放的活动。比如厂家在南京市建邺区投放一档活动，第 1000 位扫瓶码的消费者可以获得一部华为 Mate 60Pro 的新款手机。如果更进一步，厂家针对进货数量比较多（以扫码签收为准）的终端，给予定向的动销政策支持，比如消费者从一个金牌终端买酒中奖的概率是 100%，从其他终端买酒的中奖概率只有 80% 或 60%。

利益三：助力终端的品鉴 / 宴会动销。终端的品鉴 / 宴会用酒是需要扫码报备的，而报备的酒水必须是前期已经扫码签收的酒水，否则就无法参与登记宴会用酒。同样，对于进货多的金牌终端可以制定特定的宴席政策，比如金牌终端开展的宴席，消费者扫码获得的红包都是 8.8 ~ 18.8 元；如果是银牌终端开展的宴席，则红包是 1.8 ~ 8.8 元等。

反之，如果不扫码，上述三重利就无法获得，如果这三重利的奖励能超过窜货销售带来的收益，那么终端扫码的概率就会大大提升。消费者扫码的环节更多的是通过扫码领红包的方式做激励，市面上有很多关于此类营销的数据，本文不再赘述。

⊝ 3.2.3　低端光瓶酒：注重购买便利，聚焦低端现饮和流通渠道

低端白酒，一般是指零售价在数十元不等的白酒。这个价位中，以光瓶酒居多。目前，市场上的光瓶酒被划分出四大派系：京味派（牛栏山）、名酒派（玻汾）、东北派（老村长、龙江家园）、小酒派（江小白、歪脖郎），还有一些创新品牌的光瓶酒，如光良酒，不断加入战场，市场竞争愈演愈烈。

业界普遍认为，未来光瓶酒增速会保持在15%以上，高于整个行业平均增速，未来3～5年内，甚至有些企业可以保持30%的增速。知名白酒分析师田卓鹏认为，光瓶酒未来将达1200亿元规模，零售价20～30元的产品将成为主流。

光瓶酒的渠道操盘方式与快消品最为接近，两者都是注重购买的便利性和消费的及时性。因此，流通渠道和现饮渠道是光瓶酒增量的最重要的渠道，占据成熟市场70%以上的销量，光瓶酒酒企对上述渠道的铺货极为重视。

低端现饮和流通渠道是光瓶铺货的主战场，而这两个战场终端数量多如牛毛。因此，光瓶酒企业一般都是依托经销商去实现终端的覆盖。基于此，光瓶酒的渠道操盘核心是以下几件事（如表3.5所示）：

表3.5　光瓶酒的渠道操盘核心

步骤	注意点
招商	最好选有市场基础和影响力、从事酒水或食品饮料、具备渠道网络和人员配送基础的强势经销商
铺货	按照"先餐饮、后流通；先城区、后乡镇"的原则
终端	生动化建设是光瓶酒市场动销的重要基础性动作，厂商需要对核心终端进行"三位一体"的建设：店外、店堂、陈列氛围

首先，招商，招有实力的大商。

最好选有市场基础和影响力、从事酒水或食品饮料、具备渠道网络和人员

配送基础的强势经销商。这类经销商普遍体量较大，他们会把光瓶酒当成水来操盘，通过密集的渠道分销，快速铺货，厂家只需对经销商进行协销即可。牛栏山、老村长等头部光瓶酒在一些重点省份，比如河南省，有数百名一线业务人员，他们跟快消品的业务员一样，每天的核心工作都是开拓终端，维护终端，做好陈列，采集订单等。

其次，按照"先餐饮、后流通；先城区、后乡镇"的原则铺货。

流通渠道是光瓶酒的第一大渠道，但是，就前期而言，餐饮渠道是消费者培育的重大平台。光瓶酒一般都是先做餐饮渠道，县城做 60～150 家，地级市做 200～400 家，坚持做半年再流通。另外，相较于乡镇而言，城区的人口密度更高，且对乡镇的消费习惯有着引领的作用，承担这个类似 KOC 的角色，所以是先做城区，再做乡镇市场。光瓶酒的乡镇铺货有个可以遵循的"1573 法则"，具体而言：

- "1"代表每个村打造 1～2 个能卖 100 件酒左右的核心店。
- "5"代表每个乡镇打造 5～10 店，尤其是流动宴席店。
- "7"代表每个县城 70～100 个核心店，其中，餐饮 20～30 家，流通 50～60 家。
- "3"代表要打造三条街，政府一条街、餐饮一条街、流通一条街。

最后，终端生动化是拉动销的重要因素。

光瓶酒和饮料的动销逻辑类似，消费者"随处可见，随手可拿"的情况下，购买的可能性就提高了。生动化建设是光瓶酒市场动销的重要基础性动作，厂商需要对核心终端进行"三位一体"的建设：首先是店外，如门头、门面等处的广告宣传；其次是店堂，比如店内海报、收银台物料宣传等；最后是陈列氛围的营造，生动化陈列讲求显而易见、物料齐全、整齐丰满、全品项和最大化陈列，这就要求企业争取最佳的陈列位置、最大的陈列空间、最集中的产品陈列、最佳的生动化的物料展示，以此来营造旺销的氛围。

3.2.4　渠道数字化建设需求

1.数字化系统为企业连接核心终端，做好深度运营提供工具支撑

中高端酒企都重视核心终端的运营，而终端进货数据往往是确立核心终端身份的硬指标。

对于厂家而言，终端的进货数据的真实性往往较难保障。因此，很多厂商会通过给经销商装插件、给经销商上系统等方式来获取终端的进货数据。更进一步，厂商会建立渠道终端订货系统、一物一码系统，通过激励终端线上签收来提升数据的真实性。

确立核心终端之后，厂家需要根据终端历史业务数据，确定终端运营目标，锁定终端周期进货量。实际业务中，业务员往往会与核心终端签订周期销售协议。

然后，企业需要深挖核心终端背后的销售路径，针对性地制定促销政策。比如，某终端是专门做企事业单位团购的，可采用随单返利或买赠、满减满折等政策；某终端店主是当地酒圈子的意见领袖，人脉很广，可采用任务达标返利、品鉴会专项政策等，激励店主多推荐；某终端的生意主要是日常零售带来的，可采用环比或同比增长达标返利政策，刺激终端不断突破销量任务。上述各类的返利政策均需依托于灵活的渠道数字化系统，通过系统给不同类型的终端打上标签，定向制定促销政策，根据完成情况，自动生成奖励结果。

最后，店主可以在厂家构建的数字化系统中了解合同的内容及执行进度，进货目标完成多少了，还差多少箱能拿到厂家的返利，付费陈列的执行是否合格等信息均一目了然。为了方便店主使用，系统的登录形式可以是微信服务号或小程序。

2.数字化系统助力构建宴会全流程管理体系

笔者走访过多家知名酒企，很多厂家对宴会的管理都是"爱恨交加"。爱的是宴会在白酒行业中是一种较为有效的消费者培育的方式，借助宴会推广一飞冲天的酒企不在少数。恨的是宴会管理烦琐、跟单检核难、造假概率极大。常见的宴会造假方式包括：开席前摆拍，即宴会开始前，业务员到达宴会现场采集酒桌上的"龙套酒水"照片；虚报宴会数量，即一场宴会从多个角度拍照，虚报为多场宴会；谎报宴会，即宴会根本不存在，很多厂家都通过数字化系统构建宴会申报、分配、跟进、检核、核销全流程管理体系来提升宴会真实性。

3.数字化系统助力构建厂商协同平台，提升经销商采购及协同效率

经销商系统平台核心是解决的采购效率的问题。以往，经销商向厂家采购的低效环节体现在以下几个环节：

首先，信息传递的问题。下单前，不同的经销商可能有不同的可售商品、价格、促销等。下单的时候可能还会存在起订量、配额等各项影响订单类的因素，这些均需要及时传递给经销商。任何信息传递有误，经销商的订单就需要来回地修改，严重影响经销商的采购体验和订单处理人员的效率。此外，信息传递得不透明可能还会产生灰色利益，厂家业务员通过信息不对称，欺骗经销商，捞一大笔钱跑路的情况在消费品行业也是时有发生。

采购订单完成之后，经销商会对订单的处理状态、物流状态等信息比较关心，冷链的经销商还会需要知道货物运输的车辆上的温度信息。

其次，订单的预处理效率问题。全国性的厂家一般都是数千家经销商，多一点的厂家，可能有数万家经销商。不同的区域或类型的经销商会有不同的促销活动、返利政策。多变的政策和数量庞大的经销商结合起来，人工计算已无可能，必须通过经销商订货系统来提高计算的效率。没有数字化系统，厂家就无法有效管理经销商的各类促销政策和返利，就无法在激烈的市场竞争中获得更多的机会。

最后，资金和费用对账的问题。一般情况下，厂家和经销商按月为单位对账一次，传统的对账方法是：厂家整理出来上个月的相关数据，包括资金余额和使用明细，费用的余额和使用明细以及其他的相关内容以快递的方式发给经销商，经销商收到快递，确认无误的话，签字盖章，再寄给厂家。这样一

来，一个经销商一年就要对账 12 次，还不考虑对账单有问题需要重复寄送的问题，一年下来，对于厂家而言也是不小的一笔开支。当然，也有一些厂家，直接就通过邮件的方式发对账单给经销商，经销商如果没有疑义的话就回邮件确认，甚至直接不回邮件（表示默认），这种邮件的对账方式实则是有很大的法律风险的，如果出现纠纷，经销商完全可以不承认自己收到过邮件并确认过内容。

通过经销商订货系统，构建厂家与经销商协同的平台，经销商的端口可以是计算机端的网页，也可以是移动端的 App 或小程序。双方可以在这个平台上实时地传递信息。厂家的促销政策、返利政策可以直达经销商。订单的状态和处理信息也能及时地同步到经销商的手机上。每月的对账单也是如此，如果再叠加上电子签名服务商的相关服务，经销商和厂家均在线做企业和个人的实名认证，在线完成双方的对账单的签署，既高效又合法合规。

类似这样的平台在酒水行业是很常见的，无论是营收破百亿元的全国性酒企，还是区域性甚至是成长性的新兴酒企都投入费用构建这样的协同平台。笔者采访过很多经销商，经销商代理某个品牌的原因有很多，其中有一条很受关注——费用核销的速度。白酒企业的通路费用是较高的，一场品鉴会动辄几百元，多则上千元，经销商承担着较大的资金垫付的压力，而以往的费用核销由于各种原因，核销的往往需要 3 个月，甚至更长的时间。导致核销周期长的原因固然有很多，从数字化的角度看，数据无法及时汇总、整理、上传而导致的核销速度慢占据很大的比重。因此，构建这样的协调平台，及时汇总相关数据，缩短费用核销周期，无疑是增加经销商对厂商品牌忠诚度的关键动作。当然，不排除部分品牌希望通过延迟给经销商的核销时间，以便更好地掌控经销商。

4.数字化系统助力经销商经营的数字化水平的提升

前文提到，当前的消费品渠道是一个复杂多变的渠道，新场景、新零售、新方式不断涌现。相对于厂家而言，经销商在灵活应对这些变化的事项上往往更具优势。究其原因，一方面，渠道的分散和碎片化，厂家的资源分散且难以有效协调应对；另一方面，人口红利下降，边际利润下降，厂家难以支撑大量的人力成本和管理成本。反观经销商，船小好调头，可以以更快的速度、更低的成本、更高的效率、更好的体验来应对市场变化。

基于这样的背景，厂商除了专注于品牌建设、市场宣传、新产品的研发之外，还需要再通过数字化的手段武装经销商，提升经销商的数字化水平。厂商在渠道上的整体竞争力包含了厂家自身和经销商两者的竞争力，不能让经销商成为木桶的短板。

实践中，很多厂商会帮助经销商选择一套进销存系统，让经销商把自己的日常的生意经营放在这个系统中管理。一方面，很多经销商并没有自己的数字化信息，还用着传统的方法在管理自己的人员、订单、往来账等；另一方面，经销商可能自己购买了相关的系统，但是由于缺乏有效的管理经验和系统使用经验，他们的系统往往都是使用很浅的层次。所以，厂商可能通过一套系统，把自己的管理经验内化到系统的功能上、报表中，帮助经销商管理好自己的生意。

当然，上述通过数字化系统赋能的方式可能会比较难推广，笔者走访较多的经销商，主要的原因有如下几点：

厂家和经销商是天然的博弈者，斗而不破始终是战场的主旋律。厂家有一万个理由想知道经销商的各种数据，包括订单数据、客户、库存数据。经销商有一万零一个理由或多或少地隐瞒自己日常经营的数据。这是行业的常态，其中缘由，不必赘述。

产品占经销商销售额的比例较小，或属于流量产品，厂家没有话语权。一般而言，厂家的绝大多数经销商都是兼营的经销商，体现在销售额占比上，自然就有大小之分。占比大到一定程度，经销商甚至会专门为某产品配备专职的业务人员，甚至是业务团队。江苏无锡某劲牌经销商就为劲牌的保健＆白酒和毛铺苦荞酒专门配备专职的业务人员和管理人员，虽然该经销商实际经营的品牌多达十多个。此外，有些产品属于流量型的产品，比如瓜子，经销商没指望着它赚钱，所以你也就别指望经销商能"指哪打哪"。

经销商自身的经营管理水平较高，信息化建设相对健全，厂家的渠道数字化方案没有吸引力。消费品行业，米面粮油、日化、酒水的经销商的经营规模相对较大，由于业务规模较大，人员较多，能发展起来的经销商自身的经营管理水平一般都不差。有的甚至能对外输出自己的管理经验，比如鞍山商贸就把自己的经营管理经验总结提炼成对应的培训课程对外公开售卖。

经营水平的提高自然会倒逼信息化的逐步完善。有的甚至会走在部分小厂家的前面，比如有的经销商会选择用友的 NC 系统（国产 ERP 中高阶的版本）；有些经销商自己已经构建了"ERP+ 移动 CRM"的信息化系统。

所以，对于上述经销商而言，厂家的渠道数字化的往往会显得"赋能不足"，经销商自然就不愿意参与。

各家厂家都推自家的数字化的App，经销商业务员疲于操作，怨声四起。"上面千条线，下面一根针"稍微有点数字化想法的厂家都要想推自己的App，这就苦了实际作业的业务员了，业务员到门店之后需要打开各种App各种拍照。如果还要下单的话，那就更要了老命了。这种情况下，久而久之，那就全部都不用，订单也就变成手抄单了。

至于如何让经销商配合厂商的数字化，我们在后面的具体案例中给出了相关的答案。

（3.3） 日化：强化通路执行，打造完美门店

日化是指日用化学品，是人们日常用的科技化学制品，包括洗发水、沐浴露、护肤、护发、化妆品等。按照用品的使用频率或范围划分为生活必需品，或称日常生活用品、奢侈品。按照用途划分有洗漱用品、家居用品、厨卫用品、装饰用品、化妆用品、床上用品等。

从我国日化市场来看，2015—2020 年我国日化行业市场规模呈逐年上升趋势（如图 3.3 所示）。2020 年在新冠疫情冲击下，我国日化行业市场规模仍保持了 5.83% 的增长率，成为全球日化市场为数不多的正增长的市场。2020 年中国日化市场规模实现 6529 亿元，较 2019 年同比增长 5.83%。其中，消费者购买的渠道主要是商超、电商渠道、CS 渠道、百货渠道、流通批发渠道、其他渠道。其中商超、百货、电商、CS 为其核心销售渠道。其中商超和电商大约各占日化产品零售总额的 30% 多，剩下的 30% 左右的份额是百货、CS 等渠道。另外，70% 以上的消费者已经成为"线上＋线下"多渠道、多场景购物者；多渠道、多场景"全域"消费者的占比每年都以 4%～5% 的速度持续增长。

图 3.3　2015—2020 年我国日化行业市场规模

渠道的发展与变化衍生出不同的日化品牌，CS、电商渠道的兴起打破了百货、商超渠道的垄断性优势，哺育了一批化妆品品牌的成长，也使高度依赖百货和商超渠道的品牌受到了严重冲击。2000 年后，自然堂、韩束、韩后、百雀羚等本土品牌随着 CS 渠道的发展而快速崛起；电商尤其是淘宝、天猫的高速发展孵化了一批美妆"淘品牌"，如阿芙精油、御泥坊、膜法世家等；2015 年起，随着"网红"、美妆达人等影响力的提升，一批围绕个人 IP 的美妆小众品牌兴起。2009—2014 年，即化妆品线上销售高速发展初期，渠道高度依赖百货和商超的欧美品牌、本土高端品牌佰草集、中端品牌相宜本草等均受到了电商的严重分流。

3.3.1　注重渠道5P执行提升通路生动化

学过市场营销的人一定都听说过4P，即Product产品，Price价格，Place渠道，Promotion促销。后随着企业业务实践的发展，又衍生出了People人的概念。有的人认为这里的People是指业务团队，也有的人认为是指用户。笔者倾向于后一个看法，毕竟研究透企业的用户才是后面4P成功的先决条件。

以上，合之为5P（如图3.4所示）。虽然5P是个市场营销理论，参与市场经济做买卖的各个企业都会用到，但根据笔者的观察，5P在日化行业尤其被重视，且被细化到了一线执行层面。

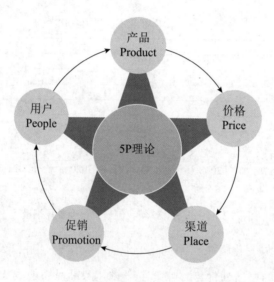

图3.4　5P理论

我们将消费者分为两类，一类是粉丝消费者；另一类是普通消费者。粉丝消费者就是那些被特定的产品所吸引的用户群体，是品牌的忠实拥趸，受营销的影响很小，比如各家3C品牌的粉丝：果粉、花粉、米粉等。而普通消费者，就是非特定品牌的固定用户，是受临场影响而进行决策采取行动的用户群体。

对于日化行业而言，很难从品牌或者功能层面建立较强的竞争力壁垒，买A牌洗衣粉和B牌洗衣粉并不会带来显著的使用差异。通常，我们只会听到家庭主妇们说"家里没有洗衣粉了，去超市买袋洗衣粉吧"，却很少会具体到某个品牌。因此，对于日化行业的厂家来说，为了能让这些潜在的购买者能在逛超市的过程中买到自己的品牌产品，厂家需要基于 5P 方法论对产品、对渠道、对价格、对促销、对用户进行分析，并展开对应的工作，从而最大化合适的产品以合适的价格在合适的渠道以合适的样式呈现在消费者面前的概率，这才是他们重视 5P 的底层原因。

我们以高露洁为例，看看他们是如何做 5P 的。

高露洁的市场营销团队面向中国市场日化产品的主战场 KA 渠道做了"用户购买决策树"调查，有如下发现：

购物者的购买决定顺序是功能—价格—品牌—味道；90% 以上的购物者在主货架购物，这当中又以目光层最有利于购买；42% 的购物者会在口腔护理区域的中间货架停留最久，显著久于停留在货架前后端的时间；购物者平均花费 1 ~ 3 小时 / 次的时间在 KA 卖场进行购物；购物者平均在货架前选购一支牙刷的时间要比选购一支牙膏的时间多 1/3。

其次，基于上述购物者的喜好及行为模式的发现，高露洁制定了本地化的 5P 执行策略：

- 渠道：在中国市场，高露洁按照收银台数量对零售环境进行了划分，比如大于 14 个收银台归类为大卖场，4 ~ 14 个收银台归类为中型超市等。

- 产品：分销 32 个单品；各功能类别的牙膏必须齐全；以普通装和家庭装为重点；分销漱口水。

- 价格：对于价格敏感的产品必须严格执行渠道定价；确保高值产品各规格和低值产品家庭装的利润达到渠道的平均水平。

- 促销：牙膏的促销必须与牙刷或其他口腔护理产品的促销相结合；利用货架外陈列和 POP（焦点广告）突出促销；价格促销必须遵守公司的指引。POP、新产品或重新上市及货架外的陈列必须使用宣传品。陈列需在客流方向的中部，按品牌集中摆放；货架占有率不小于整体货架面积的 35%；高档产品摆放在视平线上；同一子品牌内裤，由上至下摆放大小规格；牙刷牙膏分开摆放，中间位置放置漱口水等专业口腔护理产品；儿童牙膏和牙刷陈列于儿童口腔产品区域。

以上就是高露洁对5P的要求，其他的日化企业也都会在这几个维度上做出相应细致的要求，5P规则的设置与执行成为日化行业一个非常关键的市场动作，受到了各大厂商的高度重视。

⬡ 3.3.2 打造完美门店抢占店内黄金资源

日化的厂商为了能让消费者更多地购买自己的产品，常规的路径是：设计多品牌满足消费者的各类多样化需求，全方位立体式的广告建立认知，渠道高强度铺货，抢占黄金资源获得更多动销。

力士、夏士莲、清扬、旁氏、奥妙、中华、金纺、洁诺、凡士林，这么多知名品牌摆在你的面前，你能分别说出它们来自于哪个企业吗？你上网一查，就会发现，这些都是联合利华的，其他的日化企业也纷纷采用这样的多品牌战略，比如，宝洁、上海家化等。细想一下，其实理由也很明显，与其他的行业不一样，日化产品的细分功能很多，以洗发水为例，不同的消费者对洗发水的功能诉求是不一样的，有的需要去屑的，有的需要去油的，有的需要防脱发的，有的需要清凉舒适的，有的需要亲和柔顺的。就一个洗发水都这么复杂了，更不用说化妆品了。日化企业的名字只有一个，但是品牌有N个，用不同的品牌去适配不同消费者的需求。

日化企业，尤其是头部的日化企业，品牌推出之后，无一例外都是通过铺天盖地的广告来快速拉起消费者对这个品牌的感知，强化消费者对该产品的功能的认知，比如，清扬洗发水就是主打去屑的，力士沐浴露就是主打轻肤顺滑的。

在厂家和功能的认知建立的同时，就要在现场的各大渠道开展铺货和生动化的动作了。

完美门店（Perfect Store Program，PSP），本质上是解决"如何在有限的重点渠道中，通过极致的生动化作业，实现更多的单店动销"的问题。

对于日化行业的厂家和零售业者来说，分别从不同的维度来定义。对于厂家来说，一个企业基于对某个门店所在地区、习俗文化、人群结构、收入水平、消费偏好等因素决策和提供适合的品类产品和价格，确保消费者容易在货架上看到，商品卖点、价格、促销信息清晰、一目了然，以最大化品牌体验和销售业绩。对于零售业者来说，门店根据所在地区、习俗文化、人群结构、收入水平、消费偏好等因素进行选址和选品，让合适的产品以合适的价格出现在货架上，确保消费者容易在货架上看到，商品卖点、价格、促销信息清晰、一目了然，以最大化消费者购物体验和销售业绩。

简言之，正确的商品出现在正确的地点，以合适的价格出现在货架上，确保消费者看得到、买得到。在零售执行上，符合企业所定义的分销、陈列和推荐标准的门店是终端门店完美执行的体现，被称为"完美门店"。

一般而言，日化行业完美门店的实施路径如下（如图 3.5 所示）。

日化行业完美门店的实施路径

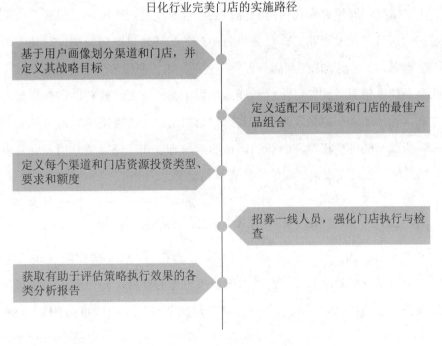

图 3.5 日化行业完美门店的实施路径

1.基于用户画像划分渠道和门店，并定义其战略目标

完美门店战略的最终落脚地是门店，厂商们首先要做的就是根据自己的目标客户群来选择相应的渠道和门店，有些产品是针对年轻白领的，那么对新产品、高价格接受度高，追求大健康消费者的城市便利店可能是其核心渠道。有些产品是针对大众消费群体的，如花露水、杀虫剂等，那么流通渠道、KA 渠道可能就是其核心渠道。因此基于用户画像划分渠道和门店是执行完美门店的基础。此外，核心渠道和门店已经划分清楚，下一步就需要根据企业产品的发展阶段、企业的经营情况有效定义不同渠道和门店的战略目标，渠道和门店的战略定位不同会直接导致该渠道和门店是否需要执行完美门店策略，能不能执行完美门店策略。进一步来说，不同的渠道和门店即使是执行了完美门店的策略，它对产品、价格、促销的组合和执行也是不尽相同的。

2.定义适配不同渠道和门店的最佳产品组合

定义适配不同渠道和门店的最佳产品组合需要重点考虑两个因素，一是该渠道和门店目前的发展状态；二是自身产品的特性。以商超为例，商超渠道目前面临电商、社区团购、便利店等各类平台的冲击，商超的货架资源逐渐减少，因此商品的分销要讲究精品集群、爆品集群；另一方面，商超也在探索新的运营方式，比如加入一些到家平台，到家平台的用户一般都是年轻、思想前卫的群体，所以一些价格相对高一些的新奇的产品可以在商超渠道分销。价格也是一样的逻辑，也需要根据渠道的特性有效地定义。

3.定义每个渠道和门店资源投资类型、要求和额度

渠道和门店的产品、价格组合确定好了，下一步就是确定渠道和门店的投资类型、要求和额度。投资的类型取决于渠道的特性，异形堆头一般都是在商超或中型超市出现，考核的要求一般是堆头的位置，组成堆头 SKU（Stock Keeping Unit，最小库存单位），堆头的面积等相关指标；货架的陈列可能出现在各类型的渠道或门店中，考核的要求一般有货架的排面数、本品的占比、SKU 所在的层数等。投资的额度往往取决于两个方面，一是当前的时间节点属

性，逢端午、中秋、春节等节日可能会加大投资的额度；二是门店的历史业绩，比如历史活动的ROI（Return on Investment，投资回报率），这其实也是对活动效果的评估，效果好的渠道和门店自然能获得更多的资源投入。

4.招募一线人员，强化门店执行与检查

完美门店的范围和标准定义清楚之后，厂商一般都会招募两类人来确保完美门店的落地执行。第一类人是BA（类似于快消品其他行业里面的促销员或者导购员），通过这类人员在门店内的动作执行，保证厂商与门店签署的陈列或生动化要求能够有效落地；第二类人员是市场检查人员，这些人员一般都是按照厂家的要求到门店去做各种检查，填报各类数据，采集各种现场照片。相关数据采集之后会提交给后方的内勤人员，内勤人员审核相关材料和数据，给出相应评价，评价影响前方两类人员的绩效或奖励。当然，上述所提到的招募，不一定是跟厂家直接签劳动合同的人，也可能是跟第三方人力外包公司签署合同的人。

5.获取有助于评估策略执行效果的各类分析报告

完美门店动作执行完成之后，厂商需要做各类的分析评估，评估大概分为两个大维度，其一是执行的过程是否合格；二是执行之后的结果是否达到预期。前一项更多的是从店内投资项，比如货架、地堆、端架、地贴等相关项是否严格按照厂家的执行标准做了有效的执行；后一项更多的是从活动的ROI出发，把当前渠道和门店活动的ROI进行各种对比。比如，可以跟当前渠道和门店历史活动的ROI比较；与其他渠道和门店的活动ROI比较；与公司的标准的ROI做比较等各种角度。在比较的过程中，要注意一些场外因素的处理，比如节假日等。

日化厂商通过清晰、健全的管理机制来监控执行完美门店的过程和结果，这样一来，厂家更有可能在更多的零售门店抓住更多的增长机遇；同时，通过提供满足特定需求的产品、价格组合，客观上也为消费者提供了更佳的购物体验。

3.3.3 渠道数字化的建设需求

1.构建通路活动管理与执行系统，保障5P战略落地

不同的渠道和门店的 5P 执行标准不尽相同，厂商需要构建通路活动管理与执行的 SFA 系统，依据陈列类型创建不同的活动方案，终端门店申请参加活动的方案，从而建立终端门店与某个陈列类型的执行标准的对应关系，比如某门店应该有个 1 平方米的草本牙膏地堆，店内要展示天然植物健康形象物料，活动商品有 ABC，促销价是 abc，活动时间是 1 号至 15 号。

终端门店成功参加活动后，相对应的执行标准及待检查项目便通过 SFA 系统自动下发给门店对应的业务经理。后续拜访门店时可自动提醒，由业务经理在移动设备上按图文方式对标执行。

通过 AI 图像识别技术完成对牙膏、牙刷和漱口水的建模后，业务经理在 SFA 系统上做 5P 执行环节，即可直接拍照上报，无须人工填选。AI 自动识别货架或地堆中的商品，并与对应标准进行比对，现场呈现结果，大大提升作业效率，提高作业真实性。

2.搭建完美门店管理系统，确保真实性，提升活动执行管理效率

前文提到厂商依托自己的经营经验，结合市场动态设计不同渠道和门店的执行规则：

什么时间，哪些门店，针对哪些品牌或 SKU，做哪些生动化（一级陈列 / 二级陈列 / 促销活动）？生动化的执行标准是什么？考核标准是什么？实践中，厂家为确保自己的活动能得到"完美执行"，往往会在执行信息采集的设计上不断"追求完美"。一次活动中，需要人员现场采集的项可能高达数十项，每一项都规定了多种情况的信息采集。比如：可售商品、推荐铺货、竞品、价格、POSM、位置信息、面积信息、排面信息……

前方"苦不堪言"，后方亦是"叫苦连天"。每一档执行标准的后面，无

不连接着烦琐复杂的考核标准：可售商品全部分销得 × 分；低于多少不得分；地堆等二级陈列要求：位置、面积达标，得 × 分；促销活动执行，活动正常开展，助销物资正常使用，促销人员到岗，活动达标得 × 分；如果有加分项 A/B/C，如全品类达标要求，则各品类全部达标分别加 × 分。

审核过后，对于表现比较好的门店，如何及时把奖金或奖励积分发放给对应的采集人员也是厂家关注的重点。激励问题解决不好，奖金或积分发放不及时、无法兑换、信息不透明都有可能导致"好事变坏事"。比如：×× 企业，促销人员数量超过 8000，以人员 8000 为例，每周采集 1 次数据，每次上报约耗时 30 分钟，每次平均提报 10 张照片；后台审计时间：5 分钟（审计·人），那么每月数据采集耗费的时间和成本为：

每月数据采集耗时：(8000×4 周 ×30 分钟)/60=16 000（小时）；每月后台审核耗时：(8000×4 周 ×5 分钟)/60=2666（小时）

每月第三方审核成本：(8000×4 周 ×10 张)×0.5 元 =160 000（元）。

基于此，企业需要构建完美门店的管理系统，提升一线人员执行效率以及后台检核人员的检核效率。

首先是把完美门店的考核的场景和指标配置到系统中：比如场景有端架、货架、冰箱、地堆、割箱等；指标有品种数、排面数与占比、位置层数、面积等。

然后是建立不同场景下的评分标准，比如，货架场景中，排面数 5 ～ 8 个，且位置在 3 ～ 5 层，则可得 10 分。接着是信息及时同步到一线人员的 SFA 系统中，一线人员按照要求现场采集即可。如果使用了 AI 技术，还可以现场反馈执行的结果，一线人员可基于结果，现场完成整改。如果一些结果在前端都已经产生并且是真实的，那么后端也就不再需要大量的检核人员做人工检核了，检核的效率大大提高了，检核的成本也大大降低了。

所以，日化行业不管是 5P 执行还是完美门店，本质上都是在强化门店的生动化执行，完美门店是 5P 的升级版本，二者的区别在于：5P 更多的是对常规门店的日常巡查，重点是采集门店的相关信息；完美门店是对付费门店的精细化的检查，在采集的基础上叠加相关的考核标准。5P 和完美门店都需要日化行业依托一线人员连接成千上万的门店，这种连接势必是需要数字化系统加持的。

3.构建通路费用管理体系，实现费用全流程在线

日化行业渠道众多，通路费用的类型也非常多，要想管好通路上的所有费用，实现费用的全流程在线管理，必须要建立 TPM（通路促销管理）系统，通过 TPM 系统来管理好企业的预算、活动方案、活动计划、活动执行、活动结案、费用核销等多个环节。最重要的是通过 TPM 系统帮助上述企业建立了一系列的规则来避免出现先到先得、重复促销、破价、费效比不合理等问题。

4.通过合理控制活动配额，有效规避恶意抢占促销资源的问题

所谓"先到先得"是指活动没有限制特定条件下可申请的参加门店的数量，结果就是谁先申请了，谁就有可能获得更多的促销资格。TPM 系统帮助企业建立活动配额管理机制，比如一个业务员负责的餐饮门店只能申请 3 家参加这个活动；每家门店可以申请 3 档，一档时间是 14 天，档期之间的间隔不得少于 7 天等。这样一来，既确保了促销资源在门店之间做了合理的分配，又对具体门店活动的开展做了有效的前置规划，以此来提高活动开展的科学有效性。

5.通过构建活动互斥机制，有效规避重复促销套费用的问题

所谓"重复促销"一般有两种情况。

- 一档活动，一个门店在同一周期或者不同周期内反复申请参加。
- 不同活动，一个门店在同一周期或者不同周期内反复申请参加。

TPM 系统帮助企业构建活动的互斥机制，比如一个门店，同一周期或者不同周期内不允许参加多次；再比如，一个门店参加了端架的陈列，就不允许再做堆头陈列或者做特价活动等。

6.通过构建破价监控机制，有效规避价格过低的问题

销售代表在帮助某个门店或客户申请一档特价促销活动的时候，系统会自动提示该申请人申请单中的某项价格已经破价了；或者也可以通过参数控制，即使破价也允许提交，把决定权交给审批者，审批者根据市场的情况来决定是否要做，系统只需要做好提示即可。

7.通过构建标准化的费效比对比体系，有效规避费效比不合理的问题

一般而言，在活动方案设计之初，方案设计者是有个预期或标准费效比的期望的，因此，如何能让每一次提交上来的申请单能符合这个费效比的期望或标准就是衡量该活动方案质量的关键因素，勤策 TPM 系统可以帮助企业设置不同方案的标准费效比和特定的费效比，然后每一次提交上来的申请都可以跟上述费效比做比较，如果是符合要求的则可以通过，否则不通过。这样一来，所有参加这档活动的客户就在活动开始之初立下了一个 flag。后续活动结束之后，可以拿实际的费效比结果与之前申请的做对比，总结问题，分析差距，为下一次活动方案的科学设置奠定数据基础。

3.4 农资：连接种植户，做好农资服务；增加终端覆盖，做好营销活动

3.4.1 从散户时代到种植户与规模企业时代

与快消品发展过程中的"产品为王""渠道为王""消费者为中心"的三个阶段类似，中国农资行业经历了三个时期（如表 3.6 所示），1995—2004 年是厂家主导时代，2005—2014 年是渠道商主导时代，自 2015 年开始进入种植户主导时代。

表 3.6　中国农资的三个发展时代

时代	主导者	时间	特征
时代一	厂家	1995—2004 年	厂家正处于整个渠道分销链路的顶端，拥有绝对的话语权，经销商完全依附着这厂商
时代二	渠道商	2005—2014 年	产品的销售靠的是经销商的市场操盘能力
时代三	种植户	2015 年以后	农场、基地、合作社发展十分迅猛，数量众多，大户不断发展，在产业链上有着较高的话语权

厂家主导时代，其实也就是"产品为王"的时代，厂家只要生产出一款效果还不错的产品，经销商都是争着抢着代理，厂家处于整个渠道分销链路的顶端，拥有绝对的话语权，经销商完全依附着厂商。厂家只看经销商的任务完成情况，一旦任务完不成，立刻就换掉。

渠道主导时代，这个时代有个更为耳熟能详的名字："渠道为王，掌控终端"。农资产品逐渐不再神秘，产品同质化的问题不断显现，产品的销售不再靠的是产品力，而是经销商的市场操盘能力，经销商手里掌握了大量的终端，他们决定这个区域某个厂家的销量，他们不断做大做强，逐步成长为某些厂商的主营甚至是专营的经销商。厂家和经销商之间的天平开始倾向于后者。

种植户主导时代。2002 年 8 月《土地承包法》提出：土地流转可以采取转包、出租、互换、转让等方式，将承包经营权的土地交由他人经营。2015 年左右土地流转速度逐步加快，土地的流转面积快速增加。农场、基地、合作社发展十分迅猛，数量众多，马铃薯基地、葡萄基地、香蕉基地、蔬菜基地、苹果基地等遍布全国，这些单位的背后都是一个个大户，大户不断发展，散户自然就不断减少。种植大户不仅自身对农资产品的需求量较大，而且他们还是农资销售渠道中的重要风向标，在产业链上有着较高的话语权，类似于消费品行业的 KOC 或 KOL。散户购买时主要是从众心理和就近购买，零售商和种植户推荐占到 70% 的影响力，意见领袖的作用巨大。

3.4.2　种植户时代是服务的时代

散户时代的厂家都是产品思维，渠道思维，产品动销的关键是研发出有竞争力的产品，招募有实力的经销商，通过经销商把产品更多地铺进各类终端门店，同时辅以各种各样的农户营销的活动，如农民会、订货会、试验田观摩会等。有些厂家也会宣称要做好农化服务，通过更多的服务获得更多的增量，有的甚至也组织了专门的农化服务团队，但是服务团队的人员配备、设备配备、资金配备等均未真正意义上受到重视，农化服务属于公司边角料的业务。一段时间下来，发现做农化服务和不做农化服务，对产品的销售好像也没有什么特别的影响，自然就放弃了。

但是，不管农资企业有没有转变思想，市场已经变了，种植户成为市场的主导了，种植户和散户的需求是有着较大的差异的，最为明显的就是，种植户对农资服务的需求要明显高于散户。散户属于自给性种植，是在满足自身吃用下的经济行为，而家庭农场、种植大户、基地大户、大型农场完全是一种企业行为，是以获取最大经济效益为根本宗旨。因此，对大规模种植技术有较高要求的种植大户对厂家、渠道商最大的要求就是不能再是产品思维，而是作物思维，比如生产肥料的企业，要真正打通"测—配—产—供—施"的各个环节，根据作物的生长规律和土壤的特质，进行测土配方，真正做到作物专用、基地专用，需要专注作物种植基地以及种植大户，进入"专用肥＋测土配方"频道，需要掌握作物生长发育规律，掌握作物养分吸收规律，掌握土壤养分供应规律；需要掌握各种作物的生理周期，需要掌握不同时期的农事活动，肥水管理，掌握各个时期病虫害发生规律，预防及用药。如果一个业务员不熟悉作物，不懂技术，不为种植户提供贴身的农化服务，可以说，基地市场基本开发不了。部分厂家的产品已经通过经销商进入基地，如果不迅速把服务短板补上也会被其他品牌所取代。种植户时代就是服务的时代。

农资行业，几乎所有厂家、渠道商还没有建立连接种植大户、服务种植户的服务体系，没有系统构建售前、售中、售后的服务动作，也没有形成有竞争力的服务能力，金正大、诺普信、广西田园、西洋等企业确实在快马加鞭地布局，似乎也走在了行业的前列。

3.4.3　多招商，强覆盖，提升产品分销

中国 330 个地级市、2800 个县（市）、近 5 万个乡镇，主流农资企业基本以区县为单位进行市场划分，能够大体上覆盖全国的所有县市，但是一些中小规模的农资企业则无法做到县区覆盖，这些厂家的经销商数量严重不足，这也就导致市场的覆盖严重不足；主流的农资企业虽然能够有效覆盖，但是区域范围内的农资零售终端较少。经销商数量偏少加上零售终端数量不足导致了农资产品的分销率严重不足，这就造成了很大的空白市场。无论快消品还是农资产品，本质是一样的。渠道建设的首要任务就是渠道数量最大化，"让卖产品的地方都有自己的品牌"。此外，农资企业的数字化建设是相对落后的，很多厂商自己根本搞不清楚自己有多少终端。

农资企业需要在有效盘点自身分销网络的基础上，加大招商和终端开拓的力度。加大招商力度，不代表胡乱招商，农资行业的经销商的能力和素质参差不齐，差异很大。农资企业需要建立匹配自身情况的经销商的能力模型，同时帮助经销商提升，培训经销商，赋能经销商，提升经销商的经营和服务水平，使经销商上量，使经销商跟上厂家发展的步伐。

赋能经销商，提升经销商的数字化水平和服务水平在农资行业显得尤为重要。究其原因主要有以下几方面：

经销商面临服务困境。前文提到目前农资行业已经从散户时代过渡到种植户时代，种植户时代的核心是做好农资服务，而农资的绝大多数经销商的规模较小，无法为种植户提供更好的服务，这就需要农资企业主动帮助经销商提升其服务种植户的水平和能力，辅以一些必要的服务工具和方法。

经销商面临资金困境。经销商面对的客户是农资站或者种植大户，大户一般都是赊账，在江苏兴化，当地螃蟹养殖颇具规模，春节过后蟹农去购买蟹种，后面一直要喂饲料，一般到中秋节左右才能捕蟹，这期间一直都是投入，没有收入，因此，养殖户没有钱去支付饲料款，只能等螃蟹卖掉之后再付钱，前提是今年螃蟹价格不错，蟹农赚到钱。对于经销商而言，一方面要承担螃蟹成长

周期的饲料款；另一方面，饲料是一笔笔发给养殖户的，途中经过多次交易，交易单据的记录保存也是比较烦琐的事，账对不上导致坏账的情况时有发生。养殖户跟经销商进货是先货后款，但是经销商向厂家进货则是先款后货，经销商的资金压力非常大。

经销商面临营销困境。由于缺乏营销方案的策划和管理能力，且无法针对性地圈定有潜力的客户群体，这就导致经销商的营销费用居高不下，但却收效甚微。一旦营销没有效果，经销商便不再愿意继续投入，从行商变成坐商，生意也就变成了恶性循环。

农资行业的营销活动，核心是一田三会。

所谓的一田就是试验田或示范田，其过程就是邀请零售终端店主或种植户来参观厂商或经销商的试验田或示范田。不管是农资零售终端的店主还是散户或种植大户，他们文化水平都不是很高，所以更多地相信"眼见为实"；同时，农户尤其是种植大户，一年的种植收入可能是其全部的收入来源，如果出现偏差，可能会直接致贫，因此他们对农资产品的选择非常地慎重，只能是"眼见为实"。

建示范田的目的主要是推广新产品，快速提升新产品在当地市场的销量，所以一定选择当地有代表性、农户重视、种植面积大的作物做示范。同时，如果示范田就一小片，参观者可能会觉得是偶然成果，甚至怀疑是造假，所有代表作物成方连片，集中种植，这样才能有说服力。示范田的建设要选择在当地有一定影响力、喜欢尝试和接受新产品的农户。需要注意的是，依托大户建立示范田不是完全交给大户，而是要一起参与进去，根据土地的实际情况配出合适的产品品种和比例，保障产品出现最好的效果。另外，建立与示范田对照的普通田，给参观的相关人员有对比观察的体验，效果会更好。最后，还要及时跟踪作物不同时期、不同观察指标的表现及对比、记录作物的增产量、增收金额及投入产出比等，以便给参与者充分地展示产品的功效。随着互联网技术的发展，试验田的呈现方式也出现了变化，有些企业开始尝试用直播的方式来展示自己的试验田。具体而言，一种是业务代表在田间直播展示；另一种是聘请专家在线直播，并连线相关养殖或种植户，在线解决问题，推荐产品及方案。

所谓三会就是各种刺激零售店主、散户或种植户订货的各种促销活动，包括农民会、订货会、观摩会等，不同的企业还会搞出各种各样的名目和花样。三会只是一个统称，也可能是两会、四会等。实际上，我们可以看出，一田和三会实际上是紧密联系的，一田是三会的基础，示范田的建设至关重要，它直接影响到后期观摩会能否召开以及订货会农户订货的结果。会议前期，厂商团队要充分利用 DM 单、广告贴纸等挨家挨户进行宣传，邀请大家参会。观摩结束后，要给出针对性的订货优惠政策，如果要设置奖品，要选择老百姓喜闻乐见的，平时能用得着的产品，比如，各种农具。

3.4.4　渠道数字化的建设需求

数字化系统能够帮助解决农资行业经销商面临的三大困境（如表 3.7 所示）。

表 3.7　数字化系统帮助解决农资行业经销商面临的困境

困境	解决方法
服务	通过数字化系统开拓、连接、服务种植户
资金	通过进销存系统管理好日常跟种植户或零售终端的订单和往来账；依托进销存系统中的数据来评估经销商贷款的额度和偿还的能力
营销	通过 SFA 系统采集客户信息，结合进销存系统数据构建客户画像，有针对性地设计营销活动

1.开拓并连接种植户，构建种植户数字化服务体系

农资企业经营管理种植户分为三个步骤，第一是开拓种植户；第二是连接种植户；第三是服务种植户。

2.开拓种植户需要数字化系统

农资企业的业务人员开拓的客户一般有两大类，一类是零售类客户，如农资站、农技站、种子站等，这类客户就跟快消品开拓终端一样，大体上是类似的；另一大类客户就是种植户，种植户的开拓过程往往相对比较复杂，会涉及线索、跟进、实证、报价、订单、合同等多个环节。这里面的每一个环节的管理都需

要数字化系统的支持。

首先是线索，线索有不同的来源，有熟人推荐的，有广告投放带来的等，不同来源的线索有没有跟进，转化率怎么样，转化的订单金额大小，订单中产品的分布等需要系统来管理。

然后是跟进，农资企业的业务人员一般都不如消费品行业那么多，一个人往往负责较大的区域，这些业务人员有没有及时地跟进线索，每天的拜访量是怎么样的，拜访现场的动作，时长是怎么样的也需要系统来管理。

再然后是实证，所谓实证就是农资企业为了让客户使用其产品，通过类似于"小范围测试"的方式来向客户验证其产品的功效。实证的管理过程分为前中后，实证之前需要确定实证的客户范围、产品范围、评分规则、周期、优惠政策、人员考核方式等多种因素，这些因素可能会根据区域、产品、周期的变化而发生变化，实证人工管理的难度显然是不断增加的。实证过程中需要业务人员定期拜访实证户的作物长势情况、现场采集各类照片、填报各类数据等。

实证结束之后，除了对实证结果做记录之外，还要记录本次实证过程中的问题点，如果是输给竞争对手了，则需要记录竞争对手的信息以及失败的各种原因等。管理者还需要从区域、产品、人员、场次、成功率、效果数据等多维度分析实证执行的情况。

除上述外，农资企业的管理者还需要根据线索发展的不同阶段，结合不同阶段的常规赢单概率和金额做当月或当季的预计销售金额的预测，以便及时了解市场的经营动态。所以，管理好上述过程，引入 L2C（Lead to Cash，销售转化）系统显然是一项有价值的投资。

3.连接与服务种植户需要数字化系统

农资行业的业务员是农资企业连接种植户的唯一节点，而且这个节点是线下的。

单线联系，往往蕴含着较大的不确定性。因为这条线可能会断，业务员离职导致客户丢失的现象屡见不鲜。线下联系，往往意味着很多动作的执行无法有效地监控，可能会走样。因此很多农资企业就想通过数字化系统来连接种植户，首先，业务人员通过 SFA 系统服务客户的同时，引导店主完成线上化。这里的线上化有两个标准，一是用企业微信添加了种植户的微信（业务员拜访时直接出示企业微信二维码让店主扫码）；二是店主关注了农资企业的 B2B 平台（公众号或小程序）。然后，借助企业微信群发或单发相关宣传材料或促销海报至种植户的微信，甚至可以根据种植户的画像，生产一张专属"建议订单"或"促销政策"给到种植户。种植户微信获得消息，查看链接中的政策，点击下单，跳转至订货平台，完成下单和支付。这样一看，农资企业就与种植户建立了直接对话的平台，这个平台是线上连接，业务员和种植户每一次线上互动的痕迹都被完整地保留，既方便企业检查业务员的任务完成情况，又能检验宣传材料、促销政策、建议订单的吸引力，方便企业及时调整市场策略。同时，企业有了收集种植户偏好（材料偏好、促销偏好）的渠道，这就为二次、三次的精准营销奠定了基础。当然，企业微信跟 SFA 结合，业务员在跟种植户聊天的时候，能在侧边栏看到门店的画像信息，这样也能尽可能保障两者之间的对话是合适的，且所有的客户信息都在系统中有了留存，不再出现"人走客丢"的问题。

农资企业与种植户建立连接之后，可以进一步了解种植户的画像和需求，那么基于种植户的画像和需求提供针对性的服务就是水到渠成的事了。当然，对种植户的每一次服务其实都是一次工单的管理，其过程也要涉及服务需求的提出、工单的派发、工单的执行、执行结果的反馈等过程。管理好每一次工单任务是做好农资服务的必要条件，从这个角度上看，工单服务系统必然也是农资企业的需要建设的数字化系统之一了。

4.赋能经销商，提升经销商经营管理水平需要数字化系统

前文提到，农资行业的经销商面临发展的三大困境，数字化系统的建设有助于帮助经销商解决资金和营销的困境。

首先是资金的问题。

数字化系统对于经销商资金问题的解决在于两方面：其一是可以通过进销存系统帮助经销商管理好日常跟种植户或零售终端的订单和往来账，清晰的往来账加上账期的及时提醒是有效追回欠款、防止坏账的必要条件之一；另外一方面，有些农资的企业会为经销商提供供应链金融的服务以帮助经销商解决融资难的问题，因此就需要在经销商进销存的基础上增加供应链金融的模块，依托经销商进销存系统中的数据来评估经销商贷款的额度和偿还的能力。经销商的采购订单可以证明贷款是"有源贷款"，经销商的销售数据可以证明这个经销商有多大的还款能力。

其次是营销的问题。

经销商营销费用居高不下、效果不佳的原因可能是多方面的。其中有个很大的问题就是无法有效建立零售客户或种植户的画像，包括客户的铺货情况、进货偏好、毛利情况、收入贡献率情况等，没有详细的画像，自然就无法有针对性地做好客户的营销活动。有些客户一年才进几次货，各种活动却都拉上他，那活动的效果自然就不尽如人意。另外，还有营销活动执行的问题，经销商投入了人力、物力、财力，但是实际执行并不到位，现场的客户非常少，甚至有些活动压根就没有被真正地执行。

基于这样的现状，经销商如果构建一套 SFA 系统，先通过这套系统把零售客户或种植户的信息采集上来，然后结合前文提到的进销存系统中的订单等数据构建客户的画像。后续在设计营销活动的时候，依据客户画像来给予参与的权限，而不是笼统地全部都参加。活动正式开始后，业务人员必须到达现场通过 SFA 系统把现场的信息采集上来，采集上来的照片必须是带水印的，以此来确保真实。当然，除了采集现场照片之外，如果是订货会，现场的订单数据也可以采集上来，以便于后续更全面地评估本次活动的效果。

3.5 五金建材：渠道下沉，连接师傅，建设店招

五金建材行业一般分为两个大板块，一是民用性质，属于零售板块；二是商用性质，属于工程板块。本文重点讨论零售板块的渠道建设。

3.5.1 房地产行业的黄金期已过，渠道下沉成为新的行业关键词

近年来，房地产调控政策频繁出台，大量知名房地产商的"暴雷"正式宣布了中国房地产发展的黄金时代一去不复返了。作为房地产的下游行业，五金建材首当其冲。同时，为了提倡节约环保，新房装修量日益减少，精装房加速推进落地，五金建材品牌市场空间进一步收缩。

此外，2020 年突如其来的疫情，无疑按下了行业生态的进化加速键。

如何应对？

一方面，向上探寻品类机会。在处于存量竞争阶段的一二线市场，五金建材企业要不断增加品类、开设门店。比如，原来专注地漏产品的潜水艇，目前已经发展成五金全品类的厂家；另一方面，向下探寻市场空间。更多的五金建材企业选择把三四线城市作为下一个"重点发力区域"。

目前，全国约有 40 000 个乡镇、690 000 个村庄，以及占中国总人口近70% 的县镇人口，这些数据意味着家居建材企业在三四线市场存在着巨大的创新机会和市场空间。

一方面，一线城市人口和市场日渐趋于饱和，"逃离北上广"的呼声越来越高；另一方面，三四线居民收入稳步增长。更重要的是，大多数三四线及以下城市尚未形成完整的家居卖场业态，因此租金等成本相对较低。

综上，五金建材企业下沉市场空间潜力巨大，乡镇市场的消费力与客单价都在逐步上升，渠道下沉已经成为五金建材行业获得可持续增长的新赛道。

3.5.2　终端动销组合拳——店招+陈列

细心的读者可能已经发现，专卖店模式是五金建材行业采用较多的模式。

与普通的门店不同，专卖店的 SKU 数较少，如何保持坪效？专卖店往往会选择开在人流量较大的场所，比如商场、步行街等。场所的自然流量＋品牌自身吸引力带来的流量足以让专卖店保持较好的坪效。另一方面，开专卖店非常有助于建立自身的厂家形象，宣传自身品牌，占领消费者的心智，为消费者做下一次选择或推荐埋下种子，所以，很多品牌都在专卖店店内外形象的设计上不惜投入重金。此外，专卖店建立的品牌形象，还会进一步反哺其产品的销售，比如非专卖店卖其产品的意愿也会随之增强。

专卖店之外，五金建材行业普通小店也是多如牛毛。那么，普通门店的宣传效应如何打造呢？

厂家会要求区域的经销商把终端五花八门的门头改成某品牌的门头，这种带有品牌 Logo 的门头俗称"店招"，五金建材行业的终端一般都比较集中，都是位于当地的某建材市场中，建材市场中的终端非常多，如果卖同一品类的终端都会挂上某品牌 Logo 的店招，那就可以和专卖店一起形成品牌宣传的合力。

店招解决的是品牌认知的问题，是吸引消费者进店的一个重要因素。当消费者进店之后，店里面的产品的陈列出样对产品的销售至关重要。消费者在挑选五金建材的产品的时候，往往会通过观察其外形，触摸其质感，感受其阻尼等方面去综合比较，这样的选购方式就要求厂家或经销商要尽可能地让自己的产品能在终端中出样，很多经销商对业务员的考核会增加一项"出样终端数"，以此来衡量目前市场的竞争态势。为了更多的产品能出样，有些经销商可能会给终端赠送出样的工具，比如地漏的镂空展台，以便于终端能更好地出样。当然终端的老板也是乐于接收这样的工具的，毕竟工具带来的产品销售是属于店主的。

3.5.3 直接连接师傅群体，打造销售前哨站

五金建材行业的零售板块的销售工作依靠两条路径，一条是前文所说的渠道的终端销售；另一条就是装修师傅的推荐。

相对于开拓终端，直接连接师傅的方式对动销的拉动可能来得更加直接有效。调查表明，装修师傅对消费者装修材料的影响权重高达73%。这种背景下，谁能够率先连接影响消费者决策的核心关键人——师傅（油漆行业叫油漆工，管道卫浴叫水电工），让师傅在装修的时候帮你推荐下，谁就占得了先机。于是，连接师傅，成为了一个热门话题。

厂家可以拿什么来连接师傅呢？笔者走访行业内已经较为成功的案例，总结了厂家连接师傅的三套方案（如表3.8所示）。

表3.8　五金建材行业厂家连接师傅的方案

方案	描述
方案一	借助厂家的通路费用，用扫码领红包连接师傅
方案二	帮助师傅获取更多的实施服务单，用实施服务费连接师傅
方案三	发展师傅为企业的线上分销终端，用分销差价连接师傅

1.借助厂家的通路费用，用扫码领红包连接师傅

某油漆企业，在通过小程序连接了终端店主之后，要求店主推荐师傅关注厂家的小程序，师傅一旦关注且挂靠该店主，则以后师傅通过小程序下的每一单，都会给终端分利。另一方面，师傅可以使用小程序扫码油漆桶里面的二维码领取红包，市场推广初期，单个红包可能有上百元，极大调动了师傅向消费者推荐的积极性。

显然，这套方案实行有两个关键点：其一是厂家的毛利要足以支撑相关费用；其二是扫码的环节要通过相关机制设置避免被薅羊毛。

2.帮助师傅获取更多的实施服务单，用实施服务费连接师傅

某家庭管道企业，该公司的师傅管理流程是这样的：

首先，邀请师傅参加公司学院的技能培训，学院会教授师傅如何安全有效地设计并铺设家庭管道，学习合格的师傅会获得学院的认证。然后，学院会为学习合格的师傅开设接单账号，师傅可以在平台上接服务单，设计管道实施方案，赚取实施服务费。这样的方案比较适合那些中后期实施服务的细分行业，比如管道、墙面胶水等。

3.发展师傅为企业的线上分销终端，用分销差价连接师傅

如果企业毛利不是很高，也不重实施服务，比如小五金件，怎么办？这样的企业就可以尝试发展师傅为线上的分销终端，让师傅帮助企业多分销货物。由于小五金件本身价值就不是很高，师傅一推荐，装修的东家也就让师傅帮忙买了，甚至有些装修的东家把这些"不值钱"的小玩意直接交给师傅处理了。需要注意的是，这样的模式需要处理好与终端的关系，因为，师傅本身是不压货的，最终还是要从终端提货，那么就需要引导终端让一部分利给到师傅，比如某花洒，终端进货 40 元，零售价 50 元，利润 10 元，师傅从终端拿货 45 元，那么终端失去的 5 元，企业可以通过发展大量的师傅，用薄利多销来冲淡终端店主的短暂失落，或者可以通过厂家补贴的方式来平衡终端的利益。

建材五金行业师傅的管理是一个系统的工程，除了本文探讨的师傅的利益抓手问题，还有师傅的发展拉新裂变的问题，价值利益链重新设计与再分配的问题等，只有上述问题都得到妥善的处理，师傅系统才能真正为企业带来新的增量。

3.5.4　渠道数字化的建设需求

1.渠道下沉，增加终端覆盖需要数字化系统

前文提到，渠道下沉已经成为五金建材行业新的可持续增长点。渠道下沉一般需要三步（如表 3.9 所示）。

表 3.9　五金建材行业渠道下沉步骤

步骤	执行
步骤一	扩充人员
步骤二	获取人员的管理权，做好人员激励
步骤三	构建人员作业标准，确保各类人员各司其职，执行高效

第一步：扩充人员

渠道下沉本质上是要人先下沉，渠道的一些动作都是需要人去执行的，没有人的执行，一切都是空谈。五金建材行业渠道下沉首先是要扩充人员，这里的人员扩充不是说厂家自己去招募更多的人员，而是更多地借助经销商人员的力量去实现、去开拓更多的终端。

第二步：获取人员的管理权，做好人员激励

经销商人员的指挥权不是天然归属厂家的，为了获取经销商人员的管理权或者部分管理权，厂家一般会给经销商人员补贴，用对应的补贴去换取一定的管理权。有了部分管理权，厂家还需要在调动经销商人员积极性方面做文章。厂家直接给经销商员工发钱需要额外交税，且有不合规的风险，因此很多厂家选择通过给经销商发积分的方式来调动其积极性。

第三步：构建人员作业标准，确保各类人员各司其职，执行高效

获得经销商人员的部分管理权之后，厂家手上就拥有了两套人马，一类是自己发工资的厂家业务员，一类是厂家给积分激励的经销商的业务员。厂家业务员和经销商人员分属两套体系，内在的管理逻辑，日常的工作都不尽相同。厂家对自己人员的管理更多的是基于 PDCA［Plan（计划）、Do（执行）、Check（检查）和 Act（处理）］的原则，强调的是 KPI 的达成；而厂家对经销商的业务人员的管理更多的是激励，强调的是奖励。厂家业务员和经销商业务员的主要工作内容也有所区别，厂家的人员更多的是洞察市场，策划市场活动，服务经销商，提升经销商满意度。经销商的业务员更多的是拓网建网、终端数据采集等工作。

基于上述的三步，厂家势必要对不同的人员做有效的管理，所以 SFA 系统是肯定不可缺少的。通过 SFA 系统有效规范不同人员的日常行为动作，确保动

作真实有效。对于经销商的业务人员 SFA 系统还要承担积分规则制定、计算、兑换等功能。实际上，业界的知名企业，如德高、多乐士、佛山照明、科顺防水等全部都已经给一线人员配备了 SFA 系统。

2.连接师傅，增加产品分销需要数字化系统

厂家连接师傅群体，本质上就是搭建一套会员体系，师傅就是会员，这些会员承担推广产品，甚至是直接分销产品的任务。为了玩转这套体系，厂家需要一套数字化系统，比如通过小程序来与师傅建立联系，然后根据师傅的基本信息构建师傅画像。接着根据系统中师傅的定位，构建其他的模块。比如，如果企业的模式是师傅赚取施工服务费，那么就应该有派单与接单、施工执行、验收的模块；如果师傅是赚分销产品的差价或佣金，则需要构建师傅的在线订货商城以及配送履约模块。师傅的业务动作完成之后，师傅的收益也应该通过这个平台及时地发放给师傅群体，并且根据师傅作业量的大小、推荐分销的数量给不同的师傅评定不同的等级，再基于评定的等级给予不同的会员权益。

3.通路费用管理需要数字化系统

前文提到五金建材行业需要有大量的店招和陈列出样，厂家投的店招费用有没有真正落实到终端的招牌上，厂家投的各种陈列的工具有没有落实到终端的店面内，这些数据要不就是业务人员用 SFA 系统填报上来的，要不就是终端店主用自己的小程序填报上来的。此外，有些企业还要有效识别店招的合规性和真实性，所谓合规性就是店招上有没有出现厂家要求的 logo 或者字样等；所谓真实性就是业务员上传的店招的照片是否是真实的，真实性的核心就看两点，一是店招是不是对着高清打印照片翻拍的或者是一张店招照片重复多次上传；二是是否存在窜拍的行为（A 门店和 B 门店相邻，用 B 门店的照片充当 A 门店的，以此来套取费用）。解决合规性和真实性问题也是两种方式，一种是通过 SFA 系统采集信息，后方的人员审核，但这种方式费时费力，且无法确保有效识别出有问题的照片。另外一种方式是通过 SFA+AI 的方式，前端采集照片，系统自动识别照片中所包含的关键词和品牌 logo，进而给出合规性判断，整个过程仅

耗时 2 秒左右。同时，照片真实性的问题也能有效地解决，通过 AI 虚假照片 + 窜拍识别技术有效检测照片是否是翻拍，是否窜拍，是否是重复上传等问题。

3.6 调味品：抢占餐饮渠道，控制零售终端、拓展工业渠道

调味品行业渠道众多，常见的渠道有：零售渠道、餐饮渠道、批发渠道、工业渠道、新兴渠道等。

其中餐饮渠道的占比最高，大约为 40% ~ 50%。零售渠道其次，约 40%，剩下的渠道大约占比 20%。

不同的渠道有不同的特征，相应的渠道建设方法也有很大差异。本文重点阐述调味品销量占比较高的渠道的管理特征以及数字化系统的建设需求。

3.6.1 餐饮渠道——借助经销商力量，多维立体式开拓维护餐饮渠道

随着人们生活水平的提高以及商务活动的日益频繁，越来越多的人开始到酒楼饭庄吃饭，而在商超、流通拼杀得筋疲力尽的企业，也开始把目光投入了餐饮渠道。餐饮渠道是调味品企业直达终端的重要渠道。有效开拓和维护餐饮渠道，对于企业销售额的增长起着至关重要的作用。

相对于其他的渠道，餐饮渠道的优劣势都较为明显（如表 3.10 所示）。

表 3.10　餐饮渠道的优劣势

	描述	原因
优势	销量稳定	数量稳定；供货商、品牌、SKU 都相对较为稳定；退货率低
	产品毛利较高	餐饮渠道往往对价格的敏感度相对较低
	带动居民消费	餐饮门店的菜品和调味品都带有标杆性的作用，对附近居民日常的调味品使用具有较强的引领作用

续表

	描述	原因
劣势	容易产生坏账	餐饮渠道的货款一般都是有账期的，非连锁型企业甚至还会面临倒闭的风险

优势一：销量稳定。

餐饮渠道，尤其是连锁的餐饮渠道的调味品的销量是非常稳定的。这里的稳定体现在三个方面：其一，餐饮门店所消耗的调味品的数量是稳定的；其二，餐饮渠道的调味品的供货商、品牌，甚至 SKU 都是相对较为稳定的（因为要维持餐饮门店的菜品口味、质量的稳定性）；其三，餐饮渠道退货发生的概率相对较低。这就意味着餐饮渠道是一个较好的避风港，一旦切入之后，被其他供货商或其他竞品切换的概率相对较低。

优势二：产品毛利较高。

餐饮渠道往往对价格的敏感度相对较低，供货商往往会销售相对毛利较高的产品，或者推出一些专供餐饮渠道的特殊规格的高毛利产品。当然，据笔者观察，餐饮渠道的货款一般都是有账期的，非连锁型企业甚至还会面临倒闭的风险，尤其是在疫情肆虐的时候。所以，一定程度上，餐饮渠道的高毛利是用承担较长账期和坏账风险的代价置换过来的。

优势三：带动居民消费。

餐饮门店的菜品和调味品都带有标杆性的作用，对附近居民日常的调味品使用具有较强的引领作用。因此，参与渠道的动销较好，会带动周边的零售渠道的销量。

当然，餐饮渠道也存在一些劣势，最为明显的就是前文提到的账期问题，餐饮渠道特别容易产生坏账。

餐饮渠道优势明显，那么由谁来覆盖餐饮终端，尤其是非连锁的餐饮终端呢？调味品行业覆盖终端的方式如图 3.6 所示。

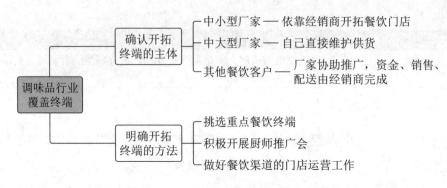

图 3.6　调味品行业覆盖终端的方式

　　调味品行业因为存在品种多、单品销量少、利润低、消费周期长等特点，诸如海天、李锦记、恒顺、老干妈这样的行业领导品牌也无法通过直营的方法来控制终端，其他厂家更加只能望洋兴叹了。所以，如果是中小型厂家，自身没有太多的销售人员，依靠经销商来开拓餐饮门店显然是一个有效且低风险的做法。如果是中大型厂家，如李锦记、海天等，大型的餐饮连锁可能是自己直接维护供货；其他的餐饮客户，一般都是厂家的销售代表协助经销商做市场推广工作，资金、销售、配送环节由经销商完成。

　　开拓终端餐饮的主体确认之后，下一步就是要明确如何开拓餐饮终端？所谓"多维立体"指的是通过多种方式来连接餐饮终端。

　　首先，要先挑选核心的餐饮终端。一个区域内，生意红火的餐饮终端需要重点关注。这些终端的生意好，规模大，在区域内就有较好的市场影响力。为什么这么说？一是核心的餐饮店，吃饭聚餐的人比较多，餐饮店内的菜品自然就会引起消费者的兴趣，以至于居家模仿，这样菜品背后的调味品自然也就顺带进去了；二是生意火爆的餐饮店自然会吸引其他竞争对手饭店的"考察"，竞争对手为了与之抗衡，自然就会选择与之一致或相同的菜品，或者相同的菜品采用与之一致的烹饪方法，这样一来，其他的餐饮店也就对相应的调味品有了需求。所以，设置服务区域内的核心餐饮店是非常有必要的。

　　其次，积极开展厨师推广会，有效地将产品导入餐饮渠道。跟五金建材行业的抓手是水电工、油漆工一样，调味品行业餐饮渠道中的厨师是一个很重要的群体。对于调味品、餐料等产品，厨师最有发言权。用什么调料，往往是他们说了算，否则菜的味道不佳，谁负责？通过开展不同形式的厨师推广宣传会，建立与厨师之间的联系，引导厨师尝试制作某些菜肴，进而把产品的"种子"植入厨师的心里。这样一来，厨师回到后厨之后，自然就会把相关的菜肴以及调味品偏好带过去了。

李锦记调料进入一个市场之前，先是通过菜系的知名厨师在当地向各重点餐饮店高调发出邀请，用李锦记的产品为主要原材料来做创新菜式，李锦记邀请的新闻媒体会把这些活动不断地放大、挖掘，找出新闻点传播品牌影响力，进而影响到更广泛的厨师群体、餐饮产品零售商。餐饮终端的老板其实也是乐于厨师去参加这样的活动的，毕竟厨师学会了新菜肴，最后受益的还是餐饮店本身。同时，李锦记在每个城市都有销售代表专攻餐饮渠道，带着做出来的创新菜式，由高到低去拜访餐饮店，取得品牌影响力。

最后，做好餐饮渠道的门店运营工作。餐饮门店的运营主要包括以下几个部分：第一是明确应收账款。应收账款是餐饮渠道经营的最大不确定因素，供货商应该做好应收账款的管理，避免坏账的发生。第二是产品要成系列。每一家餐饮终端都用很多品类的调味品，每一家调味品企业也都会生产很多品类的产品，因此深挖餐饮店需求，导入更多的产品系列，成为餐饮终端运营的重中之重；第三是做好客情维护。前文提到餐饮终端相较于其他的终端而言是稳定的，不容易被竞争对手抢占的，造成上述情况的原因就是客情维护。非连锁企业因为客情问题更换供应商的情况时有发生。此外，还要维护餐饮终端的内部人员，包括服务员、厨师、库管、财务等。

3.6.2　餐饮渠道——下沉农贸市场，增加终端覆盖，提升铺货与动销

调味品行业的零售渠道主要包括商超、超市、农贸市场、传统小店等。这些渠道中，农贸市场和传统小店的重要性越来越大，逐渐成为调味品企业生意增长的新动力。行业内，经营农贸市场和传统小店的要诀基本都是公开的秘密：

铺货、铺货，再铺货；覆盖、覆盖，再覆盖。秘密既然已经公开，那么具体该如何操作呢？

一方面，树立样板终端。农贸市场与建材城类似，终端都是比较集中的。终端聚集的场景下，充分发挥榜样力量是打开市场的关键动作。可以在农贸市场中挑选门面靠外口、人流量较大的终端，结合各种新品进店的政策，如赠送物料等各种方式，务必要拿下农贸市场的样板终端。

另一方面，开展促销活动。农贸市场的店主都是相对比较传统的，实实在在的利益对于他们来说是最好的敲门砖，因此新品进店时开展各种促销活动成为重要动作。比如家乐进场推出各种买赠活动、在货箱中搭赠围裙赠品等。此外，采取赊账的方式对新拓终端也不失为一种思路。农贸终端不拿货，核心是担心卖不掉。因此，放上一两瓶样品在他们的货架上，利用 POP（Point of Purchase，售点广告）等工具，把店面形象做好一些，吸引顾客的注意，并且留下电话号码，如果有顾客上门找货，他们可以随时打电话过来拿货，方便终端盈利。

当然，有些厂家或经销商还会采用一些"非常手段"。比如冒充顾客，光顾门店，点名某款调味品。不同的人，一周去了两三次，这种情况下店主自然会对该调味品引起重视，下次铺货就容易多了。

◎ 3.6.3 拓展工业渠道，为业绩增长注入动力

食品工业中经常会有把调味品作为一种原料放入制造过程中的场景，比如肉制品厂买酱油、味精等。这些食品制造商就是调味品行业的工业客户，这个渠道也被称为"工业渠道"。数据显示，调味品行业，按照消费场景大类划分，烹饪行业、家庭厨房、调味品加工企业分别占比为 4 : 3 : 3。这说明，工业渠道是调味品企业的重要渠道之一。

工业渠道的客户的开拓往往靠的不是人海战术，而是专人专岗的"盯"。因此，如李锦记、海天等企业都会成立专门的工业渠道销售部门，设置专门的人员来

拓展工业渠道。工业渠道客户的开拓，首先是要弄清楚自己的目标客户有哪些，这就要求销售人员了解工业客户的制作工艺，明确自身产品在其生产工艺中的使用场景，甚至主动研发出新的使用场景，将使用场景推销给工业客户。其次就是要跟开拓连锁客户一样，开展从线索到回款的全流程管理。

3.6.4　渠道数字化的建设需求

1.构建一线标准化作业平台，提升门店开拓与维护效率

餐饮和零售门店的开拓离不开大规模的市场排查。借助经销商的团队人员，对区域内餐饮门店进行地毯式拜访。这样的集体化作业，就需要数字化的工作来提升作业效率。常见的做法是：

（1）分组定人：根据事先准备好的区域内餐饮和零售门店的名单，把客户分好组，然后分配给固定的人员，确保每个门店都有相关人员负责跟进。

（2）设定目标：一般而言，市场开拓阶段，餐饮终端的有效进店率在40%～50%，一家餐饮门店的开拓需要拜访 5 次。此外，餐饮行业一般会有每月 10% 客户流失，因此，每月需保持 10% 以上的新客户开发速度。零售终端方面，销售代表一天可以实现 35 家左右的拜访。批发网点则可以拜访 5～10 家。

（3）预置线路：为了更有计划地开拓门店，可以把销售代表的日常待拜访的清单排入线路，要求销售代表按照预先的线路有计划地开展拜访活动。已经合作的门店，可以按照门店的优先级不同，周期性地进行拜访管理。

（4）规范动作：开拓过程中，销售代表进店需要做哪些动作；已经合作的客户，进店需要做哪些动作，拍哪些照片，全部都需要规划化、标准化。

上述动作完成之后，管理者可以明确看到相关数据报表：餐饮门店的进店率、合作率、拜访门店次数、零售网点的铺货数据等全方位的各类数据。

2.完善客户标签，构建更完善的餐饮终端服务体系

餐饮客户标签要分成两类：一类是餐饮门店自身的属性；另一类是餐饮门店的业务属性。

餐饮终端分为高档、中档和低档三类，不同档次的餐饮终端的采购关注的侧重点是不同的。

- 高档的餐饮：更注重调味品的品牌；10～15天会从专业的市场采购一批；固定的供货商专门送货。

- 中档的餐饮：更注重调味品的质量；采购频次更快，一般5～7天从批发市场采购一批；供应商相对固定。

- 低端的餐饮：更注重调味品的价格；一般都是零星地从农贸市场采购；供应商是不固定的。

此外，还要结合餐厅自身特质分析，如规模面积、座位和上座率、雅间数量比例、地段、装修水平、服务水平、人均消费、菜肴特色、停车场面积和服务等要素来构建更完善的客户自身属性标签。

客户的业务属性就是根据客户的菜肴体系，厨师调味品用料偏好、单月用量等信息给客户针对性地打上业务标签。

餐饮门店的自身属性标签和业务标签构建好之后，企业就可以针对性地制定运营策略。

除了餐饮客户，零售渠道、工业渠道的客户都可以针对性地打上标签，比如按照客户的贡献度划分：

第一类是核心客户。所谓核心客户，就是生意占比较高，通常超过40%，甚至更高的份额。这类客户属于重点客户，需要及时关注。通过标签及时识别出核心客户，且能以月为单位及时更新其状态就显得尤为重要。

第二类是成长型客户，他们目前业务量不大，但是发展很迅速。通过标签有效反映这类客户的成长潜力，提示销售代表投入更多的时间，这部分客户就

很有可能变成核心客户。

第三类是不活跃客户，这些客户占据一定的业务份额，他们的生意量不固定，时有时无。通过标签及时筛选出这类客户，能维护的就维护，该放弃的就放弃。

3.构建通路费用管理平台，实现费用精细化管理

与日化行业类似，调味品行业渠道众多，费用项目众多，需要构建通路费用管理平台，实现费用精细化管理。此处与日化行业类似，本文不再赘述。

/ 第 二 部 分 /

渠道数字化的方法论

第4章 渠道数字化的价值在哪里

今天，显然已经没有企业怀疑数字化带来的价值，至少因为互联网技术而解决了信息不对称问题已经是大家所公认的数字化基础价值。但我们仍然需要更多的思考，数字化的价值还体现在哪些方面？如何被衡量？如何被证明？也需要一些质疑和反思，数字化的价值真的很大吗？别人说的那些价值对我有用吗？

这样的思考真的有必要吗？也许有些行动派的人会说，既然大家都知道数字化很有价值，干就完了，何必再去白费功夫探讨到底有什么价值呢？不是多此一举嘛。其实不然，数字化是一个复杂和长期的事情，企业很有必要"知其所以然"，这不仅能够帮助企业指明数字化建设的方向，还能帮助企业找到数字化建设的最佳路径，更能帮助企业衡量数字化的投资价值。

无论我们抽象地阐述数字化价值，还是具体地阐述数字化价值，可能都无法帮助我们找到想要的答案。比如：有的人说数字化帮助企业提升了效率，数字化帮助企业节省了成本，数字化帮企业收集了很多有价值的数据。这些听起来很有道理的话会显得数字化价值比较抽象和空洞，会蒙蔽我们的眼睛让我们无法进一步探索数字化的价值真谛。再比如：还有的人说数字化让我看到了以前看不到的绩效报表，数字化让我随时可以查询到一个流程的状态。这些细节价值又过于具体，同样会让我们陷入现实主义而无法跳出来思考。所以我们需要找到"宏观有血，微观有肉"的价值阐述，才能让人感受到"原来数字化真的很有价值"。

那么，我们究竟应该如何分析数字化带来的价值呢？其实只要转换一下说法，就恍然大悟了。一个事物之所以有价值，是因为这个事物满足了某些需求，只有满足了需求才会有价值；而需求的背后是问题，可以理解为"问题"是"需求"的母亲，先有问题才有需求。这就意味着我们必须从企业经营管理面临的问题着手，分析数字化帮助企业解决了哪些真问题、本质问题。聚焦到渠道运营管理层面来说，可以将企业面临的渠道管理问题总结为三个方面：渠道业务模式问题、渠道团队效率问题、渠道客户体验问题。渠道业务模式问题主要是指企业针对特定产品和特定市场采取哪些销售策略，是渠道战略层面的问题；渠道团队效率问题主要是指企业采取哪些管理方法让渠道团队的销售效率更高，是渠道战术层面的问题；渠道客户体验问题是指企业采取哪些措施提升渠道客户的服务体验，是客户服务质量的问题。

无论企业是否做了数字化，这些问题都需要面对，这些问题解决了，可以说企业在没有做数字化时也可以顺畅运转，所以数字化并不是业务运转的前提条件，实施数字化一定是带来了额外的增值才有意义。

对于这三个方面的问题，如果数字化都提供了帮助，那么可以把这些"帮助"视为数字化带来的增值，围绕这三个问题，我们可以将数字化增值分解为"业务增值""效率增值"和"客户体验增值"三个部分（如表 4.1 所示）。

表 4.1　数字化增值的三个部分

部分	部分名称	描述
部分一	业务增值	在没有数字化时无法开展的业务，因为有了数字化才可以实现，如订货商城下单时在线支付预付款
部分二	效率增值	在没有数字化时一样可以开展的业务，因为有了数字化让其效率更高，如签署电子合同
部分三	客户体验增值	因为数字化让客户的体验更佳，如自助订货系统让客户随时随地可以选购企业的商品

业务增值。因为数字化让原有的业务模式更先进了，在没有数字化时无法开展的业务，因为有了数字化就可以实现了，这称为业务增值。比如：通过订货商城让终端下单时在线支付预付款，帮助企业的资金管理业务增值了；通过某个折扣促销精准作用于特定类型的客户，帮助营销业务增值了；通过 AI 技术发现了以前无法发现的虚假拜访，帮助销售管理业务增值了。这些让业务更先进的数字化，都可以视为帮助企业实现了业务增值。

效率增值。在没有数字化时一样可以开展的业务，因为有了数字化让其效率更高了，称为效率增值。比如：以前线下签署付费陈列协议，现在通过电子合同的方式提升了签署合同的效率；以前用 Excel 人工算经销商返利，现在通过系统自动算提升了计算返利的效率；以前打电话给文员询问仓库库存，现在下单时可以实时看到库存，提升了库存查询效率。这些提升效率的数字化，都可以视为帮助企业实现了效率增值。

客户体验增值。就是因为数字化让客户的体验更佳了。比如：千客千面智能系统给每一个客户推荐更适合的产品或服务；自助订货系统让客户随时随地可以选购企业的商品（更便捷）；在线电子对账单相比邮寄纸质对账单能让客户更快收到。这些提升客户体验的数字化，都可以视为帮助企业实现了客户体验增值。

所以，以上三个方面的增值越大，数字化价值就越大。但还有一个重要因素影响着数字化价值的大小，那就是数据真实度，因为数字化的首要前提就是要采集到真实数据，如果数据的真实度不高，这三个方面的价值都会大打折扣，甚至因为数据过于不真实而导致不仅没有增值，反而带来减值，让数字化从"赋能"变为"负能"。

我们可以将其总结成一个数字化价值的逻辑公式：

$$数字化价值 =（业务增值 + 效率增值 + 客户体验增值）\times 数据真实度$$

我们用以上观点，以消费品厂家"渠道数字化"这个场景为例，一起来剖析一下渠道数字化的价值，也就是数字化对渠道运营管理的价值。希望能帮助大家从众多纷杂的价值说法中梳理出真实而又生动的描绘。按照数字化价值公式中的四个要素，渠道数字化价值至少可以具体描述为以下四个方面（如图 4.1 所示）。

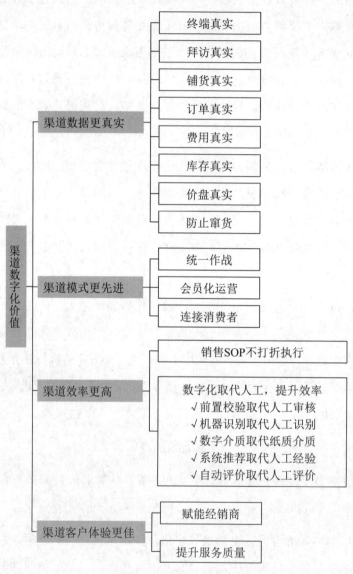

图 4.1　渠道数字化的价值

4.1 价值一：渠道数据更真实

渠道数据不真实是渠道建设的基础问题，是难题，也是最重要的问题之一。当然，企业经营中都会面临数据不真实的问题，而渠道数据不真实问题尤为突出，因为渠道广阔、深远、复杂、多样，这让企业更加难以获得真实的渠道数据。我们试想一下，如果销售流程依赖的数据不真实，流程还能按照 SOP（Standard Operating Procedure，标准作业程序）去执行吗？如果销售业绩计算依赖的数据不真实，绩效奖金的发放还能起到激励作用吗？如果渠道兑付费用依赖的数据不真实，还怎么保证费用的投放效果呢？如果营销决策依赖的数据不真实，做出的营销策略还会有效吗？

数据对于企业来说就像血液对于人一样，必不可少且必须健康。各个应用系统就像人体的各个器官，数据在各个应用系统之间流动，就像血液在各个器官之间流动。如果血液出了问题，各个器官的健康都会因此受到严重影响；如果数据出了问题，各个应用系统中的流程和决策依据会因此受到严重影响。所以，真实的数据对于企业来说至关重要，是数字化进程中必须要重点且持续关注的事情。

我们都知道如果一项数据采自硬件设备，可以通过各种传感器获得真实数据；如果一项数据通过自动化识别获得，则可以通过提高识别精确度提高数据真实性；如果一项数据来源于人工上报，就没有办法确保数据的真实性了。目前来看只有通过技术手段在采集时校验是否真实或上报后甄别是否真实，而这就需要数字化系统来完成。所以，我们在讨论数据真实性时，必须先讨论有哪些先进的数字化技术能够帮助我们甄别真假数据。

随着移动通信、人工智能等技术的发展，现在我们拥有了更多识别数据真假的技术手段，这是前所未有的。比如：定位技术、翻拍照片识别技术、相似照片识别技术等。这些技术为我们提供了良好的数据真实性保证，确保采集的数据更加真实可靠。通常来看，主要是从时间、地点、人体、行为、场景五个方面进行数据真伪鉴别，具体来说就是：

- 以服务器突出显示为参考，判断数据采集的时间是否符合事实，而不是依赖手机客户端时间作为数据采集时间。

- 以真实突出显示为参考，判断数据采集的地点是否符合事实，而不是以虚拟位置作为数据采集地点。

- 以生物突出显示为参考，判断数据采集的人是否符合事实，而不是以登录账号或手机设备作为数据采集人的特征判断依据。

- 以正常突出显示为参考，判断数据采集过程中的行为是否符合常规，而不是以采集数据结果本身来判断。

- 以既定突出显示为参考，判断数据采集的场景是否符合要求，而不是以照片中呈现的场景作为判断依据。

有了这些先进的技术作为支撑，我们得以解决数据不真实的问题。从渠道数字化场景来看，真实的数据至少可以为八个关键问题保驾护航，帮助这些业务更顺利地开展：数字化确保终端真实、数字化确保拜访真实、数字化确保铺货真实、数字化确保订单真实、数字化确保费用真实、数字化确保渠道库存真实、数字化确保价盘真实、数字化防止窜货。

以上八个方面的真实性是消费品企业渠道运营管理的基础，如果没有数字化方式做保证，很难保证数据真实性，下面我们来一一分析。

1.数字化确保终端真实

掌控零售终端是消费品企业掌控渠道的关键所在，可谓"得终端者得渠道"。过去厂家依靠经销商开拓市场，随着数字化技术的不断发展，让"掌控终端"这件事得以实现，这也让渠道扁平化的战略得以成功实施。这都必须建立在真实终端的基础之上，否则上层策略就像没有根基的高楼一样岌岌可危。

终端数据造假是渠道数字化过程中最常见的问题之一，也是危害最大的问题，毕竟所有的业务都是建立在"客户"基础之上的，如果客户是假的，那一切都是假的。在我们帮助企业实施数字化时，企业管理者看到真实的终端数量后往往非常惊讶，要比实施数字化项目之前所掌握的终端数量少很多。我们有一家客户企业，对自己的终端数据质量非常有信心，信心满满地向我们展示在原来 CRM 系统中的近百万条终端数据，企业管理者认为企业多年来已经验证过了这些终端数据的真实性，通过拜访、订单等数据可以佐证这些数据的真实且唯一。然而，在我们实施数字化几个月后却发现终端数量少了一半，这简直让人无法相信。

通过定位、店招相似性比对、地图信息校验、工商信息认证、实名认证、联系人手机号重复校验、客户查重等多种与数字化技术相结合的解决方案，让虚假终端逐渐消失，确保终端真实。

2.数字化确保拜访真实

现场拜访客户是消费品行业的业务员每天工作的关键，是终端销售工作获得成效的前提，企业管理者往往都会将拜访完成情况作为考核业务员的基础指标，这在消费品企业销售管理中非常常见。为了实现这一目的，诸多企业都使用手机 App 实现拜访签到，以为这样管理就万事大吉了，实则不然，在实践中我们发现有大量的拜访签到造假存在，"聪明"的业务员总能找到一些办法躺在家里完成拜访，或者在一个终端门店内即可完成多家附近门店的拜访，甚至还有人携带多部手机代替他人完成拜访。还有更为夸张的，我们发现有的基层业务员组成微信群，在群里共享终端的店招照片和陈列照片，用这些照片将虚假拜访伪装得更为真实一些。

更令人担忧的是，很多企业管理者都没有办法发现这些虚假拜访的业务员，虽然他们表示很无奈，但有些管理者并不觉得这是管理工作的失误。而有些管理者则意识到这个问题的严重性，于是找到我们寻求技术方案。

通过虚拟定位识别、人脸比对、店招 + 人脸共存识别、店招相似性比对、相似照片识别等多种与数字化技术相结合的解决方案，帮助企业杜绝虚假拜访行为，保障拜访真实。

3.数字化确保铺货真实

铺货工作是客户拜访工作的重中之重，是提高市场占有率和销量的保证，是精准营销的前提。准确掌握终端铺货情况，才能分析产品和终端的匹配度，才能找到市场增量的机会，才能有效布设老品抢占和新品试水工作，才能实现准确的铺货考核。

现在越来越多的企业开始针对不同类型的终端制定不同的铺货策略，这种精细化的管理方式已被诸多企业证明行之有效，这都基于产品和终端的匹配策略研究，敏锐的市场研究员们通过市场调研和数据分析帮助销售部门更精准地匹配产品和终端的关系，这将大大提升销售效率，避免错配。然而这些铺货策略往往不能得到及时优化，因为实际铺货数据的采集存在造假，特别是企业无法获得终端进货订单的情况下，就没有办法校验业务员上报的铺货数据真实性。

我们看到大多数企业都采用"人工上报铺货数据 + 拍摄照片佐证"的方式采集铺货数据，通过人工在后台查看照片和上报数据是否一致来检核是否存在数据造假；也有部分企业采用"拍摄照片 + 自动识别照片中的商品"的方式采集铺货数据。这两种方式的数据真实性都基于一个前提：照片本身是真的，如果作为凭证的照片本身就是假的，那铺货数据就不可能是真的。

通过翻拍照片识别、相同照片识别、相似照片识别、拍摄行为识别、破解软件识别等多种与数字化技术相结合的解决方案，可以有效甄别照片真假，识别出作弊员工，保障铺货数据真实。

4.数字化确保订单真实

终端的进货订单数据一直是厂家企业想要获得的关键数据之一，对于采用深度分销模式的企业来说，依靠自有业务员访销抄单或车销的方式可以获得终端订单；但对于采用大经销商制的企业来说，就无法获得终端订单了，经销商 ERP 系统中的数据也无法共享给厂家企业，厂家往往会为每个经销商提供一套订单采集系统以便收集终端订单，通过激励手段鼓励经销商业务员录入终端订单。

但实际上厂家并没有办法验证这些订单的真实性，无论是自有业务员或是经销商业务员，他们都可能会为了获得厂家的提成奖励而造假订单，有的业务员偷懒，将多个终端订单录入到一个可以获得更多奖励的终端上，有的业务员因为部分货物被自己倒卖掉而不得不虚构一个订单，有的业务员录入产品数量不实的订单。这些造假都是受利益驱动，但是如果没有奖励驱动则更不可能收集到订单信息，以至于有些管理者很无奈地表示："虽然订单数据存在虚假，但总比没有要强"，但也许错误的数据会导致错误的决策，因此带来更大的损失。

订单真实性校验是一个比门店拜访真实性校验更为复杂的问题，需要通过多种数字化手段进行多方验证才能部分解决，大幅提升订单真实性。比如：可以通过增加货物签收举证来增强验证订单真假，可以通过短信通知终端老板进行验证码回填确保真实，可以通过订货商城中终端老板二次确认确保真实，可以通过终端历史订单校验订单数据上限合理性验证真假，可以通过订货商城中终端自主订货并在线支付确保真实。这些数字化手段虽然会增加业务员使用 IT 系统的复杂度，但的确可以提高订单真实性，企业需要根据自己获得订单数据的价值收益进行取舍，对于那些已经进入数字化经营阶段的企业而言，订单数据对绩效激励、生产预测、促销策略优化、价格调整都可以发挥很大的作用，这种情况则可以同时使用上述的多种数字化手段保证订单真实。

5.数字化确保费用真实

费用是否真实发生是费用管理的关键。比如终端陈列费，厂家都认为终端陈列效果是影响产品动销的关键，以至于厂家不遗余力地投入大量陈列费用拉动消费者购买。而厂家往往很难掌握终端陈列的实际效果，只能事后通过终端销量来衡量终端的投入产出是否合理，甚至也无法评估销量是不是因为陈列费用投入而带来的。这种情况下似乎"确保终端按要求陈列"这件事变得无须论证，执行层只要按陈列要求做到就万事大吉了。某个厂家曾做过一个实验，选了一个区域停止投放一个月的陈列费，然而当月销量并没有下降，可见费用投放效果是多么难以衡量。

渠道费用管理是一个非常复杂的过程，特别是投给终端的陈列费管理，几乎成为所有消费品企业面临的一个难题。之所以复杂，是因为存在诸多复杂问题，比如：

（1）涉及业务员、主管、审计人员、财务人员等多个角色，各自要求不一。

（2）涉及厂家、经销商、分销商、终端多层链条，费用检核难度大、成本高。

（3）陈列形式多样，费用标准和陈列要求各不相同，无法统一。

（4）审批环节缺乏数据参考，需要拼凑各种凭证由人工判定。

（5）执行层虚构陈列协议套取费用，防不胜防。

（6）无根据地乱投费用，缺乏完整、精细化的风控策略。

（7）费用效率无法衡量，既不敢加大投放，也不敢减小投放。

这些复杂的问题交织在一起，让陈列费用的管理变得"剪不断，理还乱"，费用真实投放变得"扑朔迷离"，只有通过数字化手段来解决这个难题。比如：通过虚假照片识别技术保证真实陈列，通过 AI 商品识别自动统计陈列数据避免人工虚假上报，通过带有实名认证的电子合同签署保证陈列协议真实，通过制定统一的兑付标准避免随意兑付，通过重复投放分析和检测防止费用乱投放，通过费效比异常检测减少低效投放，通过预算额度控制预防费用的超额投放。这些智能化、自动化、数据化的手段让陈列费用的管理变得更加可控、高效、可衡量，保证费用真实落地。

6.数字化确保渠道库存真实

渠道库存是厂家实时监控的关键渠道数据之一。对于厂家来说，只要产品没有被消费者买走，都是没有实现真正的销售，特别是对于短保品类的企业而言，必须要管理好渠道库存，否则就会出现因库存积压的退货风险、因库存短缺影响产品销售、因各个区域库存不均衡导致窜货、因库存数据不准影响生产计划调度。

目前厂家大多采用人工定期盘点或自动化抓取经销商系统数据的方式获得渠道库存数据，人工定期盘点存在无法核验数据真实性的问题，自动化抓取经销商系统数据存在数据清洗难、经销商故意录入假数据等问题，这些看起来简单的方式都无法彻底解决渠道库存真实性难题。

当我们对数据本身无法核验真实性时，通常需要寻找更多的旁证。渠道库存的变化有多重起因，这些起因之间还可能存在一定的逻辑关系，人工造假时往往无法全面考虑这些逻辑关系，就会出现诸多漏洞，我们只要尽可能堵住这些漏洞即可提升渠道库存数据的准确性。比如：通过进货数据校验出货数据是否合理，通过监控非正常发货的出货数据占比校验库存数据真实性，通过库存盘点系数限制业务员乱盘点，通过门店进货订单校验经销商库存变化是否合理，通过 IT 系统赋能要求经销商录入出货订单并自动计算库存。这些数字化手段"多管齐下"就可以大幅提升库存数据造假的难度，让库存数据更加真实。

7.数字化确保价盘真实

产品零售价格混乱一直是厂家治理市场秩序的关键问题之一，每个产品的定价都是基于成本、毛利、竞争等多种因素考虑确定的，其中包含了合理的渠道利益分配，如果零售价格过低或过高，都会打破利益分配链条，出现砸价倾销、囤货、窜货等不良的市场反应。可能有的人认为只要锁住零售终端的进货价就万事大吉了，零售商如何定价是他们自己的事情，和自己没有任何关系，这种观点是大错特错的。因为当零售商降价促销后，产品利润变薄，一定会反过来强压厂家降低供货价，这势必侵蚀厂家的产品利润。厂家没有足够的利润支撑，就无法做进一步的产品创新和渠道运营，从而陷入经营泥潭。所以，除了一些封闭交易场景的通路以外，产品零售价格应该被统一管控，不能出现较大价格差异，否则会对产品市场和品牌造成双重伤害，严重时可能导致产品退市或品牌坍塌。

由于零售价由零售终端自行决定，厂家往往难以监控和管理，即便厂家和部分零售终端签署了产品价格限制的协议，但零售商往往为了赢得竞争经常打破这些"君子协议"，有时经销商可能为了完成自己的业绩担任"帮凶"。有"君子协议"的零售终端价格都难以监控，更何况大多数没有"君子协议"的零售终端。

在这种情况下，厂家必须定期采集零售价，把价格抽检作为业务员或价格监察员的日常工作之一落实执行，并将采集的价格数据进行自动化分析、监控和预警，及时处理价格异常问题。甚至还需要采集竞品的零售价，以便及时采取促销策略。然而，如何采集到真实的零售价成为厂家执行此事的难题，在依赖人工采集价格数据的情况下，企业大多采用拍摄价签照片的方式来佐证，并安排后台检核人员人工抽检以防止采集者造假，这种人工抽检的方式不仅效率低、成本高，而且受限于样本数量太少无法全面监控价盘。

可以通过数字化手段采集或识别零售价，比如：通过人工智能技术自动识别照片中的价签并使用 OCR（Optical Character Recognition，光学字符识别）技术识别零售价，或者采用高精度 OCR 技术识别 POS 小票上的零售价，还可以通过 O2O 平台数据抓取零售价（往往线下终端零售价和 O2O 零售价相同），甚至可以通过 KA 商超数据抓取系统获得 KA 终端的零售价。这些自动化采集或自动化识别技术帮助企业获得更加真实的零售价数据，做好价盘管理。

8.数字化防止窜货

窜货在消费品行业很常见，由于价格差异、地区限额等原因都可能导致跨区或跨店窜货，扰乱了正常的供应秩序和价盘，甚至影响消费者对品牌的信任度，以为低价的是假货。造成窜货的原因有很多，比如：经销商为了获得更高比例的返利超量进货，然后再低价倾销到其他地区；经销商为了完成厂家制定的销售任务不得不超量进货，然后窜货到其他地区消化；因区域特殊情况（疫情、自然灾害等）导致临期产品积压，然后将厂家不予退换的货物窜到其他地区销售；也有经销商为了争取更大范围经销权而故意向另一区域低价倾销，让另一区域经销商活不下去然后顺理成章地去接盘；还有的因为各个区域进货价不同而窜货；甚至有的因为经销商自提而运费更低形成进货成本优势，进而将货窜给其他地区经销商。

这些窜货情况防不胜防，如果厂家不能及时发现窜货，等到造成了严重后果势必损失巨大。对于已经实现一物一码的企业而言，很容易通过物码流向采集而发现窜货，甚至通过消费者扫码领红包、防伪查询等手段获得扫码位置以校验是否窜货；但对于没有实现一物一码的企业而言，只能通过稽核人员实地走访市场时根据产品批号进行判断了。这些手段都只能在事后发现窜货，更好的方法是让经销商不窜货，如果通过数字化系统测算每一个经销商的产品促销后的单价，减少区域差异；同时保证经销商库存维持在一个合理的水平线，这样经销商就没有动力窜货了。"事前预防＋事后发现"两种方式双管齐下即可大幅减少窜货的发生。

可见，以上八种渠道关键数据的真实性，都可以通过全面的数字化手段大幅提升。最后，我们还要提到一个常见的认识错误，有些管理者认为如果无法保证数据100%真实，那数据就是没有价值的。这个观点是非常错误的，我们从数据的利用层面来看，无论是执行流程还是经营决策都不需要100%真实的数据，我们认为只要数据真实程度高于一定比例（比如：渠道库存数据真实性大于95%），就可以依赖这些数据做出更好的流程优化和经营决策。这在数字化价值公式中也可以得到同样的结论。

4.2　价值二：渠道模式更先进

近年来，渠道通路不断发生变化，除了线下的传统通路（GT）和现代通路（MT）以外，相继出现了 B2B 电商、社区团购、O2O 即时零售等新型通路，为什么渠道通路发生了变化呢？或者说是什么引起了渠道通路变化的呢？

随着社会发展和科技进步，消费者有了新的消费习惯和消费偏好，希望使用期望的方式购买商品。比如：20 年前可以在电脑上购物，10 年前可以在手机上购物，5 年前可以去自贩机购物，现在可以在小区群里团购、边看网红明星直播边购物、边看种草文章边购物。因为这些新的消费方式出现（可以理解为新的用户需求），就形成了平台电商、社交电商、社区团购、直播电商、O2O 到家等新的零售业态（新零售）。这必然就产生了许多新的零售终端，团长、群主、网红大 V 都是新形式的零售终端，无论什么形式的零售终端，都是将消费者流量转变为零售订单赚取商品差价或交易佣金，线上如此，线下也如此。又因为零售业态的变化才引起了渠道通路的变化，所以渠道通路结构一直都是处于被动变化过程中。更重要的是，近年来消费方式变化的根本逻辑是因为"互联网"让零售形式得以快速地创新，这些多元化创新是符合消费习惯的，所以才会被消费者接受并发展壮大。

渠道通路的多元化，给厂家带来了不小的挑战，也带来了诸多机遇。因为渠道通路是被动变化而不存在主动变革，这就意味着厂家的渠道发展要顺应变化、迎合变化，发现变化过程中存在的机遇，摸清变化的规律，预测变化的趋势，再制定自己的渠道发展策略，从而赢得市场。如果不考虑零售增量，那么零售总量是恒定的，多种零售形式则是互相侵蚀，此消彼长。

- 新方式零售额快速增长，比如直播电商、O2O 即时零售。
- 次新形式零售额小幅增长或持平，比如移动电商。
- 老形式零售额逐渐下滑，比如 KA 商超。

所以厂家必须时刻关注新的零售形式对渠道带来的影响。

渠道多元化也让数字化得以发挥更大的价值，数字化不仅帮助企业把老通路管理得更加高效，还在面对新通路时应对得更加得心应手。甚至有些企业还在一些特定通路中利用数字化玩出了很多"花样"，打造出差异化的先进渠道业务模式，以领先同行。

下面列举数字化在渠道业务模式更先进方面提供的价值。

1.数字化帮助品牌商用统一作战取代游击队作战

我们看到越来越多的厂家采用深度分销模式，可以说"数字化"是功臣之一。过去只有极少数的厂家才具备深度分销的运营能力，抛开品牌力和产品力不谈，深度分销需要企业具有超强的销售组织力，在没有数字化工具辅助的时代是极难做到的，所以也只有可口可乐、康师傅等少数企业能够"玩转"深度分销模式，大多数厂家仍是把生意交给当地经销商，高度依赖经销商个体的运营能力，或者说依赖经销商老板的个人能力。这样的模式就像游击队作战，每个游击队的作战能力完全取决于队长的领导水平，虽然灵活但非常不稳定、不均衡，无法组织大规模战役，适合企业发展初期。但随着企业规模扩大，想再上一个台阶就需要转变为统一化的集团作战模式，使用数字化工具，让厂家从"游击队作战"模式转向"统一作战"模式的时间大大缩短，实现规模的快速扩张。

或者说，在"数字化"工具的加持下，"深度分销"和"大经销商制"两种模式的边界不再那么清晰，即便在"大经销商制"模式下仍然可以将经销商业务员划归厂家统一管理、统一激励，我们看到有不少厂家在做这样的事情，比如今麦郎公司采取的"四合一"策略，是"数字化"让"统一管理"这件事情变得具有可操性，不仅操作简单而且成本很低。

当然，其中必然涉及利益再分配问题，这是无法回避的，数字化让管理变得更加透明，也让利益分配变得更加透明，这是无法阻挡的趋势。在厂家推行"统一管理"时，之所以受到诸多经销商的抵触，是因为厂家将经销商利益中不透明的部分拿出来分配给了经销商业务员，以利益激励经销商业务员的主观能动性，解决基层员工的激励问题。长期来看，最终目标还是希望经销商先投入后收益，实现销售业绩快速增长，挤占竞争对手的市场空间，从而获得更大的收益。只是大多数经销商并不会像厂家一样有更长远的考虑，所以厂家牵头来做这件事情，逼着经销商放弃眼前利益，放眼长远。

2.数字化帮助企业像运营会员一样运营终端客户

掌控零售终端已经成为所有厂家必须的策略，在数字化普及这么多年以后的今天，大多数厂家已经做到了基本的"掌控"，包括真实终端的数量、有效的规律拜访管控、终端类型分布等。但是仅仅掌控这些就足够了吗？当然不是，掌控的最终目标是为了高效地运营。想运营好这些数十万、数百万的终端并非易事，销售管理团队不仅需要拥有运营的思维，还需要懂得运营的方法。

我们知道销售工作主要包括"拓客、复购"两大部分，对于一个新兴市场而言"拓客"是核心工作，对于一个成熟市场而言"复购"是核心工作。在产品差异化不大的消费品行业，复购运营就显得特别重要，终端进货的核心驱动力来自于"更赚钱"，也就是只要进货价更低就能赚取更多差价；但厂家还不能直接降价，价格"普降"只能带来窜货、囤货，无法带来长期的销量提升。所以厂家就需要设计各种各样的促销活动，对终端门店进行差异化的运营，而不是采用标准化促销策略。差异化运营的前提是对终端进行分级，把不同级别的终端当作不同等级的会员一样运营，将常规促销"活动化"，将活动"节日化"，以各种各样的节日名义举办多样化的促销，不同等级的会员可以参加不同的促销活动，享受不同的促销政策。

为了实现对终端会员的分级，需要通过数字化系统建立自动化标签机制，根据终端的类型、位置特征、销量、增降幅等数据自动给终端打上个性化标签，比如园区食堂、大学周边店、高档小区商铺店、月销 10 万店、近三月黑马店等。还需要有一个终端会员积分引擎，根据会员的登录、订单数据制定积分策略，自动给会员发放积分奖励，终端可以用积分到积分商城兑换礼品。

终端会员的运营和消费者会员运营不一样，消费者是几乎无法线下见面服务的，而终端会员既可以通过 SCRM（Social Customer Relationship Management，社会化客户关系管理）工具统一触达，还可以通过全国各地的业务员做地推服务。

需要特别提到的是，不少细分行业都出现了 KOL（Key Opinion Leader，关键意见领袖），比如：五金建材企业把装修 / 维修师傅视为 KOL、调味品企业把厨师视为 KOL。KOL 自身并不是消费者——装修师傅并不是自己消费五金建材，厨师也不是自己消费调味品，但他们是各自消费领域的专家，能够通过专业意见影响他们的客户、朋友、粉丝的消费倾向。所以，KOL 群体也可以视为一种"不开店"的终端，也可以当作会员一样运营。

3.数字化让品牌商连接消费者变成了可能

在二十年前电商发展初期，几乎每一个大企业都试图通过自建电商和消费者直接建立连接，却因为"连接"成本过高（获取流量太贵）而失败，最终只有少数几家平台电商成功了。随着技术发展（移动互联网、社交媒体、社交工具、一物一码等），企业可以通过数字化以较低成本获得一部分消费者粉丝，这让企业直接连接消费者变成了可能。

现在企业有很多种方式连接消费者，除了企业官网、微信公众号、视频号、电商旗舰店、抖音号等线上方式，还有一些线下连接方式，比如，通过产品包装或瓶盖上的二维码连接消费者，通过终端货架或收银台张贴的优惠券广告连接消费者，通过线下试吃、试饮、试用的方式连接消费者，等等。这些线下连接方式都需要数字化作为支撑才能得以完成，换句话说，如果没有数字化，就不可能通过线下连接消费者。

另外，业内也有专家将 BC 一体化视为一种新的连接方式，"通过 B（终端）连接 C（消费者）"的方式称为"BC 一体化"。但也有专家认为 BC 一体化不仅仅是连接 C 的一种新方式，还包含"将 B 作为 C 交易履约节点"的含义，比如 C 扫描盖内码中奖"再来一瓶"或"立减 X 元"后去 B 兑换。显而易见，前者观点更能描述企业做 BC 一体化的主要目的，毕竟企业的终极目标是将产品卖给更多的消费者，B 如果仅作为 C 的交易履约节点，那么 B 在这件事上的价值就不大了。所以我们认为 BC 一体化的主要目的是通过 B 连接 C，而不是将 C 引流给 B。如果企业想做 BC 一体化，首先要考虑的是"通过 B 连接 C"的方式是否适合自己，换句话说"通过 B 连接 C"是不是企业连接 C 最高效的方式。从 2021 年起，我们看到很多企业都在尝试做 BC 一体化，正是为了验证这个问题，有的企业验证后发现这一方式投入大产出小，说明"BC 一体化"可能并不适合自己的企业或品类；有的企业验证后获得了很好的效果，仿佛发现了一片新天地，持续加大这方面的投入。

还有一种关于 BC 一体化的观点，认为可以将 C 引流到 B，C 到店后会顺便购买其他商品，但对于品牌商来说这样显然是不划算的。试想一下，如果品牌商投钱获得了 C 的流量，又何必引流到 B 呢？直接线上转换就好了，没必要再绕到 B 来转化。如果是一家零售企业，这样的方式或许可以奏效，和"低价鸡蛋引流大爷大妈去买菜"是一个道理，因为店内任何一个商品的销售都是可以获利的，引流到店后消费得越多越好。而对于品牌商来说，C 到店后消费非自己品牌的商品，自己毫无获利，这不是为别人做嫁衣吗？

当然，也有的企业认为无须连接消费者，或者认为连接消费者的效率极低，带来的销量占比极小，没有必要这么做，这是对连接消费者价值的误解。其实并不是要连接所有消费者，只要连接一部分"粉丝"即可，甚至只连接 KOC（Key Opinion Consumer，关键意见消费者）也很好。当然，连接消费者不是要取代"中间商"转型成为 D2C（Direct To Consumer，直销消费者）型企业，更不是单纯以交易为核心运营消费者电商。连接消费者的价值还有很多，比如：有利于厂家洞察消费者需求；有利于形成故事性的广告效应，营销效率远超正常的市场投放；通过体现对消费者的重视提升消费者的品牌忠诚度。但这些价值可能都无法支撑起企业高昂的连接成本，企业往往会将提升销售额作为最重要的效果评估指标，所以企业仍然需要精准评估连接消费者的 ROI（Return On Investment，投资回报率），以便找到最适合连接的那部分消费者是谁，找到效率最高的连接方式是哪种，找到效果最好的连接工具是什么。

无论企业选择自己直接连接消费者，还是选择通过线下终端连接消费者，无疑都是借助了很多数字化技术才能得以实施的，所以说是数字化让企业连接消费者变成了可能。

(4.3) 价值三：渠道效率更高

不同企业根据产品特性不同通常采用不同的线下销售模式，甚至同一产品面向不同类型的客户采取不同的销售模式。例如：快消品采用渠道分销模式，大型机械设备采用大客户直销模式，汽车采用代理一级分销模式，保健品采用会议营销模式，车险采用电话销售模式。那么，为什么这些产品采用的销售模式不一样呢？每个企业选择不同销售模式的底层逻辑是什么呢？同一品类就一定要选择跟同行一样的销售模式吗？初创阶段和规模发展阶段选择销售模式有什么不同吗？

若想回答清楚这些看似不是一个维度的问题，就要回到"销售"这件事情的本质上，销售的目的是把产品卖给客户，这个过程需要投入销售费用，也就是企业为了把产品卖掉还要投入一笔钱用于"在媒体打广告、招募销售人员做推销、做折扣促销、给客户试用体验"等事情上，所以企业一定会寻找并选择"既能卖掉产品，又投入较少费用"的销售模式，也就是寻找销售效率更高的销售模式。对于一家企业而言，会根据不同产品特性、销售规模等差异而选择不同的销售模式，例如：一家调味品企业，面向消费者用的家庭烹调产品往往采用多级分销模式，面向食品加工企业用的料包产品往往采取大客户直销模式，因为这样的选择是销售效率最高的。诸多新能源汽车企业在"销量不大、产品迭代快、初期销售成本高"等情况下选择直营，对这些企业来说选择直销模式是销售效率最高的。

无论企业采用哪种销售模式，都应该采用相应的管理方法，才能确保销售战略得以在销售战术层面得以执行，再好的管理方法若不能落地，都只是一纸空文。销售执行管理难一直是企业管理工作的一大难题，特别是渠道分销模式的销售执行管理更难，因为渠道销售人员更多、区域分散更广、更换更快。通过数字化系统，让销售方法准确落地，降低对销售人员的个体能力依赖，减少销售管理时间，从而提升销售效率。

1.数字化让销售SOP不打折执行

大多数企业都会把业务员的日常工作梳理成标准的作业流程（SOP），以保证企业规定的销售动作能被按章执行，尽可能少依赖销售个体能力，以便实现企业整体销售效率提升。在没有数字化销售管理系统时，这件事就已经干了很多年，但鲜有企业能执行得很好，制定好的销售SOP到了落地层面往往就变了形，达不到管理者的预期。直到移动销售管理系统的出现，通过诸多技术手段可以监督每一个销售动作的发生时间、发生地点、操作人、耗时、作业凭证等要素，确保每一个业务员都按照销售 SOP 不打折扣地落地执行。毫不夸张地说，这是一次伟大的革新，是移动化为销售管理带来的福利。

比如消费品企业为终端销售工作制定了"拜访八步骤"，这就是典型的销售 SOP。在移动技术发展初期，我们就发现了这个应用场景，率先将基层业务员在零售终端要执行的大部分销售动作都做了数字化，让销售管理者在后台制定各种各样的标准动作规范以及差异化的执行策略，这些销售动作规范和策略立刻就反映在业务员的手机 App 中，指引和监督业务员执行好每一个销售动作。当时这样的管理方式还不太被基层业务员认可，他们对这样的监控手段颇为反感，推行起来阻力很大。今天这种管理方式已经成了每个消费品企业的标配，不仅企业不用担心推行困难，连员工也都接受了这样的工作方式。当然，在这个进化的过程中，越来越多的企业逐渐舍弃了简单粗暴的"人员定位"管理，转而以销售 SOP 为核心构建精细化的工作过程管理，以提效为目标让销售组织上下级高效协同，还提供一些工具、知识、数据赋能业务员，大家自然也就不再反感了。

数字化让企业制定的销售 SOP 被不打折扣地执行，这表示数字化为企业带来了强有力的销售执行力，单个业务员的产出因此得到提升，无疑说明了数字化大大提升了销售效率。

2.数字化取代人工，提升效率

在大规模销售团队的管理过程中，有很多工作需要花费大量人力和时间。比如，排查哪些终端数据存在重复，检核终端陈列照片是否符合要求，计算陈列照片中商品数据是否符合陈列标准的要求，找出经常拍照造假的员工，安排每日拜访的合理线路，计算销售人员的绩效奖金……如果将这些事务交给数字化系统，替代人工处理，必将事半功倍。以下就是数字化替代人工的几种常用方法。

1）前置校验取代人工审核

在数据上传前，可以使用机器识别、预置规则、模糊匹配等方式对用户采集的数据进行前置校验，拦截不符合要求的数据，禁止用户上传，不必等"脏数据"进入系统后再由人工耗时审核，从而达到提升效率的目的。例如：

上传照片时校验照片是否符合指定场景（如：货架、端架、冰箱、暖柜、地堆、堆箱、卧柜、收银台、挂架、挂网、侧柜、人脸、店招、人脸＆店招……），不符合要求的照片不允许上传，比事后人工审核更有效率。

新增终端时校验是否和已有终端存在高度相似（如：终端名称和100米内的其他终端存在名称高度相似、终端的联系人手机号已在其他终端信息中、终端店招照片和其他店招照片高度相似……），高度相似的禁止提交，比事后人工审核更有效率。

库存盘点时校验库存数据是否存在异常（如：大于最近两次进货数据、最近两次库存盘点均值偏差较大……），若数据异常则不允许提交，比事后人工审核更有效率。

创建订单时校验是否符合预设规则（如：包含必售商品、促销是否符合策略、折扣是否符合策略），不符合规则的订单不允许提交，比事后人工审核更有效率。

2）机器识别取代人工识别

通过机器学习等算法对现实物体的照片进行自动识别，取代人工肉眼的低效观察，大幅节省时间，提高效率。例如：

使用人工智能识别技术对陈列照片自动识别，计算出货架上每个商品的数量、位置、地堆的占地面积、价签的金额和对应商品、冰箱里产品陈列的饱和度（已陈列产品占应陈列产品的比例）、纯净度（自己产品占所有产品的比例），这些数据均可以由机器秒识，比人工肉眼数数的效率要高得多。

使用语音识别技术识别语音中报出的产品信息，自动录入订单，比人工选择产品下单的效率要高得多。

3）数字介质取代纸质介质

越来越多的工作被数字化，纸质内容也转为数字内容进行存储、交换，但仍然可以看到有些传统企业还在使用纸质介质，比如：财务凭证、供应商合同、销售合同、员工手册。一方面是因为大家的使用习惯还没完全转变过来，另一方面也是因为数字化系统并不能完全满足用户的要求，比如合规、归档。随着身份认证、数字证书、区块链等技术的普及，数字化内容一样可以实现纸质介质的"不可篡改、变更追踪、验真证伪"，不仅和纸质介质一样具有法律效力，而且数字化以后更便于传递、搜索和结构化分析，这无疑大大提升了效率。

例如：厂家每月发给经销商的客户对账单，从邮寄纸质对账单变为在线推送对账单。不仅大大缩短了对账单到达时间，而且还可以提供"在线确认、在线反馈"等即时在线服务。

厂家和终端门店签署的付费陈列协议，从签署纸质合同变为签署电子合同。不仅节省了纸质合同的快递成本，而且还可以结构化分析陈列费用是否花费合理。

4）系统推荐取代人工经验

诸多渠道销售工作依靠人工经验完成，经验丰富的"老师傅"将总结的经验教训不断传授给"徒弟"，这是一个无法标准化的过程，难以复制，这对于企业管理者来说无疑让管理复杂度大大提升。随着数字化技术的发展，有些看似"说不清、道不明"的经验是可以被数字化系统取代的，只要基于人工决策因素能够构建计算模型，就有可能实现用系统推荐取代部分人工经验，实现效率的提升。

例如：使用路径规划算法对每个业务员所管理的终端门店进行拜访路线规划，根据终端位置、距离、每日工时、交通工具等影响因子自动算出每天更合理的拜访列表和路线，取代人工安排拜访计划和路线，从而提升效率。

基于历史销量、促销活动、终端库存、淡旺季等数据，自动推荐补货订单取代人工录入订单，从而提升效率。

5）自动评价取代人工评价

每日检核和评价基层员工的工作结果是所有基层管理者最重要的工作内容之一，也是最繁重的工作之一，面对成千上万规模的销售团队，想快速、准确地完成对每一个销售人员每日评价工作并非易事。我们看到有的企业招聘近百人的评价团队来完成这一"重任"，也有的企业使用数字化系统来实现这一目标，不仅节省了大量的人工成本，也大大提高了评价效率。

例如：在数字化系统中针对不同终端门店预置不同的铺货标准和陈列标准，业务员完成铺货和陈列工作以后，只需拍照上传即可实现铺货结果和铺货标准自动比对评分、陈列结果和陈列标准自动比对评分，即时告知业务员评分结果，给出不符合标准的明细，帮助业务员现场改进铺货和陈列工作，无须再事后检核评价。

在终端陈列费用兑付环节，将实际陈列的结构化数据和系统中预置的结构化陈列协议自动比对评分，根据兑付规则自动判断应该给终端门店兑付多少比例的费用，无须人工介入。

在数字化系统中对业务员的日常工作设置积分规则，如拜访客户积分、下单积分、里程积分、活动执行积分，按照积分规则自动进行积分激励，无须人工计算奖励。

（4.4）价值四：渠道客户体验更佳

经销商和厂家形成了长期的生意伙伴关系，经销商是厂家的渠道客户。既然是客户，那么厂家就应该不断提升客户体验，提高客户满意度。很多厂家不遗余力地提升消费者客户的产品体验，却忽视了渠道客户的体验。渠道客户和消费者客户是不一样的，渠道客户自身不消费产品，无法通过提升产品体验来实现客户体验的提升；渠道客户不是一个具体的个人，也无法通过情感关怀来提升客户体验。那么，如何才能提升渠道客户体验呢？

我们可以换位思考一下，经销商作为一家本地化的商贸公司负责厂家在当地市场的运营，除了希望厂家的产品深受销售者喜欢、带来高销量以外，还希望从厂家那里得到什么好处？有人说希望厂家能给更优惠的进货价格、更高的返利比例；也有人说希望厂家能给更多的仓配补贴、更多的广告费用补贴、更多的样品、更多的新品推广费用和陈列费用；还有人说希望厂家代为支付员工部分薪水……其实这些都是和"销量"相关的显性好处，属于"羊毛出在羊身上"的短期利益，也就是说，如果销量惨淡，这些都得不到，反之很容易得到。换个角度看，如果厂家给经销商的这些费用越多，厂家的毛利就会越被拉低，同样会通过提高进货价来实现毛利提升，最终还是会导致经销商的利润下降，所以这些好处的总和往往是根据销量的一定比例算出来的，想要更多几乎是不可能的。

除此之外，还有一些和"销量"无关的好处，更值得经销商索取，这些隐性好处的短期收益没那么明显，但长期收益不容小觑，厂家也应当在这方面下功夫提升经销商的客户体验。可以把这类好处总结为"赋能"和"服务"两个方面，赋能让经销商得到更快的成长，服务让经销商满意度提升，保持与厂家的黏度和忠诚度，实现长期的合作共赢。

1.数字化赋能经销商提升管理

经销商的经营规模大小不一，管理水平参差不齐，厂家一直都希望不断提升经销商的管理水平和经营能力，让每一个经销商都能发展壮大，在当地市场具备强有力的竞争优势。有的厂家送经销商老板去商学院进修，拓宽视野；有的厂家跨区域做经销商成功经验分享；有的厂家还特别发起了二代接班培养计划；还有的厂家给经销商提供低息贷款，减小资金压力。毫无疑问，这些"单点"的赋能方法都是有效的，除此之外，厂家还要想办法帮助经销商整体提升管理水平和经营能力，而通过数字化赋能是一个行之有效的方法，数字化系统可以让经销商企业的工作流程标准化、绩效激励精细化、经营分析可视化，让每个经销商都插上"数字化"的翅膀。

具体来说可以通过以下两种方式对经销商进行数字化赋能：

大一统数字化赋能模式。大一统模式是将每个经销商看成一个关系紧密的内部经营单元，将所有单元全部纳入一个系统内进行管理，所有经销商共用一套标准化的系统，相互隔离，各自执行适度差异化的管理策略。

如果经销商规模较小（如年营收 2000 万元以下），本品牌产品的营收占大部分或全部，则可以使用大一统模式对这类经销商进行赋能。

互联数字化赋能模式。互联模式是将每个经销商看成一个松耦合的合作伙伴，给经销商提供一个独立的数字化 ERP 系统，让其各自管理自己的业务，这套先进的 ERP 系统集内部管理和外部营销于一体，可以满足经销商几乎所有的数字化管理需要，而厂家除了对经销商进行培训指导以外，并不干涉经销商如何使用这个系统，仅仅通过互联许可的方式抽取和自己品牌相关的数据进行分析。

厂家通过这样一套数字化系统让经销商的管理水平更高、运营效率更高、库存周转率更高、资金利用率更高，以帮助经销商提升在当地的竞争力，实现业绩增长，利润率提升。

如果经销商规模较大，多品牌经营，则可以使用互联模式对这类经销商进行赋能。

2.数字化提升服务质量

虽然厂家拥有品牌和产品，但仍然要依赖经销商服务好零售终端，并不能采用"强管控"的策略对待经销商，而是要有"服务"意识，帮助经销商解决疑难杂症，塑造良好的"厂商"关系。对于厂家来说，提升服务质量的最佳方法就是让"服务"变得标准化，就需要通过数字化手段实现这一目标。通过数字化系统，让经销商和厂家的大部分业务都在线上可操作，提升经销商的服务体验。

1）倾听经销商的声音

厂家的高级管理者往往听不到一线炮火的声音，下属常常报喜不报忧，导致经销商的诸多问题长期得不到解决，况且基层员工即便知道也无法从全局判断问题的严重性，更无法站在高层管理者的高度思考这些问题给企业带来的长期损害，所以没那么重视经销商的反馈。而经销商向基层反馈次数多了均得不到解决，就会默认企业并没有意愿去解决这些问题，从而也不会再反馈了。

厂家需要通过数字化系统向经销商长期开放投诉反馈入口，让经销商们能够绕过基层团队直接和高层管理者对话，暴露基层管理存在的问题，以便厂家寻找相应的对策，不断完善渠道客户的服务流程。

甚至还可以建立在线的服务评价体系，让经销商能够定期对订货、送货、费用兑付、对账、窜货管理等服务进行客观评价，让厂家知道自己的服务短板，以便进一步提升服务体验。

2）及时兑付费用

厂家给经销商的费用兑付是否及时直接影响经销商的资金利用率，诸多经销商对于"费用兑付慢"都颇有怨言，厂家需要使用技术手段提升费用检核的效率，加快经销商费用兑付，这样才能提升经销商的服务体验。例如：有一家知名饮料厂家，使用 AI 技术自动识别货架陈列牌面、冰箱纯净度、地堆面积等量化陈列数据，这些数据再和兑付标准比对后根据预置规则自动判断兑付比例，省去人工检核环节，在活动档期结束后第二天即可将费用兑付给经销商，兑付周期从数月减到一天，这一措施深受经销商欢迎，对厂家的高效非常认可，大幅提升了经销商的客户体验。

有的厂家给经销商兑付费用时能拖延绝不提前，以各种理由搪塞经销商，甚至还以"内部审核流程长"这样的借口为由拖延，这恰恰暴露了厂家自身的管理低效，让经销商逐渐失去信任。相反，厂家若在费用真实性检核方面下功夫，利用数字化手段提升检核水平和速度，让费用兑付变得更加透明公正，这不仅让经销商心服口服，还能增强经销商对厂家的信任。

3）核对账目简单明了

厂家和经销商之间的资金往来一般较为简单，但费用返利要复杂很多，厂家会规划较为复杂的花样促销和层级返利政策，很多经销商经常被眼花缭乱的政策搞得一头雾水，连服务经销商的客户经理可能也无法说清道明。所以，厂家每个月很有必要给经销商提供一个清晰透明的在线对账单，不仅汇总统计各类费用总额，还可以追踪每一笔返利、费用的来源和核销明细，让经销商核对更方便。若经销商发现对账单有误还可以针对错误点进行在线反馈，厂家收到反馈后进行核查并回复，这样简单的在线协作取代了过去电话反复讲不清的状况。

当然，这依赖于厂家自身的 ERP 系统中账目数据要清晰干净，如果厂家自己都是一笔糊涂账，那也就没办法给经销商提供清晰的对账服务了。通过给经销商对账服务逆向推动厂家内部的账目管理更加规范和透明，可谓一举两得。

4）订货方便

经销商自主在线订货已经成为一种趋势，随时下单不仅方便，而且可以在线实时计算各种促销，不再需要人工计算适用哪些促销策略。经销商还可以在线支付订货款，无须线下转账，做到货款合一，账目更加清晰。厂家不仅要提供 PC 订货端，还需要提供符合趋势潮流的移动 App、小程序等多端体验，让经销商随时随地都可以快速补货。

有些厂家基于 ERP 系统对外延伸到经销商订货，这是一种错误的做法。ERP 是服务于企业内部的，无论是操作体验，还是功能满意度，都不符合经销商作为客户侧的要求，反而让经销商的客户体验变差。况且对内的系统和对外的系统应该尽可能解耦，否则随着差异化需求越来越多，反而成为各自的束缚，最后还是要走向分离之路。

在线订货已经成为提升经销商客户体验的重要一环，每个厂家都应该重视这一关键，建设一套体验极佳的经销商订货系统。

在本章最后，需要强调的一点是，本章所介绍的四个价值是数字化价值公式中四要素在渠道数字化场景中的主要体现，并不代表全部。

第 5 章　如何做好渠道数字化

本章描述渠道数字化的关键动作，其实渠道数字化和企业的整体数字化密不可分，所以一开始，我们就先介绍一些企业在做数字化时会面临的一些问题和我们对此的思考，后一部分我们再专门介绍渠道数字化的特殊之处。

5.1　想做好企业数字化这件事，最重要的是人才

很多描述企业数字化的书中，首先提到公司的管理层要有数字化思维，很多都把教育企业的一把手作为最重要的事。在我看来，时至今日，企业的一把手早就具备了数字化的思维，都知道数字化对企业的重要性，都愿意在企业的数字化上做投入。我们在和 70 后，甚至 60 后的企业老板聊天的时候，经常听到大家对企业数字化侃侃而谈。

我们认为，相比之下，企业数字化想做好，更加重要的事是企业的数字化人才。数字化想要在企业内部实施下去，帮助企业做大做强，需要的是各个岗位上都要有数字化人才，需要把全公司人才的数字化这一项技能都给补上，要做到人人都理解数字化，每项工作都要从数字化的角度去重新思考。

5.1.1　CIO该向CFO汇报吗

很多企业都配备了 CIO（Chief Information Officer，首席信息官）这个职位，但是 CIO 普遍在公司的管理序列中和其他 CXO，如 COO、CFO、CMO 不在一个层级上。一般企业的 CIO 就只有总监的级别，很多 CIO 是向企业的 CFO 汇报的。

CIO 向 CFO 汇报也是合理的，因为一个企业的 CFO，往往从管理会计的角度出发，观察企业各个角落的经营情况，特别需要数字化的支撑。通过企业数字化的结果，横向与其他同行业企业比较，纵向和历史经营结果比较，可以迅速发现公司的问题和漏洞，帮助 CEO 做好决策工作。

但这样的汇报关系就给企业的数字化设了一个天花板，数字化做出的成绩高度就受限了。因为一般 CFO 更关注短期的经营数字，和过去比较，和预算比较，而很难去预测公司的未来发展。

笔者认为一个企业的数字化工作中，有 30% 的部分能够快速地看到实际效果，所以 CIO 向 CFO 汇报，限制了企业的数字化做出更高的成绩。数字化中 70% 部分是在企业未来经营中发挥作用的。打个比方说，拿数字化和教育做类比，CFO 更加关注的像是职业教育，学出来立刻就能使用。而教育中基础教育是关键和重点，基础打好，对未来发展有很大裨益，而这些 CFO 比较难关注得到。

5.1.2　错把CIO变成CTO

另外一个极端是，企业的确非常重视 CIO 的工作，但是没有把企业的数字化作为 CIO 的主要工作职责，而董事长开始迷恋技术，往小了说希望构建自己企业的技术壁垒，追求拥有自己的知识产权，往大了说希望未来将自己的数字化作为产品输出给其他同行，甚至让自己公司彻底转型成为一个技术公司。这种情况下，往往都是从 CIO 转型为 CTO 开始的。

笔者经营了 10 年的专业 IT 技术公司，很有体会的是，构建一个专业的 IT 技术公司并不容易，不是说有一个 CTO，招聘几个程序员，有老板投一笔钱就可以的。需要的更多的是企业有吸引 IT 人才的文化体系，有适应 IT 人才管理的企业制度，有一个自己适合发展的市场，有原创的技术创新，有销售的渠道，甚至要熟悉现有的法律，包括数据安全法、网络安全法等。

一个有趣的例子是平安科技的 HRX 项目，平安科技的资本毋庸置疑地雄厚，聚集了大量高级人才，有平安整个体系的众多公司作为试炼场，可惜还是失败了。华为作为中国民营企业的典范，如此成功，可至今没有把自己内部的数字化当成是一个产品对外做输出，因为华为很清楚，自己公司的数字化体系，并不适合市场上其他公司，换句话说，卖不掉。

很多传统企业，把 CIO 变成 CTO 以后，往往会招聘大量程序员，自己开发自己公司使用的软件系统，等到系统上线以后，问题层出不穷，技术不断落后。如果想要继续，只有不停增加成本，感觉像无底洞，如果砍掉，不但要付出裁员成本，整个数字化系统就会面临崩溃。

5.1.3　CIO的能力模型

如果 CIO 不是 CTO，那么 CIO 应该具备什么样的能力模型呢？如图 5.1 所示。

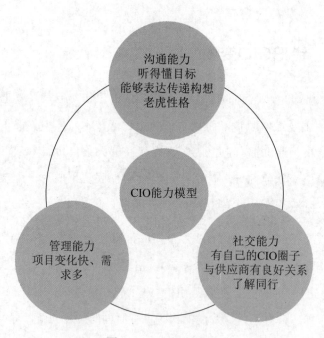

图 5.1　CIO 能力模型

首先，CIO 需要具备特别好的沟通能力。有些企业在选择 CIO 的时候，首先看的是技术能力，所以大部分 CIO 都是理工背景，但是我们认为，CIO 排第一位的应该是沟通能力，CIO 应该能听得懂老板的数字化目标，应该能表达出自己对数字化的构想，应该有能力把自己的构想卖给各个业务部门的人。另外，CIO 得有一些老虎性格（参见 PDP 性格测试），在关键时刻，能够把握得住方向，能够和各个业务部门的老大平等对话，能够征服其他人，这才能保证数字化的有效落地。

其次，CIO 需要有一定的社交能力，应该有自己的 CIO 圈子，能够及时了解到同行，其他人在数字化方面的进展。了解到其他公司踩过的坑，得到过的经验。CIO 最好能和业内的供应商有着良好的关系。有一些公司老板，害怕 CIO 和供应商有联系，主要是害怕在 IT 建设中出现腐败的问题。但实际上，CIO 和供应商有着良好的互信关系，对于数字化的建设维护，都有着莫大的帮助。特别是在中国国内，好的 IT 供应商屈指可数，拥有好的供应商资源，也不是一件容易的事情。

最后，CIO 要有很强的项目管理能力，企业的数字化建设，一般来说都是一个"胡子工程"，就是有开始没有结束。因为数字化项目的变化很快，需求很多，往往项目还没有结束，新的需求就又来了。对于这种项目的管理，是需要很强的管控能力的。

当然，有些公司选择 CIO 的时候，直接选择有大型 ERP 项目经验的，这是一个很好的方法，ERP 项目对 CIO 来说，是试炼场。

5.1.4　所有人员的数字化素养

数字化首先得有数据，有数据就牵涉到两件关键的事情，第一件是数据的收集，第二件是数据的分析。这里的数据分析并不仅仅是企业高层经营管理会上对数据做分析，而是需要自上而下，全员参与的分析，每一个业务单元，都要有对与自己相关的数据做好理解，每一个业务指标是怎么定义的，怎么取数的，和其他业务指标是如何关联的。

至于数字的收集更加需要知道，如何避免脏数据、错数据的产生。如何及时观察系统发现这些错误数据，并且当有错误数据的时候知道用什么方法去清理。

这些动作，都需要全员具备基本的数字化的素养。这是很多企业做数字化的盲区。我们发现有很多数字化决心很大的企业，直接在每个业务单元配备专门的数字化专员，帮助大家处理数字化的问题，起到了很好的效果。有些公司给业务部门设立 ITBP（IT Business Partner），帮助业务部门完成数字化的动作。有些外资企业，由于人才密度比较大，直接将 IT 的数字化职能甩给业务部门自己负责。这都是很好的解决方案。

这里多说一句，其实企业数字化的成本中，最多的一项并不是数字化系统的建设，而是企业内部数字化人才的成本。因为，懂数字化的人才成本显然要比不懂数字化人才的成本高得多，所以一个好的 CIO 的薪水就不菲。

但是人才不能完全从成本的角度来看，要看创造的价值，现在都说人力资本，人才是企业的资本，数字化的人才，也是企业的数字资产。

5.1.5　企业文化中和数字化相关的部分

很多人觉得，一个企业的数字化，和企业文化又有什么关系呢。我们看到众多企业挂在墙上的文化，大多和努力、勤奋、合作、创新等相关，但是极少有与数字化相关的。为什么我们这里提数字化和文化的关系呢，因为数字化在企业中的推行是很难的，是会有很大阻力的，如果在文化上支持数字化，那么将会事半功倍。

不信的话，你看看下面我们举的几个和数字化相关的文化（如表 5.1 所示）：

表 5.1　和数字化相关的文化举例

文化	描述
目标导向	数据很大程度上是业绩结果的体现，以这个结果为纲来评价工作绩效的好坏
消除管理中模糊地带	如果一个企业管理都是模糊地带是很难推进数字化的，毕竟数字就是 0 或者 1，不存在中间状态

续表

文化	描述
减少定性、增加定量的描述	数字化企业中,所有管理者要学会用数据说话,让大家看到企业的管理是建立在数字化的基石之上的
尽可能去设立数字化的指标	尽可能地去重视指标,针对每一个部门,每一个岗位,用数字化去描述大家的工作目标以及工作成果

首先是目标导向,这一点很多企业文化中都有。数字化过程中产出的数据很大程度上是业绩结果的体现,以这个结果为纲来评价工作绩效的好坏,而不是以看上去有多努力、多勤奋来为纲,这就是数字化和企业文化最简单的结合点。

其次是消除管理中模糊地带。很多企业经营中,有很多事是说不清楚的,比如某些费用到底可不可以报销,符合条件的付款要不要及时付给供应商,如果销售凭运气获得了超大订单,应不应该发放高额奖金,某件工作到底是市场部负责还是运营部负责。很多企业在经营过程中,总是希望有些事情模糊化一些,有的是没能力搞清楚,有的是不愿意搞清楚。我们这篇文章无意去探究中国式管理,以及厚黑学等在企业管理中的实践价值,但是我们清楚地知道,如果一个企业管理都是模糊地带,那么,是很难推进数字化的,毕竟数字就是 0 或者 1,不存在什么中间状态。

再次,日常管理工作中,我们需要减少定性的描述,增加定量的描述。比如,以前可能管理者会发言说:"这个季度我们的业绩不怎么好,收入没有什么增长,利润也没有太多下降,大家工作虽然态度比以前好一些,但是努力程度看上去有所欠缺,竞争压力偏大的情况下,我们的执行力不足,创新的点也不够多。"整个发言中,全是定性的描述,没有一个数据。数字化企业中,所有管理者要学会用数据说话,比如业绩增长不多,是增长了多少,比去年增速下降了多少,竞争压力偏大,到底是怎么衡量竞争压力,是竞争的次数变多了,还是市场均价在下降,执行力不足有没有什么具体的表现,是拜访的次数没有完成指标,还是拜访的客户数没有完成指标。无论是领导内部讲话,还是员工汇报工作,还是业绩指标的下达,都需要使用更多的数据。让大家看到企业的管理,是建立在数字化的基石之上的。

最后，针对每一个岗位，都要尽可能去设立数字化的指标。企业经营者是不是会遇到这样的情况，一个员工到年底，经理给他的考核不好，但是员工自己不觉得，他认为自己做得很好，这样就产生了认知分歧。为什么会产生认知分歧呢，简单来说，就是缺乏数字化的指标来衡量一个岗位工作的好与坏。一个公司，销售部门最容易设立数字化的指标，因为，公司财务报表上的业绩指标大部分都来自于销售。采购部门也还行，采购成本的下降成为采购部门最为关键的指标。市场部就比较困难了，因为市场广告的投放，到底有没有作用很难去界定。那么再往后，研发部门，甚至行政部门，越往后端，似乎数字化的指标越难确立。此外，指标如果观察得少，就不容易发现企业经营深层次的问题，但如果指标设立得多，观察得多，也容易抓不住重点，甚至缺少足够的精力去关注。这里我们想提的就是，尽可能地去重视指标，针对每一个部门，每一个岗位，用数字化去描述大家的工作目标以及工作成果。

5.2 公司的数字化要花多少钱来建设

基本所有企业都有数字化的基础，比如基本的财务系统，或者 ERP 系统。所以，可以认为，没有企业的数字化是从 0 开始的。所以，我们不认为企业会对做数字化要花钱这件事有争议，疑问就是要花多少。

很多企业老板本身对数字化不熟悉，而想要做数字化，也愿意投入，但是不知道该投入多少钱，因此喜欢问 IT 负责人，我们应该投多少。而 IT 负责人往往回复，给多少钱干多少活，这就让局面更加扑朔迷离了。

或者有的企业老板投入了数百万上千万的资金后，发现好像数字化并没有给企业带来什么明显的改变，便终止了继续的投入，甚至原来重金请来的 IT 负责人也只能黯然离场。

所以，本节欲把企业数字化的成本模型给彻底讲一讲。企业数字化的成本，总计分为下面五大类（如表 5.2 所示）：

表 5.2　企业数字化的成本

成本	描述
采购成本	软件（包括租赁式软件服务）、咨询服务、实施服务、运维服务等
人力成本	企业规模越大，需要的数字化人才越多；配套足够的人力，才能发挥出数字化系统的作用和价值
改造流程的额外成本	为了整个系统更加完备，漏洞更少，且数据充分便于整理和分析，需要在改造或重塑组织流程时花费大量成本
学习和使用数字化系统带来的成本	企业数字化一定要做好基层使用的培训，在培训上花费成本；数字化系统的维护、更新、管控的成本
数字化创新带来的成本	数字化转型指在业务模式，或者商务模式上做深层次的转变，这样的转变本质上是一种创新，创新就一定会带来成本的急剧上升

1.专业数字化服务的采购成本

其中包括：软件（包括租赁式软件服务）、咨询服务、实施服务、运维服务等。这是最为显性的成本，对于第三方服务的采购，有哪些技巧，我们后面再描述。

2.企业的配套数字化的人力成本

任何数字化系统，都需要人去运营管理，企业非常需要前文说的数字化人才，企业规模越大，需要的数字化人才越多。很多人认为，企业用了数字化系统，就可以减少公司的人员。这个理解不够全面。

在数字化系统刚刚起步之际，其实是需要更多的人力，而不是更少的人力。只有配套足够的人力，才能发挥出数字化系统的作用和价值。

3.流程改造带来的额外成本

想必大家都听过，数字化不仅仅是用一个软件系统，还是对整个组织流程的再造。这里还有一个专有名词，业务流程重组（Business Process Reengineering，BPR）。但很多人不理解，流程重组后，应该是效率更高啊，为什么会消耗额外的成本呢？

很多公司，在缺少数字化系统时，缺乏对流程的深入思考，忽视了内部也有一个流程。这些流程自发产生，没有文件记录，但无论是新员工还是老员工，都会在言传身教中逐渐地熟悉和适应这些流程。这些流程看上去很高效、安静地存在着，但是流程本身有漏洞，或者依赖某一个单个关键人物，这个人休假或者离职整个流程就走不通了。

有些公司，在缺少数字化系统时，内部流程实际上非常不合理，但是因为高层并没有及时关注到，所以平常也就没有人去优化，当用数字化系统时，一调研就发现流程已经到了不得不优化的时候了。

改造，或者说重塑这些流程，不但需要在调研、分析中花费大量成本，更有甚者，数字化的流程比原来的还要更加烦琐，耗费更多人力。这样做的目的是为了整个系统更加完备，漏洞更少，且数据充分便于整理和分析。

举个例子：笔者公司用了报销系统，每个人实际填写报销单的时间上升了60%，填写更加复杂了，但是费用控制更加准确，各个节点审批的速度也清晰可见，对公司整体有好处，但对个体来说，使用成本是上升了的。

4.学习和使用数字化系统带来的成本

数字化系统的学习和使用也要花费成本。企业数字化一定要做好基层使用的培训。虽然说好的企业软件，可以让用户看到就知道怎么用，但是企业的业务流程一般都复杂，公司人员素质一般也是参差不齐，所以培训上花费成本特别重要。

使用数字化系统也需要成本，如果使用的不是 SaaS 产品，那么硬件、网络、安全等各个方面的维护也非常耗费成本。另外，系统的数据更新、数据维护、角色设置、权限管控等，都需要专门的人来负责，这些也是成本。

5.数字化创新带来的成本

数字化包含的不仅仅是信息化，还有包括利用数字化的模式来改善和用户的交互，用数字化的方式来创造出全新的业务流程，用数字化的方式给公司创造出新的业务模式或者商业模式。

很多公司一直在希望做数字化转型。所谓转型，大多是指在业务模式，或者商务模式上做深层次的转变。这样的转变本质上是一种创新，创新就一定会带来成本的急剧上升。

那么，总计下来，企业为数字化投入的整体成本怎么计算呢。其实是没法精确计算的，有一个数字可以参考，贝恩咨询曾经调研过，欧美国家在数字化方面的花费是企业营收的 4% 左右。这对中国企业来说是一个不可达到的数字，在美国一个 C 轮融资的公司，要给每个员工负担 300 ~ 500 美元的 SaaS 软件费，企业使用 SaaS 的平均个数为 40 个，而中国企业使用 SaaS 的平均个数为 1.4 个。

花钱不重要，重要的是确保花钱有成果。这可能是所有企业在做数字化方面的共同诉求，对此，笔者有以下几点建议：

明确好目标，定义好什么叫花钱花得有效果，期望自己的数字化达到什么样的效果。在管理学中，有 SMART 原则这个说法 S（Specific）、M（Measurable）、A（Attainable）、R（Relevant）、T（Time-bound）。把数字化的目标明确化以后，就知道自己的投入，是否明确地达到了预期。

千万不要想一次性到位。企业的数字化建设，类似于一个企业的基础设施建设，是需要花很多年，逐渐建设的。不要想着一口吃个胖子。对于公司流程的梳理、公司历史数据的整理、人员数字化素养的培养，这些都非一夕之功。现在数字化做得好的企业，无不是花了多年时间，从文化到基础设施，从考核到绩效，从人才到供应商体系都非常健全，才可以做到。

不要因为市场下行就失去信心。数字化是一个长期的事情，而企业的市场波动却是每年、每季度、每月都在发生的。笔者见到太多企业，在市场好的时候决心很大，大力投入数字化建设，但是没过两年，利润下滑，就又开始砍掉数字化项目，甚至裁撤数字化人员。积累了数年的数字化能力，一夜回到解放前。企业在数字化投入中，还是需要坚持长期、稳定的策略，让时间来给出结果。

5.3 数字化建设失败的四大原因

企业数字化建设失败的四大原因如表 5.3 所示。

表 5.3　数字化建设失败的四大原因

原因	描述
失去高层领导支持	数字化项目绝大部分是由高层推动的，高层的变动及不支持，会让整个数字化建设陷入失败的漩涡
来自员工 / 合作伙伴 / 客户的抵制	数字化系统刚开始会触动、伤害部分人的利益 中间的过程反而会增加一线员工的工作量 忽略供应商的利益
不切实际的目标	高估数字化的效果 被各种概念忽悠 过度追求用户体验 追求自主可控
难以坚持	企业的数字化往往需要很长时间的建立 职业经理人忽略投资能长远产生业绩的数字化

5.3.1　失去高层领导的支持

一个公司的数字化项目的建设，究其根本，肯定是有一个或多个痛点需要解决，痛点可以是当前迫切需要解决的问题，也可以是对未来可能面临问题的预判。这个痛点，必然来自于公司高层的认知，所以，也可以认为，一个公司的数字化项目，绝大部分是由高层推动的，必然是有高层领导支持的。

但数字化项目失败的第一原因，就在于高层的支持没有了。落到具体的事件上，可能是高层发生了人事变动，可能是高层突然发现有更重要的事情亟待处理，再也无暇顾及数字化的项目，也有可能是高层的工作思路发生了转变，原先突出的痛点现在不痛了。

笔者在服务国内很多企业中还发现，原先一套运行得非常好的数字化系统，经常由于企业的高层变动被废弃，而一个企业更换最高负责人往往带来的是数字化系统的重构。这种现象非常有意思，这一方面说明高层领导对数字化系统的重视，另一方面也证明了高层领导对数字化系统存活的影响力。

高层的变动，以及高层变动带来的整个组织的变动，也会让整个数字化建设陷入失败的旋涡。数字化项目改进整个企业的经营效率、盈利水平，大多是基于某个组织来进行改进的，组织本身变化了，目标也就消失了。很多企业的组织，每几年都会变化。如果遇到数字化项目的建设周期比较长，恰逢组织变动，不但项目的实施难度会增加，更会导致整个项目的失败。

5.3.2　来自员工/合作伙伴/客户的抵制

从理论上来说，数字化系统是应该给一线员工赋能，提供帮助的工具，甚至是智慧大脑，但实际上，情况远比想象得要复杂。

首先，数字化系统刚开始，就会触动、伤害部分人的利益。这一点在二十年前掀起 ERP 浪潮的时候就出现过，成为数字化系统经久不衰的话题。数字化系统让原本不透明的东西变得透明，那么原来在不透明的情况下部分人能获得的利益就获得不了，必然会抵制。所以，推进数字化系统往往会伴随利益链条的重新分配、洗牌。但如果硬着陆得厉害，没有缓冲的方法和手段，往往会导致数字化系统的失败。

企业的组织过大，也难免组织中各个部门会有厚重的部门墙，甚至在部门之间形成竞争、争斗、邀功的情况，在数字化项目进行过程中，经常看到各个部门因为利益不一致、观点不一致，甚至是内部争斗的情况，而给项目施加了众多的阻力，甚至最终导致失败。

其次，数字化系统的初衷是好的，但是中间的过程反而会增加一线员工的工作量，甚至改变一线员工的工作习惯。当这些改变让人无法接受时，一线员工的反对声音会变得特别强烈。举个例子，很多企业都有利用智能手机 App 来推进数字化的解决方案。但是有些员工工作的场景是地下室，4G/5G 信号不好，根本无法使用，抵触情绪极大。

最后，合作伙伴、上游供应商、下游客户，也是企业需要重点关注的对象。

很多企业数字化是依赖于上下游一起共同协作，而在数字化过程中，如果过多地考虑自己的利益，忽略了供应商的利益，也会是失败的诱因。

5.3.3　不切实际的目标

现在数字化的概念实在太火热，大部分企业的管理者都知道数字化非常有用，而不会低估数字化的效果。但高估效果的事情时有发生。

高估数字化的效果。有一些企业自己做了一些数字化的工作以后，喜欢对外宣传，宣传的时候不免会添油加醋，稍微夸大一些，说者无心听者有意，这就使得整个市场环境中，对数字化能做到的深度，或者说能起到的效果会产生高估。在高估下，花了钱花了时间，发现并未得到自己想要的效果，企业不免会失望，更会怀疑数字化这件事本身。

被各种概念忽悠。数字化行业离科技比较近，很多概念横行，比如这几年特别流行的中台的概念，最初大肆宣传中台的阿里，自己把自己的中台都拆了，很多企业老板看着自己的中台不知道后续该如何处理，其实一个企业该不该上中台，如何上中台，都需要经过仔细地思考。类似地，容易让企业进坑的概念还包括，数字银行、云原生、数字孪生等。不是说这些概念不对，而是这些概念想要落地会非常复杂，是否适合企业，要做深入的思考。

过度追求用户体验。还有一种现象，就是 2C（To Consumer，面向消费者）互联网特别追求用户体验，所以很多企业的管理者基于对 2C 互联网的认知，希望自己公司数字化的体验也达到一流互联网企业的水平。但实际上至今为止，企业如果过度追求数字化的用户体验，则数字化的成本会成倍地上升。大家可能都能感受得到，微信即使在信号很弱的地方，其他 App 都打不开的情况下，仍然能收发消息，这实际上和微信在底层通信技术上的投入有关，普通企业级的应用，很难达到这样的用户体验水平，从目前看 SAP、Salesforce 的用户体验均不够好。数字化还是要关注数字化本身给企业带来的价值，用户体验虽然重要，但不能主次颠倒，过度追求。

追求自主可控。数字化的根本目标是帮助企业服务好客户，提升竞争力，节约成本，增加收入。很多企业在刚开始做数字化的时候，就瞄准了要拥有自主知识产权，数字化系统要部署在自己的机房内，源代码要自己拥有。这样的诉求本身没有错，特别是对于行业龙头、五百强企业，这样的诉求完全可以理解。但是如果企业规模不大，过度追求自主可控，就错过了数字化最重要的目标，可能也会错过数字化的时机，或者导致项目的直接失败。

5.3.4 难以坚持

有人把数字化比喻成信息高速公路，现在回头想想，这种比喻其实很恰当。一个城市，高速公路修建通了以后，是不是经济马上就一飞冲天了，GDP能每年增长多少是否可以明确地计量了，答案都是否定的，都是需要漫长的过程的。

除了修建高速公路，地方经济要发展还有别的很多因素，还得修建机场，修建高铁。企业的数字化也一样，不是用了一个系统，数字化水平就大幅提升了。往往需要很多年，很长时间的建设维护。招商银行的一网通——网上银行业务开始于 1997 年，整个银行的数字化从 1997 年开始至今都没有中断过。

每当准备开始建设数字化的时候，很多企业管理者都会问多长时间能起到效果，或者直接问能给公司赚多少钱，节省多少成本，ROI 是多少。虽然关注ROI 本身没有任何问题，但务必知道，数字化建设是一个漫长的赛道，企业的数字化不能一天建成。有数字化的基础设施，有数字化的制度，有数字化的人才，众多合力在一起，才可能在某一天发挥重要的作用。

很多企业会雇佣职业经理人。职业经理人一般都有任期，所以有时候会更加注重眼前利益，而忽略投资能长远产生业绩的数字化。复杂的数字化项目有的时候需要长达一年甚至一年以上的时间，数字化项目上线以后，不可避免地带来短时间的混乱甚至和以前相比更为低效，这些都是需要有坚持的恒心和毅力才能够最后取得成功的。

5.4 如何选择供应商

前面说了数字化建设失败的四大原因，如果说有第五大原因的话，那就是选择了错误的供应商。所以在这里，专门把如何选择供应商单独拉出来作为一个课题来讲（如表 5.4 所示）。

表 5.4　如何选择供应商

问题	答案
在同行处成功的供应商会不会在我这里也能成功？	在一家企业成功完成了数字化的供应商，就代表这家企业在底层能力上具备成功的可能，而且在这家企业积累的经验，会更加有助于在下一家企业成功
产品好或服务好？	如果判断一个数字化项目相对比较简单，业内成功的例子很多，那么就要选择产品比较好的供应商 如果这个数字化项目非常复杂且需要创新，那么就要选择服务比较好的供应商
规模越大越好？	如果一个规模较大的供应商在别的同行中有过众多的成功案例，那么几乎是最佳选择了 专注于某一个小的细分领域、有独特优势的小企业也值得考虑
是否遵循"价低者得"？	每家供应商的差异巨大 变化很多，不能一次确定 长期服务和更新迭代的能力

5.4.1 在别的同行那里成功的供应商，会不会在我这里也能成功

答案是会！非常奇怪有些企业在选择供应商的时候，会认为这个答案是否。我们认为，成功是可以复制的，在一家企业成功完成了数字化的供应商，就代表这家企业在底层能力上具备成功的可能，而且在这家企业积累的经验，会更加有助于在下一家企业成功。

有些企业会觉得，自己不一样，很特殊，所以对供应商在其他企业是否能实施成功不太关注。殊不知，天下没有一模一样的企业，每个企业都有自己的特殊性。一个供应商在一家企业能实施成功，恰恰是这家供应商具备在每一个

特殊的企业中能成功实施的证明。

有些企业觉得，自己的同行选择的供应商，自己不愿意选择。选择了同一个供应商，会显得没有新意，没有体现出自己的价值，不能证明自己慧眼识珠。我们不能认为这种想法错误，但是整体看，越是复杂的数字化项目，风险越大，用更有经验的供应商无疑会降低失败的风险。

这里笔者想重点说：供应商的经验很值钱。让企业少走弯路，是数字化成功的秘籍之一。

5.4.2 选择产品好的供应商，还是服务好的供应商

数字化项目的实施，往往不是单一的产品或者服务，而是两者的结合。经常有企业选择供应商的时候，会觉得产品比较好的供应商相对比较难沟通，做事太有原则而显得灵活度不够，往往把自己这个甲方怼得够呛。而服务好的供应商，经常是态度很好，产品问题一大堆，无论怎么骂也不生气，但是改进起来很困难。

那到底这些数字化供应商们，为什么不能做到产品又好服务又好呢？我们经过仔细观察，发现国内的数字化供应商，普遍公司规模还不大，企业的文化气质深受创始人影响，如果创始人的背景是产品研发，往往是产品比较好，而服务比较差；如果创始人的背景是销售和服务，往往服务比较好，产品做得就一般。

如果确实做不到两全其美，那到底选产品好的还是选服务好的呢？我们认为，如果判断一个数字化项目相对比较简单，业内成功的例子很多，那么就选择产品比较好的供应商；如果这个数字化项目非常复杂且需要创新，那么就要选择服务比较好的供应商。

当然，如果见到了一个产品和服务俱佳的供应商，千万不要犹豫。

5.4.3 供应商的规模越大，是不是越好

很多企业在选择供应商的时候，都会希望供应商的规模大一些，比如公

司注册资金更高，是否是上市公司，获得了几轮融资，都会是企业选择的参考因素。

那么，选择的供应商规模越大，就越好吗？

我们认为，选择规模太小的供应商，肯定有风险。数字化行业，竞争激烈，企业的生命周期普遍比较短，规模越小的企业，经营的风险越大，这是确定的。并且由于一个企业的数字化项目的生命周期往往会持续五年，甚至更长，如果供应商在这个生命周期中倒闭或者经营陷入困境，往往不能按照合同要求继续履行提供服务，或者无视自己的声誉临时大幅涨价，那么会给甲方企业带来非常大的困扰。从这个角度来说，大的供应商肯定是安全系数更高的。

如果一个规模较大的供应商在别的同行中有过众多的成功案例，那么几乎是最佳选择了。SAP 公司在中国大型企业 ERP 中获得良好的市场份额，主要来源于这点，选择 SAP 这样大型的公司，就离成功更近一些。

但是选择更大规模供应商的时候也要注意，大企业不是万能的，大企业也不会擅长所有的领域。最值得大家警惕的选择是，让大企业做不熟悉、不擅长的领域。大企业虽然有前面说的那些优点，但是规模大以后，灵活性自然也有所缺失，在面临新的领域时，往往调整的速度慢，流程烦琐，更加容易失败。

此外，有很多企业觉得大供应商有时存在店大欺客的情况，服务比较差，经常这也不同意，那也不答应。从笔者的认知来看，这里很多情况下是误会。大企业之所以能做到大企业，很多时候是依靠流程和制度来做企业的管理，这样的管理将会避免企业的经营风险，防止陷入不可控制的局面。给外界最直接的感受就是有所为有所不为，让客户会觉得架子比较大。当然，也不排除有些企业规模大了以后，客户增多，服务质量下降。

反观小企业，因为规模小，所以往往专注于某一个小的细分领域，在这个领域中，有着独特的优势，并且投入足够。所以，也是企业值得考虑的选择。

5.4.4　数字化项目，供应商的选择是否要遵循"价低者得"

企业想要降低自己的采购成本，大多数情况下会采用招标的方式。在招标中一种是技术和商务分别打分，根据综合评分来选择出供应商；还有一种是"价低者得"，默认所有供应商都是合格供应商，然后选择价格最低的供应商。

实际上，数字化供应商的选择，特别要注意这种"价低者得"的选择方式，原因有以下几个。

1.每家供应商的差异巨大

和企业其他的供应商不同，数字化领域的供应商每家差别很大，而且这些差异，对外不可见。对于软件供应商来说，都是相同功能的软件，内部的构造，代码的健壮性、安全性，其实差距很大。对于一般企业来说，很难去更加深入地了解其中细节的差异。对于服务的供应商来说，由于数字化服务不像酒店、旅游这类服务那样容易标准化，所以也很难分清楚各家供应商的差异，报高价的不一定是高质量服务。

2.变化很多，不能一次确定

一个数字化的项目，往往变化很多。主要是因为很多数字化的内容，很难在项目刚开始的时候想得很清楚很全面，因此有的数字化项目，由于后期变化而发生的费用比项目立项的时候划定的费用总额还要多出很多，这就让"价低者得"的操作方法变得意义不大了。

在选择供应商时，多考虑供应商对待变化的态度，对于变化产生的价格预期，以及在别的客户那里有没有因为变化而收取高额费用这些点，才是控制整个项目成本的关键。

3.长期服务和更新迭代的能力

一个数字化项目，往往不是一期就建设成功的，随着时间的推移，原有的数字化项目将会不再能适应不断变化的企业的需求，一般来说，都会进行二期、三期，甚至四期的建设。只有不停地更新迭代，才能让一个数字化项目的生命周期最大化，只有生命周期最大化了以后，整个项目的综合成本才会下降。

所以，考查供应商，不要仅看当期的价格，更要看这家供应商有无长期更新迭代的能力，是否能顺利地配合企业做好项目的二期、三期。

另外，供应商的开放性也至关重要，系统内所有的数据是否能导出，是否能够随意地在各种云或者本地服务器之间做数据迁移，这种开放性意味着当供应商不能持续满足需求的时候，企业是否能通过其他供应商对项目进行补充甚至替换。

第6章 渠道数字化的技术、工具和平台

每个品牌商企业都希望加快渠道数字化的进程，依靠数字化带来渠道效率和竞争力的提升，跑在同行的前面，获得高速增长。通过和很多企业CIO的交流，我们发现大部分企业并不知道如何才能加快渠道数字化进程，无论是在技术选型时还是在工具选择时都没有清晰的判断标准，或是坚持一个错误的判断标准，导致企业在渠道数字化建设时走了很多弯路，不仅浪费了钱财，更耽误了时间，还可能错过了企业快速发展窗口期。也有企业管理者因为对渠道数字化价值的低估而做出"退而求其次"的决策，选择了更落后的技术方案和更便宜的工具软件，这必将导致和竞争对手之间的数字化水平差距越来越大，这样的决策的确让人费解。

我们看到企业在选择渠道数字化的技术方案和工具时，有一些错误观念（如图6.1所示）。

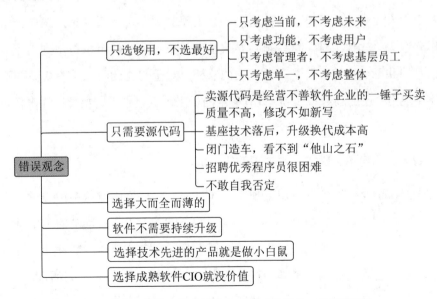

图 6.1 企业选择数字化的技术方案和工具时的一些错误观念

1.错误观念一：只选够用的，不选最好的

软件是一个可持续成长的虚拟系统，无法轻易找到可以替换其全部功能的另一款软件，若现在选择的软件工具无法随着业务的发展而成长，终究有一天要尝尽"更换"所带来的痛苦，所以"只选够用"的原则在软件选型时是不合适的，必须有更完整、更长远、更前瞻的考虑。

"只选够用"可能体现在以下几个方面：

只考虑满足当前需求，不考虑未来需求延伸。

比如：选择一个产品迭代慢的软件工具；或者选择一个落后的技术方案。这些选择随着数字化建设的深化就会暴露出跟不上发展的问题。

只考虑满足功能需求，不考虑用户体验需求。

比如：选择一款用户体验不佳的定制软件；或者选择一个不符合移动端技术发展趋势的技术方案。这些都会导致用户体验不好。

只考虑管理者需求，不考虑基层员工需求。

比如：选择一个只有强管控员工，没有激励员工的软件工具；或者因为管理者相信人性本善，而不考虑基层团队会出现劣币驱逐良币现象，选择一个容易作弊造假的软件工具。这些都会导致基层员工的公平性诉求得不到满足，员工反对的并不是管控，而是毫无目的的监控，对于优秀的员工而言更希望通过管控体现出自己的勤劳和业绩，只有懒惰的员工才希望毫无管控可以浑水摸鱼，管理者要清晰地认识到这一道理。

只考虑满足单一需求，不考虑整体需求。

比如：企业要上一套费用管理系统（TPM），只考虑财务部门的费用核销需求，忽略销售部门的促销活动执行需求，选择了一个没有移动端的 TPM 软件；或者因为管理者想监控员工行为，就选择一套只有定位功能的软件，没有考虑更多的业务需求。这些选择都会在整体需求出现时无所适从，想换掉却碍于不希望自我否定当初的决策，不换掉又无法响应完整的业务需求，让自己陷入两

难的境地。

2.错误观念二：技术不重要，只要交付源代码就行

有少数品牌商拥有一定数量的自建 IT 研发团队，希望用自研来解决渠道数字化问题，如果研发人员数量足够，看似是可行的。但往往受限于 IT 预算而无法建设足够大的 IT 自研团队，所以从 0 开始自研变得不那么现实，于是就选择购买一个"半成品"源代码，然后再以此为"基础"进一步自研。

目前看，这一模式想获得成功是很难的，主要有以下几个原因：

1）卖源代码是经营不善软件企业的一锤子买卖

试想一下，是什么样的软件公司会把自己的源代码拿出来出售？源代码就像一个软件企业的"血液"，企业要不断依靠这些"血液"维持自身的"健康"经营，但凡能有其他出路的企业，也不至于靠"卖血"生存。这样的软件企业必然是自身经营不善的，甚至过几年会倒闭，是绝无可能提供优质的源代码和后续的技术支撑服务的。比如：像 SAP、Oracle、Salesforce 这些头部软件企业，没有一家是靠出售源代码获得持续发展和成功的，中国的用友、金蝶等头部软件企业也是如此。

2）源代码质量不高，改代码还不如写新代码

很多企业购买源代码后发现自己跳入了一个"大坑"，由于源代码质量不高，自研团队改起来非常痛苦，仅仅是解决缺陷（Bug）就会把团队搞得筋疲力尽，更别谈再二次开发新的功能模块了。

由于源代码的结构设计不合理，业务耦合不合理，代码缺少注释，文档和代码对不上，数据结构设计不合理，代码没有考虑安全性问题……复杂程度远超想象，想全部解决这些问题几乎是不可能的，甚至还不如自己从 0 开始写新代码。

3）源代码基座技术落后，升级换代成本极高

如果能买到质量不错的源代码已经是万幸了，但同样面临基座技术的落后

问题，在技术日新月异的今天，即便是框架代码也必须两三年做一次大升级，这需要较大的研发投入，对企业的 IT 自研团队来说是个不小的挑战。

如果不升级换代，不出五年就落后了，不仅无法满足新的业务需求，就连招聘老技术方面的人才都很难了。比如：前后端代码分离是发展趋势，如果企业不做这样的技术升级，过几年想招聘到前后端技术都精通的人都很难。

4）闭门造车，看不到"他山之石"

企业依靠 IT 自研软件系统，技术障碍还不是最大的问题，只要舍得投入，高薪招聘一流的技术人才，构建数百人的研发团队，技术问题也能得到解决，无非就是成本高一些。但在需求认知方面，只懂自己的业务，不懂同行在做什么，不知道最先进的公司在做什么，这些是无法通过 IT 自研团队实现的。

我们看到很多企业的 IT 自研团队，因为对业务认识的深度不够，对业务理解的广度不够，最后只能成为业务部门的"系统翻译器"，业务部门说要做什么就做什么，无法和业务部门深度探讨价值，无法找到衡量价值的方法，更无法引领业务部门做数字化建设。

5）招聘优秀程序员很困难

如果甲方企业的 IT 团队规模较小，招聘程序员将是一件非常困难的事情，对于自建研发团队的 IT 管理者应该都深有感触。网上有很多指导程序员如何选择雇主的文章，除了企业规模、发展前景、福利待遇、工作强度等考量因素以外，从"研发产品性质"这个角度的大体选择顺序是：产品型乙方软件公司 > 半产品半项目型乙方软件公司 > 项目型乙方软件公司 > 甲方公司软件研发团队 > 外包型乙方软件公司。程序员之所以这么选择，主要是因为他们还会看中雇主在"持续保持技术先进性、晋升通道天花板高低、用户价值带来的成就感"等方面的表现，通俗来说，程序员更喜欢选择一个保持技术先进性的环境从而有利于自身的技术进步，更喜欢选择一个能看到未来晋升通道很宽广的高成长型团队，更喜欢选择自己开发的软件具有明确的商业价值以期带来更大的工作成就感。

6）结果再差也不敢自我否定

企业 CIO 一旦决策购买了软件源代码，便会陷入尴尬的境地，一方面饱受以上提到的那些"痛苦"，另一方面却只能"忍气吞声"。毕竟购买源代码是自己做出的选择，CIO 又怎么好意思向总经理、董事长承认是自己的决策错误呢，于是只能选择默默承受。还有一些 CIO 迫于企业董事长、总经理选择购买源代码的偏好不得不这么做，也许 CIO 认为这并不是我做的决策，即便"搞不下去"也并不会怪到自己的头上，其实这样的想法是错误的。试想一下，如果"搞不下去"了，董事长、总经理会不会认为是 CIO 技术能力不行？最终"背锅"的还是 CIO。更重要的是，企业也会因为这样的决策而耽误了企业数字化进程，影响企业发展，还会影响所有管理层的绩效。所以，即便是董事长、总经理执意选择购买源代码，作为 CIO 也应该理智地前去劝阻，否则最终造成"双输"的可能性极大。

3.错误观念三：选择大而全而薄的

我们经常在投标时看到有些甲方企业会准备一个功能点打分表，供应商满足的功能点越多则得分越高，这是一种常用的评估供应商功能完整性的方法，这一方法会忽视更重要的考虑：这些功能点是否真正可以满足企业的需要？是否用 POC（Proof of Concept，验证性测试）验证过？是否在局部试点验证过？

鉴于部分甲方企业有这样的评分标准，供应商们开始不断叠加功能点，无论功能是否可用、是否有用、是否好用，先把功能点开发出来，至少看上去有这样一个功能菜单和界面，看上去大而全。但如果这些功能点是"薄"的，最终还是无法真正帮助企业解决业务问题。

4.错误观念四：软件不需要持续升级，买断就可以使用十年

直到今天，还有少数人的企业软件选型观念停留在 20 年前的"光盘时代"，认为购买一款软件可以持续使用 10 年甚至 20 年，从而选择一次性买断软件的永久使用权，试图通过这种方式节省长期成本。要知道，受社会环境、政治环境、技术进步等因素的影响，各个行业市场不断发生变化，企业必然需要采取新的

业务模式和新的管理方法加以应对，从而会不断产生新的数字化需求，软件不能升级也就意味着这些需求无法得到满足，进而影响企业的管理效率提升和业绩增长。

云计算的技术成熟让几乎所有的软件都变成了在线软件，无论是消费类软件、企业类软件，还是政府类软件，"在线"的好处就是可以更快速地迭代升级，升级周期从数年缩短到一年、一个月、一周，甚至更短。这让软件的成长速度惊人，以应对需求侧的快速变化。

5.错误观念五：选择技术先进的产品就是做小白鼠

随着软件技术的迅速发展，新技术的成熟周期也在不断缩短，很多新技术得以较快地应用在各个企业管理领域，解决了很多一直无法解决的"老问题"，企业管理软件也变得越来越智能化。

我们常常看到一些企业率先尝试选择采用新技术的软件，是因为这些企业更具有冒险精神吗？是因为这些企业拥有更充足的资金用于尝试吗？还是因为这些企业更需要新技术来体现 IT 部门的业绩？在我们看来都不是，而是这些企业深知要想领先竞争对手，事事都必须"快人一步，胜人一筹"，当新业务模式和新技术出现时，他们会更加敏锐地发现并付诸尝试，希望借此构建或扩大领先优势。并且他们还知道，如果新技术成熟并普及后，即便这些新技术确实很有价值，但所有竞争对手都使用就意味着大家都处于同一水平了，所以自己必须率先尝试采用，哪怕这项技术是有瑕疵的，是不完美的，只要新技术带来的改进可以让自己领先于竞争对手，就是很有价值的，这也被称为"新技术红利"。

6.错误观念六：选择成熟软件，CIO就没价值了

有的企业领导认为CIO是一个技术岗位，要解决企业建设各类IT系统的技术问题才是有价值的。这一观念会错误引导CIO变成CTO，因为CIO感觉到只有自己解决了技术难题才能获得好绩效，从而更倾向于选择自建研发团队开发

软件，而不会倾向于选择购买成熟软件、SaaS 软件。因为只要这样 CIO 就可以变成 CTO，依靠带领一支自研技术团队才能牢牢在企业中站稳根基，才能受到企业领导的认可。

其实，CIO 的最大价值在于其通过数字化让企业更快地发展，包括支撑产品研发部门创新更多的产品，支撑营销部门提高销售效率，支撑客户服务部门提升服务质量和客户满意度，支撑人资部门招聘和留用优秀人才，支撑数字经营部门制定更合理的绩效考核，支撑财务、法务部门降低企业经营风险，总的来说就是提升企业内部的管理效率，增强企业的外部市场竞争力。只要 CIO 能实现这一目标，无论使用什么技术手段实现，CIO 都是有很大价值的。

可见，在软件选型时若还存在这些错误观念，必然会影响决策结果，无法选到一个可持续提供价值的软件。那么，在渠道数字化软件选型时，应该遵从哪些最优的技术原则呢？从目前的技术基本面看，以下几个技术选型策略是渠道数字化实施成功的关键，我们把这些选择策略总结为 SPAD 策略。即 SaaS（S）、PaaS（P）、AIaaS（A）、DaaS（D）。

6.1　选择 SaaS，低成本实现渠道数字化转型的最优解

SaaS 模式至今发展 20 多年了，已经不是新鲜事物，但我发现我们对其仍然知之甚少，甚至还有一些误解。互联网上有非常多关于 SaaS 的文章，但大多都是从投资人视角和 IT 技术视角做的解读，鲜有站在传统企业用户视角解读 SaaS 的文章。那么，SaaS 模式对传统企业来说到底意味着什么？价值体现在哪里？是否值得选择？长期看是否有弊端？这些问题一直困扰着传统企业的数字化决策者。

大家通常说：客户的需求就是"多快好省"，企业在数字化建设时也一样希望"多快好省"，可以理解为：功能多、上线快、质量好 / 体验好 / 服务好、

省钱。从这四个方面来说，SaaS 软件的表现如表 6.1 所示

表 6.1　SaaS 软件的"多快好省"

优势	表现
多	SaaS 软件始终保持高速的自我迭代，功能众多 SaaS 软件非常灵活，提供大量的配置参数供企业选择
快	只要注册开通一个企业账号即可使用 提供了一系列的数据初始化工具，方便企业快速完成上线前的数据初始化工作，缩短了对接的开发周期
好	SaaS 软件在架构设计和代码质量控制方面都会更加规范 SaaS 软件有更好的用户体验 SaaS 模式包括更好的服务水平
省	相比买断软件投入和自研软件投入而言，SaaS 软件的租用费投入是最小的

1. "多"

因为 SaaS 软件一直坚持标准化的迭代，将很多客户的共性需求都抽象设计成了标准功能，日积月累形成了强大的产品功能。当然，SaaS 软件也有一个逐渐成熟的过程，初期的功能也许没那么多，但很快就能追赶上来，这是标准化迭代模式所带来的优势。SaaS 软件始终保持高速的自我迭代，像是一个不断长大的孩子，每天都在成长。传统套装软件数月迭代一个版本，定制项目每一次迭代都因为要付费导致迭代较慢，而 SaaS 软件可以做到每月迭代、每周迭代，甚至每天迭代，只要升级就能让所有客户免费体验到更多功能。比如：勤策的客户端软件可以做到每半个月迭代一个版本，服务端软件每年迭代升级千余次。这样的迭代是随着企业数字化需求的深入而持续进行的，帮助企业不断扩大数字化价值。

同时，因为 SaaS 软件要满足不同企业的不同需求，会将软件设计得非常灵活，提供大量的配置参数供企业选择，长此以往，无论是对业务广度的功能覆盖，还是对业务深度的功能渗透，SaaS 软件都会有更好的表现。

2. "快"

SaaS 软件采用云部署的方式，只要注册开通一个企业账号即可使用，无须

企业准备网络环境和服务器设备，不需要自行安装部署，更不需要自行将 App 上架到应用市场，也不需要自行准备个人隐私保护的合规文件和软件改造。这几件事情中的任意一件都是极其麻烦和耗时的，企业自己准备往往要花费数周或数月才能完成，有的甚至因为法规问题导致始终无法完成。比如，某应用的苹果应用市场证书未审批通过、个人隐私协议不合规，则都无法上架该应用。

SaaS 软件提供了一系列的数据初始化工具，方便企业快速完成上线前的数据初始化工作；还会提供标准的 OpenAPI 以供和外部系统做数据对接，缩短了对接的开发周期。

可见，SaaS 模式在系统搭建、数据初始化、外部系统对接等方面的速度都是好于传统软件的，实施上线更快。

3. "好"

由于 SaaS 软件采用标准化产品开发流程，有着更加严格的软件工程管理，无论在架构设计，还是代码质量控制方面都会更加规范，会比定制软件的质量明显高很多。软件工程是一个极其复杂的管理工程，不仅要管理好很多复杂技术的运用，还要管理好大规模协作的过程，更要管理好不断升级的版本迭代过程。这比建筑工程的管理更加复杂，毕竟建筑工程盖好之后不会再更改设计图纸重新施工，而软件是要不断迭代更新的，在原有基础上如何升级改造且要保证高质量是极难的。这需要配备专业的软件人才和技术管理团队，建立完善的管理机制，才能做出一款高质量的软件产品。

同时，企业的软件需求已经从少量员工扩大到全员使用，不再像过去 ERP 系统那样仅有少量管理者使用，有的企业需要几万人、几十万人同时在线使用，所以员工对软件的用户体验有了更高的要求，包括：支持移动化访问、数据加载速度快、网络不好时可以离线使用、操作简便、交互体验流畅等。要想满足这些需求，不仅需要软件供应商掌握先进的互联网软件技术以解决大并发访问的问题，还需要有经验丰富的大数据团队解决大数据量下的访问效率问题，更需要有专业的用户体验设计团队对每一个交互细节做精益求精的优化，这些专业团队都是 SaaS 软件公司的标配，但在传统软件和定制软件公司基本是没有的，所以 SaaS 软件有更好的用户体验。

另外，SaaS 模式不仅仅是软件，还包含服务，服务得好不好也非常关键。我们都知道数字化能否成功落地，SaaS 供应商需要面向企业的 IT 团队、业务管理者、基层员工用户提供及时响应的服务，这需要 SaaS 公司配备"项目管理团队""客户成功团队""客服团队（一线坐席 / 二线坐席）"三个不同的团队才能提供匹配的服务。项目管理团队负责新项目交付，客户成功团队负责软件使用的全程服务，一线坐席负责为基层员工提供实际操作指导和问题咨询，二线坐席负责解决企业使用过程中面临的数据错误等非软件故障。这样的服务模式帮助企业降低软件实施难度，提升企业员工的使用体验，无疑是更好的。

所以，无论在软件质量、用户体验方面，还是在服务水平方面，SaaS 模式都有更好的表现。

4."省"

企业购买软件时，花费是很重要的考量因素，相比买断软件投入和自研软件投入而言，SaaS 软件的租用费投入是最小的。

买断软件的一次性费用，购买决策者往往认为可以折算到 10 年、20 年会很划算，其实两三年后就会发现买断软件已经无法满足日益增加的业务需求，买断软件就变成了"食之无味，弃之可惜"的"鸡肋"；风险更大的是买断软件往往无法通过 POC 测试的方式评估需求满足度，购买后发现有诸多功能无法满足需求却一次性花费了较多，试错成本就很高了。

自研软件的投入就更高了，组建一支优秀的软件开发团队有着极高的成本，如果开发成果无法复制给更多用户使用，成本就无法被分摊，企业将独立承担所有的开发成本；而且随着软件技术的不断升级，软件架构也要随之重构，成本就更高了，这些成本都要一个企业来承担，无法实现边际成本递减。

而 SaaS 软件按年租用的方式，让企业能够以较低的成本启动数字化，长期来看 SaaS 软件不断免费升级同样会带来长期成本下降，可以说是最经济的选择。

可见，SaaS 软件是渠道数字化转型的最佳之选！

6.2 选择 PaaS，高性价比满足个性化需求的最佳方式

对于小微企业而言，业务流程复杂度和管理难度都不高，很少有个性化需求，并且还没有意愿为个性化需求付费，所以面向小微企业的 SaaS 软件往往采取标准化方式交付。当企业的规模不断增长时，业务范围变宽，产品变多，员工数量变多，管理流程变得更加复杂，也需要不断进行产品创新，更需要不断调整市场策略，因此企业会提出更多深化和个性化的数字化新需求，这是很正常和合理的，对软件供应商提出了更高的挑战。所以，对于中大型企业而言，标准化的 SaaS 软件是无法满足所有需求的。

通常，乙方软件公司满足甲方个性化需求有以下几种方式。

（1）基于标准产品代码拉版本分支二次开发。

乙方将原来标准软件代码为每一个甲方客户拉一个版本分支，在此基础上修改原有代码或新增更多功能代码，以满足甲方企业个性化的需求。这就意味着每一个甲方企业的软件代码版本都是不一样的，当标准软件升级以后，任何一个甲方企业的软件都无法跟随升级。并且乙方也无法将甲方企业需求中比较通用的部分自动回归到乙方标准软件迭代中，标准软件必须由另一个产品研发团队重新设计开发。目前仍然有很多定制项目型软件公司采取这一模式。

（2）从零开始纯定制开发。

如果甲方在市面上既找不到标准化软件可以满足大部分需求，也找不到一家有类似业务软件开发经验的定制开发供应商，那就只能选择从零开始纯定制开发了，要么自己搭建开发团队进行自研，要么找一家外包公司定制开发。今天，这种情况已经非常少见了，除非甲方的需求非常"偏门"。

（3）基于标准产品的开发平台扩展开发。

如果乙方的标准软件具备足够的开放能力，在不改变标准软件代码的情况下基于开发平台就可以进行扩展开发，这样既可以满足每个甲方企业的个性化需求，甲方软件又可以不断跟随乙方标准软件的升级而升级，享受升级所带来的"福利"。相比前两种，第三种方式无疑是最好的。

对乙方软件供应商来说，这种方式既满足了甲方客户的个性化需求，还可以通过不断迭代让软件更加强大以满足更多的客户。在套装软件时代，SAP、Oracle、Microsoft 等公司的企业套装软件都是采用这种方式来满足中大型客户的个性化需求；在云软件时代，Salesforce、ServiceNow、Workday 也同样采用这种方式，只是所使用的技术和套装软件时代不太一样了，在"云"背景下这样的开发平台被称为"PaaS"，基于"低代码"技术架构而构建。

PaaS（Platform as a Service），平台即服务，是"IaaS、PaaS、SaaS"三种云服务之一。IaaS 是将服务器和网络作为服务提供出来交付给客户使用；PaaS 是把软件开发平台（开发环境和开发工具）作为服务提供出来交付给客户使用；SaaS 是将应用软件作为服务提供出来交付给客户使用。Gartner 将 PaaS 分为 aPaaS（Application Platform as a Service）和 iPaaS（Integration Platform as a Service）。aPaaS 是应用型 PaaS，旨在快速构建应用程序；iPaaS 是集成型 PaaS，旨在快速构建系统间集成对接。

PaaS 有诸多优点。

- 无须依赖软件供应商即可实现功能调整，更加自主可控。

- 需求变化时可快速调整，大大缩短响应需求的时间。

- 降低对开发者的技术要求，开发者无须考虑高技术难度的底层架构设计，只需考虑上层业务应用如何配置即可。

当然，客观地说 PaaS 并不是万能的，也有一些缺点，比如：

- 无法配置出复杂业务功能。

- 大数据量的性能瓶颈凸显，性能优化难度高。

- 低代码开发调试比原生开发更加困难。

- 低代码质量无法监控，难以维护。

PaaS 的优缺点可概括为表 6.2。

表 6.2　PaaS 的优缺点

优点	缺点
无须依赖软件供应商即可实现功能调整	无法配置出复杂业务功能
需求变化时可快速调整	大数据量的性能瓶颈凸显，性能优化难度高
降低对开发者的技术要求	低代码开发调试比原生开发更加困难，且质量低无法监控、难以维护

所以说，PaaS 是一种高性价比满足个性化需求的方式，但并不是最好的方式，更适合用于满足长尾需求，而不是核心需求。最核心的数字化需求还是需要通过 SaaS 方式来满足，毕竟同一行业的所有企业的核心数字化需求都是非常相似的。甚至可以说，如果你发现自己企业的核心数字化需求和其他同行有巨大差异，那首先要自我怀疑一下，是不是自己的需求有问题？是不是自己的想法不太对？是不是这个需求没那么重要？当然，有些头部企业的确在不断创新自己的业务模式和管理方式，和其他同行都不一样，这可能也会带来和同行完全不一样的数字化需求，如果企业的核心数字化需求经过推敲仍然和其他同行不一样，使用 PaaS 开发平台也未必能很好满足，对于这种情况，企业可以选择使用完全定制化开发的方式来构建创新业务的数字化系统去试错，只是这需要投入较多的资金才能得以实现。

6.3　选择 AIaaS，新技术是解决老问题的最佳途径

长期来看，无论社会环境和经济环境如何变化，近几十年来企业经营管理所面临的关键问题并没有什么变化，因为商业运行体系没有发生变化，这就

意味着很多问题并不是今天才出现的。比如：经营效率问题、资金周转问题、产品质量问题、产品竞争力问题、员工激励问题、销售效率问题、精准营销问题、费用效果问题、客户满意度问题等。总体来说，这些问题可以分为两类：一类是企业内部管理相关的问题，一类是外部市场竞争相关的问题。关于前者的论述，可以参考学习"德鲁克管理学"；关于后者的论述，可以参考学习"波特五力分析模型"，对此感兴趣的读者可以进一步研究。既然这些关键问题没有变化，在数字化时代是否可以找到更高效、更有效的方法来解决呢？

随着信息技术的快速发展，企业的很多业务活动都逐步被数字化，最简单的数字化方式就是把部分"线下"的事情搬到"线上"来完成，原来线下怎么做的，搬到线上继续怎么做，只是不用再面对面处理了而已。但随着数字化逐渐深入，大家对数字化的期待远不止于此，不少企业开始尝试用数字化作为契机重塑内部业务流程，而不是简单地"搬到线上"；也有企业通过数字化统一管理和分析数据，打通数据孤岛让数据真实还原业务问题；甚至还有企业要求数字化要能解决多年都无法解决的老问题，对数字化提出了更高的要求。

大家知道，企业数字化本身就是以技术作为依托的，要想解决老问题，必须使用新方法，这个新方法就是采用更先进的技术，而不是仅实现信息管理的普通技术。人工智能（Artificial Intelligence，AI）技术则是先进数字化技术的重要代表之一。近年来 AI 技术的蓬勃发展，让各个领域在应用层面得以不断创新，企业数字化也不例外，在"精准营销、销售预测、产品质量检测、无人零售、安全门禁、语音分析、绩效评价"等各个数字化场景中都能看到人工智能的影子。在消费品行业的业务场景中，"门头照识别、陈列商品识别、虚假照片识别、窜拍识别、价签识别"等场景都可以使用 AI 技术得以实现，可谓是用新技术解决了老问题。

通俗来说，AI 技术在渠道数字化场景中至少可以发挥以下作用（如表 6.3 所示）：

表 6.3　AI 技术在渠道数字化场景中可以发挥的作用

作用	场景
用自动识别取代人工检核	通过 AI 自动识别陈列照片的货架排面、陈列位置、地堆面积、价签价格等信息，取代了人工上报和人工检核
用算法预测取代人工统计	在统计渠道数据方面，通过 AI 自动预测渠道客户的销量和库存，取代人工上报
让数据造假成本进一步提升	通过 AI 自动识别出假门店、假陈列、假拜访、假人员，让数据造假成本进一步提升

（1）用自动识别取代人工检核。

在采集生动化数据方面，通过 AI 自动识别陈列照片的货架排面、陈列位置、地堆面积、价签价格等信息，取代了人工上报和人工检核，提升效率明显。

（2）用算法预测取代人工统计。

在统计渠道数据方面，通过 AI 自动预测渠道客户的销量和库存，取代人工上报，提升效率明显。

（3）让数据造假成本进一步提升。

在数据造假防范方面，通过 AI 自动识别出假门店、假陈列、假拜访、假人员，让数据造假成本进一步提升。

随着 AI 技术的发展，在渠道数字化领域中还会发现更多的应用场景，可以通过 AI 技术解决更多老问题。所以，具备 AIaaS 能力将是企业选择数字化供应商的必选项，而不是可选项。

6.4　选择 DaaS，懂得行业逻辑分析才能真正帮助业务决策

BI（Business Intelligence，商业智能，以下简称 BI）这个词已经众所周知，今天已经没有一个企业还在犹豫是否要做 BI，市面上也并不缺乏优秀的 BI 工具软件，但大多数企业仍然无法对 BI 带来价值清晰的定义，通常把"BI"和"统

计报表"画上等号。当我们费尽周折把所需数据清洗好，并使用一个强大的 BI 工具构造出一个漂亮的数据大屏时，我们欣喜万分；从未看到的数据第一次被展现出来的确令人激动，通常数字化建设者都会将其视为数字化的重大成果向领导展示，还要写进年度总结报告中作为优秀业绩的一部分。

您对这样的情景是否很熟悉？如果您是一位年轻的数字化建设者，有这样的做法还是可以被理解的；如果您是一位从事数字化工作 10 年以上的老兵，那您要回想一下，是不是 20 年前、10 年前也是这番情景？今天和 20 年前相比，为什么我们在 BI 方面好像没有什么进步呢？想要回答这个问题并不难，我们只要看看这 20 年 BI 工作有没有什么变化。

在 20 年前，BI 软件就已经发展非常成熟，有 Cognos（后被 IBM 收购）、Siebel Analytic（后被 Oracle 收购，更名为 OBIEE）、Crystal Decision（后被 BO 收购，BO 后被 SAP 收购）几大知名厂商。甲方企业购买这些 BI 软件以后，往往会找一家 BI 实施商来做项目实施，主要是因为当时的 BI 软件过于复杂，对实施开发者的技术要求较高，甲方企业自己很难短时间学会。随着 BI 软件的发展，易用性和可视化程度越来越高，国内也出现了替代产品，比如奥威、永洪、帆软等，这让企业 IT 部门自己实施 BI 项目成为可能，但实施者的变化并没有改变"BI 实施者不懂业务分析"这一尴尬现实，BI 实施顾问旨在快速地为业务运营管理者提供他们想要的数据，看上去很快就可以解决问题。但现实往往并不是这样，业务运营管理者很快就会面临一个困惑：BI 让我有了这些数据，那么我应该怎么做才能完成绩效增长目标？这个问题似乎不应该抛给 BI 实施者，但又似乎 BI 实施者应该从"工具人"变为"思考者"以便回答这一极具挑战的问题。但是，这一重任无论是交给 BI 实施厂商，还是交给企业 IT 部门，看上去都无法完成。

在今天，我们观察到一些变化，或许可以让你对 BI 软件行业的发展有所思考。这一变化主要是源于以上提出的问题，究竟谁来解决"数据到绩效"的最后一公里问题？我们都知道要想解决这个问题，首要前提是要有人能够理解企业的各个业务管理者的绩效目标是什么。其次是要知道实现这一绩效目标的路径是什么。最后要知道实现过程中通过观察哪些数据指标才能保证得到想要的结果。这看起来并非易事，究竟是企业管理者自己来解决这个问题？还是由外部数字化供应商来解决这一问题？

我们发现一个现象，由于业务软件公司长期专注设计业务功能，对业务流程和业务逻辑颇为精通，这样的知识环境让他们对各级管理者的需求较为敏感，他们比 BI 实施者或企业 IT 部门更能理解和参透管理者的心思，更容易构建同理心，所以各个领域的业务软件厂商正在成为 BI 专家。现在，他们已经在 SaaS 软件中开始预置一些通用的分析功能，让业务管理者拿来即用，这些带有管理思维的分析指标、分析报表可以帮助管理者更加高效地了解业务目标和过程。虽然这些预置的分析功能还不能达到很多管理者的要求，但至少可以提升企业 BI 数字化的下限，这样的形式正在成为业务软件的标配。更关键的是，随着业务软件厂商服务的客户企业越来越多，收集到的 BI 需求越来越多，这些预置的分析功能还在不断升级迭代，逐渐成长为系统化、精细化的数据服务。如果能运用一些人工智能的技术，让数据服务变得更加智能，做出一些史无前例的智能分析服务，这将会超出大多数业务管理者的期待。

也就是说，业务软件供应商早已不再把自己当作一个纯技术服务商，几乎所有的垂直行业 SaaS 公司都把"懂得行业 Know-How"作为自己的关键本领，这在 SaaS 时代已经成为共识，只有这样才能真正做到客户成功，这正是 SaaS 理念的精髓所在。而数据即服务（Data as a Service，DaaS）将会把 SaaS 公司的"懂得行业 Know-How"进一步深化，让客户通过软件不仅解决降本增效的问题，还要解决绩效增长的问题，这和企业 CDO（Chief Data Officer，首席数据官）的目标是一致的。所以说，选择具有 DaaS 能力的供应商是更优的决策。

渠道数字化实践

第 7 章　渠道数字化最佳实践

7.1　某日化企业——构建以销量和利润为导向的费用投放机制

◎ 7.1.1　项目背景

　　该企业身处日化行业，拥有 10 多个品牌，覆盖商超、百货、CS、电商等全渠道业务模式。公司的数字化建设也一直走在行业前列，拥有全面预算系统、SAP、CRM、OMS、SFA、TPM 系统、财务共享平台、零售数据平台等多套数字化系统。面临着越来越激烈的市场竞争，通路费用的投放和管理也变得更复杂多元，活动的形式越来越多，费用的计算越来越复杂，原有的 TPM（Trade Promotion Management，营销费用管理）系统已经无法支持当前的业务发展。典型体现在：原系统只服务于商超渠道下属的一个子部门的费用投放，其他的渠道并不在管理范围内；原系统并没有与相关的周边系统打通，数据的获取和审核很多都是依赖线下人工，费时费力；原系统更多的是对活动方案和流程的管理，更多地起到类似OA的管理效果，并不能深入通路费用管理的关键领域——费效比层面，进而无法真正地对费用投放起到较好的管理作用。基于上述现状，该企业亟须对原 TPM 系统进行升级重建。

◎ 7.1.2　业务问题梳理与分析

　　勤策 TPM 实施团队与该企业的业务团队经过长时间的调研与梳理，总结出该企业在通路费用管理上的问题如下：

首先是未能构建以销量和利润为导向的费用投放机制。

消费品行业很多人喜欢把通路费用管理系统称之为费控，其实这样的表述并不是很全面：一是即使费用控住了，总额没有超过，但是费用投放的活动、流向、力度不是最优或尽可能最优的，那费用控制住了，仅仅只是"方向正确"；二是费用投放的最终归属是为了产生效果，这个效果可以是经销商或商超的 sell in，也可以是经销商的 sell out——商超的 POS 数据。如果以此为衡量的标准，费用超出了，又会怎么样呢？只机械地关注费用有没有超，而没有关注每一次活动投放的合理性以及产生的实际效果，显然是一种本末倒置的行为。况且，绝大多数的企业的费用预算都不是固定死的，他们往往会综合市场竞争态势、业务发展水平等因素，以季度或半年度为单位做一次滚动以修正之前编制的预算。

文中的这家企业是一家行业领先的企业，他们对上述管理逻辑是很清晰的，核心问题是缺乏有效的 TPM 系统，导致的结果是没有办法通过系统算法和大数据有效预测费用投入可能产生的效果；没有数据辅助相关审批人员判断某档活动应不应该做，或者某家门店应不应该参加某档活动；活动结束后，无法有效汇总其多方数据，进而对活动效果做有效评估和分析。

缺乏 TPM 系统的情况下，该企业也尝试用很多传统人工的方式来避免费用投放的偏差，比如活动设置配额管理，一档活动最多让多少家门店参与；一个门店最多参加多少档，档期与档期之间至少要间隔多少天；设置重复校验检查，一个门店是否在同一时间不能同时参加相关类型的活动。上述的方式只能是在未能构建以销量和利润为导向的费用投放机制下的替补方案，不是最佳方案。

其次是全面预算系统中编制的预算颗粒度较粗，无法满足通路费用投放精细化管理需要。

所谓全面预算系统是企业用来控制内部资源分配的综合性系统，一般会包含投融经营（业务）预算、投资预算、薪酬预算、财务预算、费用预算等。其目的是帮助企业优化资源配置、提高运行质量、改善经营效益、加强风险管控。

全面预算管理注重的是企业宏观层面的控制，比如按照对下一财年的销售收入的预测加上预计投入的通路费用比例即可计算出该财年的费用预算。全面预算系统只对这个总数字负责，至于这个数字的流向是怎么样的，不属于全面预算系统的管理范畴。这就对费用管理带来问题：该企业覆盖商超、百货、电商、CS 等多渠道，缺乏 TPM 系统无法将全面预算系统编制好的预算有效地拆解到各个渠道，再拆解到不同月份或者其他细分维度。

缺乏 TPM 系统，费用预算无法在源头上拆分好，一是会导致业务部分的预算使用较为混乱，"人治色彩"较为浓重；二是财务同事做预实分析的时候，无法准确有效地知道费用究竟流向了哪些地方；三是做活动方案审核的时候，也无法准确计算出某品类或某 SKU 的费用投入情况怎么样，有没有高于它的毛利；四是会导致财务的事前监督作用形同虚设，只能承担事后的合规性审核工作和账务处理工作，这与该企业一直以来所倡导的"业财一体化"的蓝图规划相去甚远。

最后是活动方案、计划、执行、结案、核销等环节管理粗放，无法实现通路活动的可视化管理。

通路活动管理的整体流程大概就包括，方案—计划—执行—结案—核销 5 个环节，不同的环节在管理上都存在一些相应的问题：

（1）**方案环节**：覆盖多渠道，客户多元化必然导致活动方案的多样性，不同的活动可能来自不同的系统，比如经销商的合同返利在返利系统中设置；商超的活动在原来的 TPM 系统中设置；百货的活动（消费者）在 CRM 系统中设置等。通路活动方案没有统一的归口就导致活动管理很分散，衍生出来的活动方案审批、分析都需要分在多个系统，最后导致活动的管理存在较大的割裂感。另外，该企业对活动方案策划的科学性是有更高的要求的，他们希望通过大数据、算法构建活动策划的模型，通过这个模型给出活动是做还是不做，在这个渠道做还是那个渠道做的建议。现在由于缺乏 TPM 系统，这件事自然也无从谈起。

（2）**计划环节**：计划环节冻结预算，遇到跨年度的计划，由于第二年的预算并没有编制，因此只能全部算到前一年度的月份中，导致部分周期活动预算非正常超出的问题。另外，计划的提报也分散在多个系统中，甚至很多是线下提报的，操作费时费力。

（3）执行环节：不同的活动在不同的系统中执行，系统之间无法自动实时获取相应的执行数据，执行的数据需要人工线下汇总处理，费时费力，准确性亦无法保证。

（4）结案环节：活动有效结案需要汇总各种数据，由于数据是分散的，数据的人工汇总费时费力。另外，一些执行类的活动的结案需要根据当时业务人员在 SFA 中采集的照片内容数据，且存在参加活动的 SKU 数较多的情况，结果审核的人员较难从一张张图片中有效识别哪些 SKU 是参加活动的，且是否合格。

（5）核销环节：该企业的核销支付方式包括票扣、账扣、免费货、现金等多种，不同的支付方式需要的处理方式不一样，账号需要关联发票来进行发票的识别、验真；票扣需要跟 SAP 对接，传递折扣信息给 SAP。缺乏 TPM 系统的情况下，核销支付方式只能是人工记录标识，人工校验发票并管理余额，人工录入折扣信息进 SAP，人工在 SAP 中对着单据记录会计分录。

7.1.3 项目建设方案

1.构建以费效比为核心监测指标的费用管理体系

本项目的最终目的是构建以销量和利润为导向的费用投放机制，费效比是活动销量和利润的有效诠释。因此，本次项目行动指南就是构建以费效比为核心检测指标的费用管理体系。这个体系以费效比为主线，贯穿其活动方案—计划—执行—结案—核销等多个环节。让每一个环节的流转都受到费效比的管控。具体而言：

预算编制阶段，厂家基于对市场的判断，对客户明年预计的进货量或金额做出预测。比如 2023 年 1—12 月，某客户每个月进货 100 万元，按照 10% 的费比，每个月的理论预算为 10 万元。

该客户 1 月份的可用预算＝理论预算＝10 万元

该客户 2 月份的可用预算＝2 月份的理论预算 ± 一月份的赤字或结余

1 月份该客户申请使用了 9 万元，结余 1 万元。1 月份结束，该客户的 1 月份的实际进货额为 80 万，按照 10% 的费用，1 月份的实际可用预算为 8 万元，故 1 月份赤字 1 万元费用。因此：

该客户 2 月份的可用预算 =10 万元 -1 万元 =9 万元

为了有效应对市场的变化，该厂家还会以季度为单位，做预算的滚动处理。具体而言，Q2 季度每个月理论预算会根据 Q1 季度每个月的实际的进货金额的完成比例做调整。比如，原计划 Q1 中 1—3 月，每个月进货 100 万元，理论预算为 10 万元 / 月。Q1 结束后，实际的结果是每个月实际进货为 80 万元，那么 Q2 季度，每个月的理论预算就应该乘以 80%。依次类推至 Q3、Q4 季度。

上述预算编制方式有效体现了“费效比”的原则：一方面，预算全部都是来源于前方业务，不存在凭空产生的预算；另一方面，预算的变化也是来源于前方业务的变化，预算可以及时反映前方业务的变化。基于客户发货额的滚动预算管理流程如图 7.1 所示。

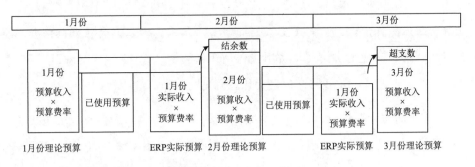

■理论预算是当月可申请使用的最高值（按月控制）
■2 月份起，每个月的可用预算都反映了前期的业务成果
■前期的“超支结余”全部计算到“最新期间”的额度中
■每个季度都可以滚动调整预算收入以适应市场的变化

图 7.1　基于客户发货额的滚动预算管理

勤策的 TPM 系统有效支撑了上述预算管理诉求。一方面，勤策 TPM 系统

把预算基数抽象化，企业可以根据实际需求灵活定义预算基数，该案例中就自定义了两个预算基数：客户的预测月进货额、客户的实际进货额。第二个基数还跟ERP系统对接了，TPM系统直接通过API接口自动获取发货金额，实时计算。另一方面，实际进货额与预测的进货额产生差额的情况下，系统会自动做差额的追加追减；并且根据前期实际进货额的目标完成情况，自动滚动调整下一阶段的理论预算，滚动的周期可以是灵活设置（月度、季度均可），真正实现了预算管理的精细化与自动化。

（1）**活动方案阶段**，项目的一期阶段，未能构建活动方案策划的算法模型，暂时无法通过系统给出活动方案策划的建议。因此还是通过人工的方式来规划，相较于以往的人工策划，TPM系统加持下的活动方案策划会取该活动方案预计可能产生的销量和预计投入的费用做系统的校验：一是校验费效比是是否达到期望值；二是校验费效比数字后面是否有潜在的风险即控制活动中的SKU费效比不超过它的毛利率（事先要设定好每个费用的分摊规则、比例以及SKU的毛利率）。项目的第二阶段，系统会依据历史数据通过时间序列算法构建测算模型：在新增某类型方案的时候，系统会权衡当前方案的类型、档期、参与客户的家数等影响因子，在用户填入本次方案预计费用后，自动计算出预计销售额和预计费效比。在方案结束后，系统会依据实际费效比与其测算出的费效比做对比，并自动纠偏测算模型。随着历史数据的增多，此测算模型也会愈来愈精准，能够精准辅助企业做出决策，将费用投入到什么渠道、什么产品、什么区域，做什么样的促销形式，才能够产出最大化。

（2）**活动计划阶段**，计划就是根据方案的内容，灵活提报对应渠道或客户参加活动。每一张申请单提报上来的活动都会受到各种系统的校验，包括该客户申请填报的预计费效比与系统中费效比相比是否超标，在系统上线初期，由于缺乏历史数据的沉淀，可以由相关人员根据实际操盘的经验在系统中设置标准的费效比（不同类型的活动可以设置不一样的费效比），用申请的客户的预计费效比与标准的费效比做比较，超过则不建议通过；系统使用一段时间之后，系统可以自动将当前申请的客户预计费效比与该客户的同比或环比的费效比数据做比较，超过则不建议通过。

（3）**活动结案阶段，**活动结案意味着活动已经结束，TPM 系统已经把多方的执行结果汇总完成，这也意味着这实际投放的费用和产生的销量数据全部都已经获取到。这时候系统会把当初的预计费效比和现在的实际费效比做比较，比较产生的差异既可以评定本次效果有没有达到预期效果；也可以作为历史数据沉淀在系统和客户档案中，为下次活动的制定、活动计划的审批积累数据。

（4）**活动分析阶段，**活动全部结束，TPM 系统作为活动的最后的归口，可以呈现不同维度的费效比数据，帮助该日化企业全方位分析活动的效果。通过不同渠道的费效比看活动方案在不同渠道的适配性；通过不同品牌 / 品类的费效比看活动方案的品牌 / 品类适配性；再结合促销活动之后的产品表现：是有促有大销，没促就没有销？还是有促有大销，没促也有销？如果是后者，说明该产品是具备成长性的产品，促销活动一定程度上推动了其成长。

综上，构建以费效比为核心监测指标的费用管理体系，让费效比成为引导通路活动规划执行的"指挥棒"，以此保障每一个环节都能沿着既定的管理轨道正确前行，有效避免了很多日化企业通路费用管理中遇到的"一管就死，一放就乱"的问题。

2.明确TPM系统作为通路费用管理中枢系统的定位

TPM 系统作为通路费用管理中枢系统的定位主要表现在三个方面（如图 7.2 所示）：

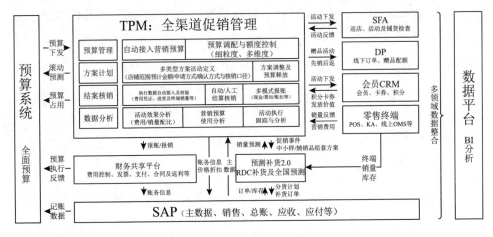

图 7.2　TPM 系统定位

1）定位一：TPM 系统作为通路活动的"策源地"

以前，活动方案分散在不同系统，项目建设之后，所有的通路费用的活动均在 TPM 系统中发起，受到前文提到的费效比的控制与管理。活动方案在 TPM 系统制定之后，通过 API 的方式实时传递给其他的系统做活动的执行：陈列类的同步给 SFA 系统，消费者类的传递给 CRM 系统；客户返利类的传递给返利系统；从 TPM 系统传出去的活动可以在其他的不同系统中得到执行。尤其是对于执行举证要求较高的 SFA 一类的活动。我们的做法是：活动方案在 TPM 中制定，在活动方案层面即冻结预算，方案传给 SFA，业务员通过 SFA 系统上报执行门店，只需要勾选门店的数量以及投入的费用金额，不需要业务员填写复杂的财务信息，如预算科目或费用类型等，TPM 和 SFA 系统分别负责自己的部分，协同变得非常高效。

勤策 TPM 系统之所以能成为通路活动方案的"策源地"是因为：

一是系统非常灵活，不同的活动方案所要求的内容不尽相同。比如陈列类活动需要在方案上定义陈列的形式（地堆、端架、展架等），哪些门店范围，申请与执行时间等；消费者会员活动需要定义哪些类型的会员可以参加（金牌、银牌、普通等）？POS 类的活动需要定义好系统进货变价的规则，参与活动的 SKU 等。诸如此类的变化还有很多，都是需要 TPM 系统通过灵活自定义的配置来实现。

二是系统的 API 足够丰富健壮，能够及时把活动方案传输给其他系统。勤策的 TPM 系统是同类厂商中 API 的数量最多的，单日调用次数最多的，单日调用量超过 1000 万次。API 实例直接公布在官方网站上，方便企业即时调取使用。勤策 TPM 系统中通路活动方案一旦审核完成可实时推送给对应的执行系统，数据无缝传输。

2）定位二：TPM 系统作为核销材料的"集散地"

活动执行完成之后，TPM 系统需要自动汇总两类材料以满足核销的需求。一类是跟活动本身相关的材料，包括当时的活动方案、活动计划的内容（参加门店、预计费效比等）、活动执行的数据（现场照片、ERP 发货数据、POS 数据等）等；二是核销所需要的相关材料，比如有些账扣的费用需要客户提供发票。尤其是需要管理发票的费用，勤策 TPM 可以支持对发票的识别、验证以及余额的管理（核销为经销商的费用，可能不是一次性完成的，因此需要对可核销的发票的余额做有效的管理）。

3）定位三：TPM 系统作为财务的"前哨站"

该企业业务和财务在通路费用管理上的分工很明确：业务部门对活动的策划和费效比负责；财务对每一笔预算的申请、使用的合规性和有效性负责。没有 TPM 系统的情况下，该企业财务对业务只能实现事后监督。因为活动方案的策划和预算的冻结不在一个系统中，甚至没有预算的冻结，业务和财务互相看不到对方在干什么，自然也就无法协同。建设 TPM 系统之后，财务负责预算的编制和管理，业务部门策划活动方案，活动方案审批通过之后会自动冻结预算，财务的同事可以看到每一笔被冻结的预算是用在什么项目上了，每一个活动方案或具体 SKU 的费效比是怎么样的，财务可以对其中不合理的部分提出质疑。这在很大程度了发挥了财务事前监督的作用。

3. TPM与ERP系统互联互通，助力企业实现业财一体化

业财一体化，又称业财融合，顾名思义，业务流程和财务流程互相融合，使得业务数据和财务数据互为表里，互相印证。业财一体化，有两个重要特征：一是业务能及时反映在财务上；二是财务能有效地反哺或监督业务。第二点我们在前文中已经讲述过了。这里我们重点讲讲该企业是如何通过 TPM 系统的建设让业务能及时地反映在财务上的。

首先是费用的预提环节的自动化。该企业的预提环节设置的活动计划填报审核通过之后（也有企业是在结案之后做预提，相较而言，这家企业的财务做法会更加谨慎）自动做费用的预提。具体的做法是：系统预先设置好 TPM 系统中的预算科目与 ERP 系统中的会计科目的对应关系。比如 TPM 系统中的陈列费、合同费等对应 ERP 中的销售费用。一旦活动计划审批通过，TPM 系统

会自动在核算模块中生成 ERP 预提的会计分录，分录通过 API 接口实时传到 ERP 系统中。

其次是费用核销环节的自动化。在 TPM 系统中预先设置好该企业的费用支付方式，主要包括四种：票扣、账扣、免费货以及现金。然后设置不同费用支付方式对应在 ERP 中的会计分录。费用核销审批的时候相关业务人员勾选费用支付的方式。TPM 系统一方面会把这张带有费用支付方式的核销单直接传给 ERP，ERP 根据核销单上面的支付方式完成费用的支付处理；另外一方面 TPM 系统会把在自身系统中生成的对应费用支付方式的会计分录传给 ERP 做费用上账处理。因为之前有预提环节的存在，所有生成费用支付对应会计分录的环节会包含两步：第一步是先生成一笔与之前费用预提方向相反、金额相同的会计分录来冲销之前的预提；第二步是按照实际核销的金额及支付方式生成对应的会计分录。

4. 为 BI 系统提供完整费用类数据源，助力企业构建更全面的数据"驾驶舱"

该企业事先有建设自己的 BI 报表系统，TPM 系统成为其众多数据源之一把跟通路活动相关的数据同步到 BI 系统中，方便 BI 系统制作报表。这里面的报表更多的是宏观的数据分析。比如看不同渠道的费用完成进度与销售使用进展之间的匹配关系；看不同品类或产品的费用投入带来的成长性情况；渠道/活动/品类多维交叉查看费效比的达成情况等。

通过勤策 TPM 系统的建设，这家日化企业有效构建了以销量和利润为导向的费用投放机制，实现了通路费用管理精细化和可视化；同时财务一方面可以有效地监控业务的发生过程，另一方面也能极大地减少日常的费用上账的流程性的手工作业，提升日常作业效率。

7.2 某啤酒企业——赋能经销商，提升经销商数字化水平与协同效率

7.2.1 项目背景

某啤酒企业拥有 100 多年历史，在中国，该企业运营着由 25 家酒厂组成的供应链网络，核心市场包括重庆、四川、湖南、新疆、宁夏、云南、广东和华东各省，并覆盖全国各地，实现了以五大业务单元为基础的全国布局，即重庆业务单元（含四川、湖南）、新疆业务单元、宁夏业务单元、云南业务单元和国际品牌业务单元。

该企业想通过数字化渠道分销项目赋能企业，提升经销商、终端客户的渠道管理效率和效果，从而达成提升数据透明度和以数据驱动业务决策的目标。

7.2.2 业务问题梳理与分析

勤策项目实施团队与该企业的业务团队经过长时间的调研与梳理，总结出该企业目前在渠道数字化方面存在的相关问题。

1.大经销商制下，厂家无法获取市场动态、掌握通路库存

每一个消费品的厂家都希望能有效地掌握通路库存及市场动态，为了达到这个目的，该厂家也尝试了很多的方法。比如给经销商自身的系统上装插件，给经销商提供一套报库存的系统等。前者有数据清洗和稳定性的问题，后者是数据真实性的问题，两种办法最后都未能成功。因此，对于厂家而言，能否通过系统获取市场动态、掌握通路库存是项目成败的关键。

2.部分经销商数字化系统建设不足，经营水平有限

部分经销商数字化系统建设不足，经营水平有限主要体现在以下几个方面：

表现一：未能构建终端的标签体系，无法针对性推荐终端订单。 原来的系统中有保存了大量的终端数据的，但是未能构建较为详细丰富的终端标签画像。原先的系统中对终端的分类方式比较单一，主要是餐饮和非餐饮，其他的终端特征属性，比如周边人群特征、终端的竞争态势、终端的铺货、历史销量等数据均能有效的标签管理。因此，无法根据终端的特征做针对性的运营，匹配不一样口味、规格、价格带的产品。另外由于没有详细的终端画像信息，经销商业务员尤其是新接手的业务员就无法快速准确地掌握对应终端的业务特征，这一定程度上也增加了经销商业务员服务终端的难度。

在未建设该项目之前，经销商业务员到终端下单只能是根据自身的经验来下单，如果是经验丰富的老员工效果还能保证，换作新员工则可能出现漏单或者推荐不合适的问题。此外，厂家希望经销商主推的很多商品并不能高效及时地传递给一线业务员，这就导致厂家精心为某些类型终端设计的产品未能精准铺货到对应的终端，这样可能造成厂家—经销商—业务员—店主的多方损失。

表现二：经销商无法有效地观测企业运营与洞察市场。 笔者走访的几家经销商，经销商老板都反馈他们最关心的事项有以下几项：

（1）企业经营核心数据：财务数据（利润、费用、收入）、业务数据（销售数据、回款数据）。

（2）市场的竞品动态：竞品的销量情况、活动情况。

（3）产品的库存与新鲜度。

（4）厂家对自身的费用支持以及费用核销的进度。

其中经销商的财务数据和销售数据可以从自身的财务系统中查到，但是市场竞品动态数据是无法有效获得的，业务员反馈上来的市场动态一般都是带有

自我保护意识的，经销商老板获取到的市场动态都是不真实的，于是很多经销商老板会每周自己走访市场一天，以此来获取市场上竞品的相关动态，显然这样的方式是低效且片面的。

3.厂家、经销商内部、厂家与经销商的协同效率低下

系统协同效率低下，主要表现为多系统之间无法互联互通，操作烦琐。

（1）厂家：厂家的业务员日常需要操作多个系统，比如费用的审批在TPM系统，订单的审批在OMS系统，不同的系统需要不断切换，非常烦琐，直接导致业务人员对系统使用的反感。

（2）经销商：经销商的业务人员本来可以使用厂家提供的SFA系统抄终端订单，由于系统不互通，经销商内勤并不知道前方下的单，只能是经销商业务人员打电话通知内勤，那前面的系统抄单就没有任何实际意义，因此抄单功能被业务员弃用。接到前方电话的内勤，一是要录到厂家提供的DMS系统中，这样前方的经销商业务员才能知道自己下单成功了，同时也能满足厂家管理人员看订单的需求；二是要录到经销商自己的财务系统中，比如金蝶、管家婆等，以此来满足经销商老板查看数据的需求。这样一顿操作，经销商内勤不仅费时费力，而且订单人工录入还有填错的风险。

表现一：流货管理效率低下。所谓流货管理就是厂家稽查市场上的窜货行为。未建设该项目之前，厂家的相关人员在市场上走访，发现有流货，只能是手动记录并用手机拍照片，回公司之后需要手动整理相关数据，然后再填报Excel流货信息，最后再发起流货的立案和审核，整个过程都是线下完成的，流程非常低效。

表现二：采购与对账环节效率低下。原来经销商的采购是通过厂家的业务员来手工处理的，促销政策的传递、订单的处理全部是线下通知经销商，且经销商的采购环节不在系统中，进销存也就无法形成闭环。同时，厂家和经销商之前的对账是一个月一次，厂家财务把对账单整理好，快递邮寄给经销商，经

销商收到对账单，确认无误之后，盖章确认。整个过程完全是线下的，效率低下，且一个经销商一年至少对账 12 次，对账成本也较为高昂。

7.2.3　项目建设方案

基于上述背景，勤策助力该啤酒企业建设此项目，以系统来赋能经销商，提升经销商数字化水平和协同效率，并在此基础上掌握市场动态和通路库存。

厂家想获取市场动态和通路库存必须通过系统，这是毋庸置疑的。但是如前文提到，厂家给经销商的系统，经销商往往不愿意用，或者即使使用也是敷衍厂家的。究其原因，一是经销商觉得厂家给的系统就是为了方便厂家获取经销商的相关数据，经销商属于从属地位，不是系统的真正主人。二是经销商自身往往也会有进销存系统，厂家提供的系统和经销商的进销存系统数据无法连通，直接导致经销商内勤需要多次重复录入数据的问题。因此，厂家能不能获取数据的问题就演变成能不能让经销商愿意使用厂家推广的系统的问题。项目能不能成功的关键也同样变成了经销商及相关人员是否愿意用。经销商愿意使用的系统，才是厂家获取市场动态和通路库存的利器，只有愿意使用、积极使用才能给厂家和经销商带来双赢的结果。

系统使用的主角是经销商，如何能真正给经销商带来价值是经销商是否愿意使用的核心问题。双方项目组走访调研多家经销商，整理出该啤酒经销商群体对系统的核心诉求。我们将经销商的核心诉求归纳总结起来，关键就是两件事：一是如何带来生意的增长；二是如何提示预防风险。经销商的这两个关切应该成为系统建设的出发点和落脚点（如图 7.3 所示）。

经销商购买勤策进销存系统的理由排行

监测员工有没有偷懒
管好自己的网点，卖更多的货
及时提醒门店有没有欠款
展示各种销售数据和报表
有效规划好车销的全过程
能算清楚自己的各种费用和利润
管好自己的仓库和货物
提升订单处理和发货的效率
有效展示商品的畅销与滞销情况
有效管理促销政策
能帮助展示财务信息

调查对象：年销售收入2000万—1亿元的经销商

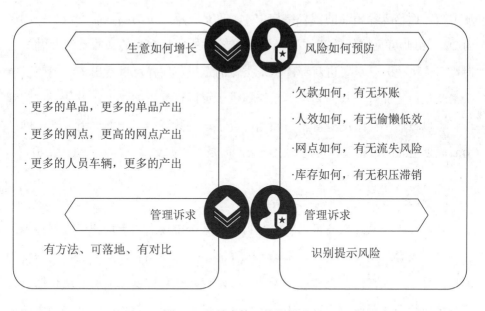

图 7.3　经销商核心关注的两点

赋能经销商，关键是要成为经销商的首席增长官。前文提到经销商重点关注的是生意的增长和风险的预防，那么赋能经销商也应该从此入手。

1.首席增长官助力经销商发现更多的生意机会

系统可挖掘的机会点如图 7.4 所示。

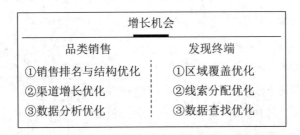

图 7.4　系统可挖掘的机会点

1）机会一：发现市场上更多的品类销售机会

比如，从产品品类上看，通过系统数据可以发现，某经销商所在省份的畅销品的排名分别是 A、B、C，其中 A 品类在该省内所有经销商的平均销量占比是 10%，而这家经销商的销售结构中，A 仅是在第五位的畅销品，销量占比仅为 2%。由此可见该经销商的 A 品类是有较大的增长空间的（同省消费者默认消费习惯类似）。从渠道商看，也是类似的逻辑，同样可以看出该经销商可能在某些渠道上面有增长的趋势。系统提供了灵活可配置的维度，方便区域的管理者可以按照不同维度查看相关数据，有了这些数据，厂家的渠道经理帮助经销商规划生意的时候就不再是纸上谈兵，而是有数据支撑，其效果大大提升。

2）机会二：发现市场上更多的空白终端

几乎没有一家经销商可以说清楚自己在某个市场上的市场覆盖率是多少。因为几乎没有经销商知道当地市场上究竟有多少家终端。究其原因，一是终端本身换手率比较高；二是业务员无法进行地毯式的拜访以保证所有适合铺货的终端都在待覆盖范围之内。基于上述现状，勤策将系统与百度、高德等地图厂商对接，为经销商提供智能拓客的服务，帮助经销商发现更多的空白终端。具体的实现步骤是：

（1）选择需要系统推荐的行政区域，如上海市虹口区。

（2）设置经销商所需要终端类型，如餐饮类、便利店类等。

（3）设置终端线索的分配机制，比如餐饮类终端线索分给张三，便利店类终端线索分给李四（注：智能拓店推荐过来的线索已经跟系统已有线索做了去重处理）。

（4）管理者在系统中查看相关数据，比如线索的跟进情况、转化情况、市场的覆盖率（已覆盖的终端／系统中发现的区域全量终端）。

智能拓店服务相较于传统的尼尔森式的数据有着明显的优势：

首先是尼尔森式数据是定期更新的，不是实时更新的，且无法及时获取到终端的变化，包括新增与倒闭信息。

其次是相较于尼尔森式的数据，勤策的智能拓店服务有了数字化的加持，可以建立完整的自动化数据管理闭环，从线索的产生、自动化分配、跟进转化到后续的报表查看，一站式全部在勤策系统中完成。

此外，线索全部按照事先的规则分配给了对应的人，并且提供相应的报表，这就为数字化的量化管理以及效果的验证提供了可行的路径。在项目的实际推广过程中，笔者也发现是智能拓店服务是系统推广的核心利器之一，这个服务真正戳中了经销商群体希望增加覆盖的诉求，为经销商的生意带来了较大的增量。

2.首席增长官提示经销商可能的经营风险点

1）风险一：发现生意增长下的阴影

什么叫生意增长下的阴影？引用魏庆老师在其课程中的一个经销商案例，该区域经销商某一年2—9月销售增长率是91%。乍一看，生意的增长很不错。但是仔细往下分析发现：

（1）从月份增长率的情况来看，该经销商2021年的生意增长率波动很大：2月是94%，3月是161%、4月是190%、5月是126%、6月是90%、7月是64%、8月是73%、9月是31%。

（2）从品类的增长的情况来看，该企业售卖高中低三档酒，数据显示，低档酒的2—9月的增长率是61%、251%、56%、224%、124%、83%、66%、58%、6%。

（3）从区域消费的情况来看，区域下属的13个乡镇，其中排名靠三的乡镇的人均消费量分别是47.37、24.42、24.38；排名最后的三个乡镇的人均消费量是：9.55、8.18、7.33（单位：瓶）。

……

诸如此类的分析还可以继续往下延伸，但是从上述数字中已经可以看出一些问题了：一是生意有下滑的趋势；二是低档酒的增长非常乏力；三是不同的乡镇覆盖情况不同，部分乡镇覆盖较差。这个经销商很典型，即使到现在，很多经销商的数字化经营水平依旧相对落后。因此通过该系统，经销商可以在系统中通过层层下钻的方式查看上述维度下的增长情况，甚至可以设置一些阈值提醒，这样一来，上述的问题自然就能及时地被经销商老板发现，避免上述案例中的"悲剧"发生。

2）风险二：内部管理的风险

经销商内部的经营核心点包括：采购、销售、库存、人员、回款、终端等。不同的环节都存在管理的风险（如图7.5所示）：

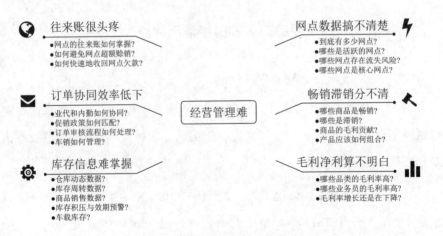

图7.5　经销商内部管理风险点

- 经销商多次采购，不同批次的产品价格不一样，如何准确地计算出商品的成本？

- 经销商库房里，哪些货是畅销品，哪些是滞销品，哪些产品已经超过安全库存了？

- 哪些业务员的业绩好，哪些业务员是业绩不好，且过程指标不达标？

- 哪些终端还有欠款，欠款有多少，欠款有多久了？

- 哪些终端的贡献率高，是高毛利终端，哪些是潜在流失的终端？

以上信息，如果经销商老板不能及时便捷地掌握就有可能给企业的经营带来较大的风险。该系统一是帮助经销管理好内部的业务流程；二是助力经销商老板及时发现上述风险，主要体现在以下几个方面：

（1）搭建"独立自主＋后端连通"的系统，避免沦为厂家附庸。

系统采用的是1＋N的模式，1是指的厂家，N是指的经销商，厂家和经销商分别使用自己独立的系统。这里的独立，尤其是经销商的独立，主要体现在以下方面：

- 经销商可以自主管理自己经营的品牌和商品，支持经销商把非厂家的商品录入进来管理。非厂家商品的录入直接体现了经销商系统是主人翁的特征。

- 经销商可以自主决定哪些品牌的数据可以被上游的厂家抽走，非厂家的品牌，经销商可以自主选择不让厂家抽取或查看相关数据。

- 经销商可以自主管理日常的业务板块，比如访销、车销、流程审批、客户标签等。日常业务板块是经销商使用频次最高的模块，这部分的自主设置能够让经销商从体验上感受到这是属于自己的系统。

除了让经销商真切感受到系统是属于他们自己的，系统还跟市面上经销商使用的主流财务系统做了对接（如图7.6所示），比如管家婆、金蝶、用友等，极大地解放了内勤和财务的人力，受到了他们的热烈欢迎。

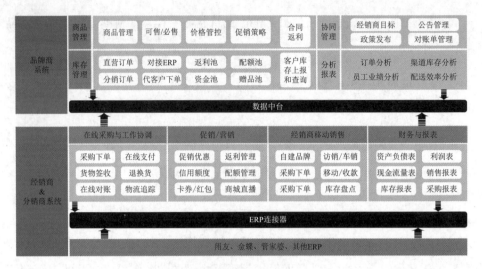

图 7.6　厂商互联的系统功能架构图

（2）构建经销商数字化系统的一体两翼"有用-可用-好用"。

推动经销商生意增长，提示经营风险都是经销商老板所关注的。但是，系统更多的使用者是经销商的业务员、内勤、财务等一线人员，如果系统不能得到他们的认可，那么怨声载道的情况下强迫他们使用，最后的结果肯定也是敷衍了事。一流的系统是老板和员工都喜欢；二流的系统是老板喜欢，员工不喜欢；三流的系统是老板和员工都不喜欢。勤策在建设该系统的时候尤其关注一线人员的感受，始终在系统的有用、可用、好用上下功夫，"有用-可用-好用"是系统推广的一体两翼，其中有用是体，可用和好用是两翼。

有用：赋能一线人员，提升作业效率。 系统有用是核心。系统能不能真正为一线人员的工作带来帮助是衡量系统生命力的关键所在。对于业务人员而言，有用就是让他的动作更高效，有用就是让他的作业更有效。以业务员访销下单为例，以往是业务人员手动填写订单，现在可以是语音报单，支持各种方言和编码；以往是根据经验下单，现在可以由系统结合终端标签、进货偏好（常购单品）、同渠道热卖单品信息、我司爆品等信息自动生成一张专属的建议订单，业务人员直接和店主沟通下微调即可。再比如财务人员，原先需要根据原始单据，比如发货单，车销单等，手动制作会计凭证，现在系统可以直接生成会计凭证，再通过 API 直接传输给其财务系统，极大地减少了财务的工作量。

可用：兼顾小型和中大型经销商的日常使用需求。该企业是一家全国性的企业，经销商有数千家，体量有大有小。这种情况就要求给到经销商的系统能满足不同体量的经销商的使用需求。小型经销商，甚至是夫妻档的经销商，他们的业务管理流程简单，以销货为例，他们没有复杂的订单审批和发货环节，只需要直接出库即可。勤策系统直接提供销货单功能，只需录入客户和商品数量，确认之后直接扣减库存；而中大型的经销商，则可根据实际需求进行访销、车销、订货会等多种销货场景管理；车销中又支持销、退、换、赠、兑、还等多种业务场景，满足其复杂多变的销货业务管理。

好用："多一步操作都不行"，更佳的用户体验。一般情况下，一个业务员能覆盖的终端数一般是150～200家，访销一天平均25家，车销平均一天15家，业务员拜访一家门店的平均时间是15分钟，店主交谈的时间大概是3分钟，剩下的12分钟，减去业务员整理货架、理货、调换临期品等动作之后，剩下的时间也就2～3分钟了。这2～3分钟就是业务员操作系统的时间，所以，系统的界面必须是简洁易用的，相关的功能一定是要合并在一个或相邻的页面上的。比如，车销的提货、开单、回库等动作必须在一个页面；访销的销售、退货、配送等必须在一个页面；相关的数据核心数据报表也应该将业务功能放在一个页面，比如访销和车销页面可以展示今天已经销售的单数、金额等信息，方便业务人员及时查看，一目了然。

综上，系统通过分别解决经销商老板、经销商业务员、财务等相关人员的意愿性问题来提升系统使用的积极性。下一步就是要通过系统中多功能模块的集成来优化厂商协同的效率，真正意义上实现"一站式管理"。

（3）集成厂商协同模块，提升通路费用执行的及时性与可视化。

前文有提到厂家与经销商在通路活动上的协同效率低下以及经销商希望费用的核销能够加速的问题。基于此，勤策项目组在经销商的系统中集成了厂家的协同模块。在经销商的系统中集成厂家协同模块有着明显的优势：

活动策划更科学：厂家可以在获取经销商的跟自身品牌相关的执行数据，包括商品、竞品、客户、订单、库存等信息。厂家可以基于这些数据有针对性地策划相应的活动以匹配该经销商和当地市场。

活动执行更便捷： 市场活动执行流程如图 7.7 所示。

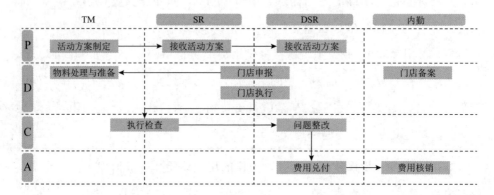

图 7.7　厂商互联下的市场活动执行流程图

步骤如下：

①厂家在自身系统编辑相应通路活动方案。

②方案实时下发到经销商系统中。

③经销商确认活动，经销商业务人员结合自身终端情况申请参加活动，相关人员审核。

④经销商业务人员在拜访终端的过程中做活动执行。

⑤执行合格，经销商业务员把相关费用兑付给终端店主。

⑥活动结案结束，厂家在自身系统中查看经销商的申请、执行、兑付的全部数据。

⑦经销商在系统中查看费用核销的进度。

综上，通路活动的下发与执行就是厂家两个系统之间的协同，整个过程全部在线，数据实时传输，大大提升了执行的效率，同时也确保了活动的真实性。由于整个过程全部在线，数据会自动汇总，核销的流程也就大大缩短，整个执行的过程也变得更加透明，厂家可以看到所有的执行与兑付数据，经销商可以看到费用核销的相关数据。

（4）集成经销商采购模块，构建通路进销存的完整闭环，实现通路库存的可视化。

货物从厂家生产出来发给经销商，经销商通过系统中的访销、车销销售给终端。系统既能满足经销商日常的分销业务，也能发起向上游的采购业务。经销商在系统中采购，采购订单进入厂家 ERP 系统，ERP 系统把订单的发货信息及时传递给经销商。经销商的进货和销售数据都在系统中流转，经销商的库存信息自然也就能够变得更加透明，真正实现通路库存的可视化（如图 7.8 所示）。此外，集成电子签名服务商，在线签署协议与费用对账，合规便捷，大大节省了费用。

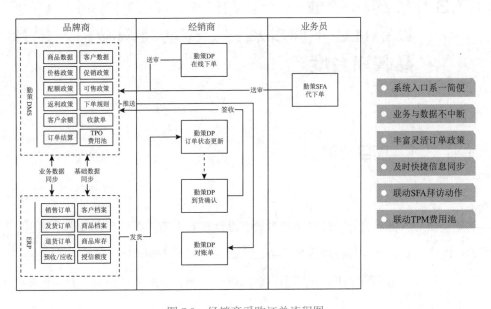

图 7.8 经销商采购订单流程图

（5）集成流货管理模块，提高流货管理的效率，构建真实有效的证据链。

厂家的市场督查人员或者经销商相关人员走访市场发现有流货，可以直接在移动端填写流货相关信息，支持填报人采集终端信息、商品信息、现场照片（即拍即传，自带水印）以及其他需要填报信息。采集之后的信息直接按照预定的管理流程流转到相关人员处审核，审核通过之后则可以形成相关的结果数据和报表。厂家可以一键导出做后续处理。这样一来，有几个好处：一是流货管理线上化，管理效率大大提升；二是现场采集的信息都是确保真实的，管理的有效性大大提升；三是所有的信息全部电子留档，管理的可追溯性大大提升。

综上，聚焦经销商核心关切，有效赋能了经销商的生意，帮助经销商发现更多的生意机会，提示潜在的经营风险，集成各类的实用性厂商协同模块，大大缩短了费用核销的流程，提升了费用核销以及其他协同的效率；集成流货管理模块，大大提升流货管理的效率和真实性。经销商的日常经营与管理都可以集中在这一个平台上，真正实现"一站式"的价值。

7.3 某建材企业——B2B 平台直连终端，通过促销直达 + 深度运营，拉动终端动销，提升品牌知名度

7.3.1 项目背景

某企业是国内一家建材砂浆企业，已经创立 20 余年，凭借创新技术、可靠品质及贴心服务，其防水涂料和瓷砖胶产品深受广大用户信赖，已成为中国市场的口碑产品。该企业目前以零售业务为主，工程业务为辅。在全国有数十个自有工厂，销售网络遍布全国。本节重点讨论的是零售板块的渠道数字化建设。零售板块是大经销商制，经销商分为一级和二级，一级经销商向厂家进货，二级经销商向一级经销商进货，一级和二级经销商各自覆盖二级终端和专卖店。所以，终端都是由经销商覆盖的，厂家只跟经销商打交道，无法直接与终端建立联系。

7.3.2 业务问题梳理与分析

作为一家建材企业，想要在销售额上获得较大的突破，核心就是做三件事：一是连接终端,激励终端多铺货；二是连接师傅,激励师傅多推荐；三是多做宣传,

多方面展示品牌形象，比如店招、门头等。三件事中有两件都是直接与终端关联的，而这家企业面临的最大的业务发展阻碍就是无法直接连接终端，因此也就无法有效掌握目前全国的终端情况，包括终端真实性情况、终端的铺货和动销信息等。更重要的是，无法连接终端则导致厂家给到终端的促销活动政策也只能通过经销商层层执行，其中的问题，自然不必多说了。

7.3.3　项目建设方案

基于该企业的现状，勤策团队与甲方团队共同确定了渠道数字化建设的两条主线：一是通过终端 B2B 订货商城连接终端店主，厂家促销政策可以直达终端店主，提升终端铺货；二是通过师傅小程序连接师傅群体，师傅向消费者推荐产品，拉动终端动销。这种主线是相辅相成的，终端铺货增加，动销的可能性才能变大；终端动销增加，也能反向刺激终端的铺货增加。本案例重点介绍该企业直接连接终端店主，促销直达，提升终端铺货的部分。

厂家想要通过终端 B2B 订货商城连接终端店主，首先要做的就是让终端店主都关注上这个小程序或公众号，这本质上是一项地推的工作。地推工作是需要有人去现场一家家地拜访的，那么谁去执行这项地推的工作呢？显然是经销商的业务人员，因为建材行业往往厂家自有的人员不是很多，该企业全国只有300 名业务员，仅仅靠这 300 名业务员去地推全国的终端显然是一项不可能完成的任务。所以，地推的任务只能是经销商的业务员去执行。要想让经销商业务员去执行这项工作，需要解决两类人员的积极性，一是经销商老板的积极性；二是经销商业务员的积极性。下面分别来叙述。

1.如何调动经销商业务员的积极性

调动经销商业务员的积极性关键在于额外利益的刺激。前文我们多次提到，现在比较流行的就是使用积分的方式来刺激经销商业务员。但是，同样地使用积分刺激，该企业的不同之处在于他们在运营层面下了功夫。具体而言：

策略一：积分再好，前期还是钱更实在。前期，厂家和经销商业务员之间没有感情和信任基础，这种背景下，相较于积分，直接发钱（红包）的方式显然是更能打动一线经销商业务人员的。但是，直接给经销商业务员发钱是有税务上的风险和损失（要多交 20% 的税）。因此，该企业的做法的是由经销商按照系统中产生的积分先垫付，经销商把费用直接发到业务员的工资卡中。次月厂家以货补的方式返还给经销商。

策略二：用非线性代替线性。以往企业使用积分，一般都是选定了核心动作项，确定动作项的积分规则，每执行一次，员工可以得到多少积分。比如，新增一个终端，审核通过之后，获得 5 个积分。面对现在的 90 后，甚至 00 后员工，这样的方式显然已经不能符合他们的口味和兴趣了。因此，该企业采用非线性的方式来设置积分数量。比如在庆祝终端即将破 10 万的时期，他们推出的活动是：新增第 10 万家终端的业务员直接给 5 万积分；第 99995—99999 的业务员，分别给 2 万积分；100001—100005 的业务员每人给 2 万积分。（重复命中的员工取最高档奖励，且仅奖励一次）。这样一来，员工的积极性被极大地激发，因为谁都有可能成为幸运儿。事实证明这样的效果也非常好，活动的预计效果是新增终端 1 万，实际新增终端数量达到 3 万多家。

当然，非线性是指导原则，具体的形式可以是多变的。比如员工新增一个终端，不是直接获得一笔积分，而是获得一次幸运大转盘抽奖的机会，奖项的内容是多样的，有积分，有开工设备，有其他的各种时令性的产品。

策略三：积分排名同样重要。如果前面积分奖励是物质的激励的话，那么积分的排名就是精神的奖励。可能有些朋友会觉得积分排名没什么价值，其实并不是的。微信在朋友圈推出了一个小功能叫微信运动，每天会在朋友圈公布步数排名，就这么个小功能，很多人一开始也以为没有人关注，实际情况是大家的关注热度非常高，很多人每天坚持走路，坚持查看自己的步数，每天睡觉前的最后一件事一定是查看朋友圈步数并点赞。更有甚者，还在淘宝上专门购买了一些作弊神器，把手机架在上面摇晃，这样即使人不走路也可以获得较高的步数。这个案例就能说明精神奖励对现在的人来说也是很重要的。因此，员工的积分数量在公司、部门、产品线等维度的排名在很大程度上可以激励员工朝着自己的更高的目标、更优秀的员工去努力。

策略四：积分及时变现是核心。有条件的企业，能找第三方代运营商解决税务问题。能承受红包成本的企业可以选择一直发红包。但是绝大多数企业在运营的中后期都会选择用积分代替红包。这就带来积分的变现问题。积分毕竟只是积分，积分只有在变现的那一刻，才能真正给员工带来价值。所以，该企业接入了第三方的积分兑换平台，平台上硬通货很多，比如各类线上或线下平台的卡券，比如沃尔玛、京东 E 卡、天猫优惠券、加油卡、充值卡、数码 3C 产品等。有些员工直接转成相关卡券使用，有些员工会把卡兑换出来再到闲鱼上卖掉，大概打七到九八折即可。从一线反馈上来看，经销商员工的变现还算比较便捷。

非线性的积分奖励、大转盘抽奖都需要勤策订货商城系统后台来支撑，通过系统在后台设置好相应的规则引擎，用户只要用前端小程序命中相应规则，就能参与抽奖或者获得相应的积分。同时，系统也可以对积分总额、参与的限制条件、大转盘区块的总额、中奖的次数、中奖的概率等做相对性的限制性管理。勤策订货商城系统既有效支撑了前方多变的业务诉求，又避免了被薅羊毛的管理困境。此外，勤策订货商城系统也和第三方商品兑换平台做好了对接，勤策中产生的积分可以直接跳转到平台上兑换卡券或商品。

2.如何调动经销商的意愿

经销商在厂家直连终端的过程中要付出的可能有两项：一是，原先属于自己的终端数据要与厂商共享；二是，厂家直连终端之后，原来不透明的费用可能会变得透明，经销商可操作的暗黑地带被挤压。因此，厂家需要做的是：一是能让经销商实实在在地看到，厂家获取经销商的终端数据的目的不是想抢夺市场，而是想基于对市场的了解，精准地运营终端，让厂家—经销商—终端三者都受益。具体到经销商层面，厂家把终端拉上线，装上订货小程序，终端订货之后的订单 100% 要转给对应的经销商，由经销商负责订单的配送，经销商依然可以赚取产品差价。甚至，在前期，终端订货的小程序只采集订单数量，没有商品的价格，这样就给经销商预留了一部分操作的空间。

具体到实际的操作层面，该企业找某地区的经销商试点，试点结束之后，核心采集以下数据：厂家费用投放量、经销商业务员的收入增长率、终端数量增长量、终端订货增长量、经销商出货量等，然后把以上数据做试点前后的对比，通过试点区域经销商的现身说法，真真切切地给其他经销商传递该项目能给经销商带来的实实在在的价值。

为了实现上述场景，该企业使用勤策订货系统建立了终端与经销商之间的联系，同时按照经销商维度，有效控制给终端展示的相关信息，比如价格、库存等。最后全面地呈现了上述核心数据，为厂家在经销商层面的推广奠定数据基础。

厂家连接了终端之后就可以直接与终端对话。

前期，为了吸引更多的终端在线，且刺激更多的终端在线订货。厂家通过勤策订货平台设置了下列规则：

终端店主把注册链接分享到自己的朋友圈，其他店主注册并审核通过，分享者和注册者都能获得一张优惠券；新开终端首次在线下单，经销商配送完成，终端在 7 天之内签收即可获得首单奖励红包。

中期，厂家结合节假日与互联网热点节日，比如"双 11""618"等，推出一些市场活动，比如，最美门店陈列评比大赛（针对店主）、好工匠贴砖争霸赛（针对师傅）。店主在终端做好陈列的拜访之后，使用勤策的订货小程序拍摄现场照片上传，后台人工或 AI 审核通过之后，可直接发送一张兑货券。

后续，活动的花样可以变化，比如可以基于不同的产品或区域给不同的刺激政策，比如该厂家会派业务员去乡镇上铺货，针对乡镇上的终端和执行的业务员都可以获得区别于其他区域的奖励；奖励的形式也可以变化，除了红包、积分、大转盘抽奖之外，还可以送一些实用的工具，比如春天送开工工具、夏天送风扇、秋天送养生壶、冬天送电磁炉等。勤策订货商城小程序为厂家的终端运营提供了多维度的工具，厂商可以根据市场的变化，在涉及的产品、区域、人员等维度上做灵活的政策调整，最终可以实现一地一策，一品一策。这样一来，系统就成为支撑企业市场运营的重要的"指挥棒"，可以及时有效地把更多的资源投放关键的地方。

该企业 2016 年与勤策开始合作，至今已经有 7 年之久。7 年间，该公司的销售额从开始的 10 多亿跃升到 80 多亿。当然，该企业的成功首先是战略正确＋有效的执行，数字化系统有效支撑了其战略，是必要条件之一。从前文中可以看出，它构建了一套四方均收益的闭环体系，在这套体系下，先通过经销商业务员连接终端店主，再通过厂家的券来激活终端或复活终端，达成终端交易；然后厂家在此基础上做深度的运营，针对性地做二次营销，刺激终端多次订货；最后根据终端的订货的画像反哺运营——一是优惠政策的制定可以更有针对性；二是线下的终端拜访可以更具针对性。这套体系有效运营的核心在于利益的有效分配，以后想尝试这套方案的企业们也需要在这方面做更多的考量。

7.4 某保健与白酒企业——构建费用核销和商品流向管理平台，实现核销无纸化与流向透明化

7.4.1 项目背景

该保健＆白酒公司创建于 1953 年，历经 60 余年的稳步发展，现已成为一家专业化的健康食品企业。该公司以"通过提供健康的产品和服务，不断提高消费者身体素质和生活质量"为企业使命，以"树正气、有担当、可持续"为企业核心价值观，致力于成为世界一流的健康产品企业，"做百年企业，树百年品牌"。该企业坚持走质量效益型发展道路，持续领跑中国保健＆白酒行业。

该保健＆白酒企业是大经销商制，全国大约 800 多家经销商，由于保健＆

白酒业务规模比较大，一般经销商都会在其内部配备专职的保健＆白酒业务团队。厂家在全国配备营销经理，一个营销经理负责一个或多个经销商，负责传达厂家的营销管理政策，并参与到经销商的日常管理当中。

7.4.2　业务问题梳理与分析

勤策 TPM 实施团队与该企业的业务团队经过长时间的调研与梳理，将该企业的相关问题总结如下。

1.费用管理粗放

该保健＆白酒企业对市场费用的投入有着清晰的规划。规划的逻辑是按照当地的历史销售收入 × 预计增长率 × 费用比例来测算预计的投入费用。以南京为例，如 2021 年的销售收入是 8000 万，预计明年增长 5%，费用比例是 10%，基于此可以算出来南京市场 2022 年预计需要投入的市场费用总额为 840 万。该企业要求市场费需要由厂家和经销商按照一定的比例共同承担。基于这样的背景，费用的管理就相对较为粗放，具体表现为：厂家无法知道经销商的市场费用投放情况，有没有投，投了多少，执行情况怎么样等；厂家也无法获取自身主导的费用的执行情况，有没有执行，执行的真实性和效果怎么样等信息都无法获取。厂家的活动结束了，厂家只能在一堆堆材料中判断活动的执行情况；年度盘点了，厂家只能根据经销商报上来的费用投入报告来判断其在当地市场上的投入，报告真伪无法辨别，进而导致厂家年度制定的该区域的费用投放额度有没有达标，实际也是不清楚的。

2.核销周期较长

需要核销的活动一般都是厂家主导，经销商执行并垫付的，比如终端的付费陈列；这类的活动的流程如下：

（1）厂家的市场管理人员在自有预算管理系统中编制预算，策划活动方案，并邮件告知一线的营销经理。

（2）营销经理通知自己所负责的经销商该活动，引导经销商积极参与活动。

（3）经销商业务员上报参加活动的门店，内部完成审核。

（4）经销商业务员在 SFA 系统中上报门店执行情况。

（5）厂家市场督导人员抽查门店的执行情况是否合格，如果合格，则由经销商业务员给门店兑付费用，如果不合格，则需要邮件下发整改通知，经销商业务员需要完成整改并验收后兑付费用。

（6）经销商内勤制作表格整理汇总各种材料，邮件提交给厂家，等待厂家的费用核销。

从上述活动流程中可以明显看出，通路促销活动涉及预算管理系统、SFA 系统、邮件，甚至 Excel 等，不同的系统数据不通，导致双方协同的效率非常低下，甚至出现数据错误、丢失等问题。

另外，厂家为了尽可能确保活动执行的真实性，他们往往会要求经销商整个执行过程是留痕的。以笔者走访的无锡经销商为例，春节期间，这家经销商大约会做 18000 家终端的付费陈列活动，活动申请环节都有详细的表格记录，表格清晰记录哪些终端参加了什么样的活动、陈列标准、兑付标准等。活动正式开始之后，经销商业务员就要去现场拍照片，但现场拍过来的照片真实性无法保证，更为头疼的是，现场传过来的照片需要内勤人员手动与终端关联上。活动执行结束，内勤整理好执行合格、待兑付的终端名单，业务员拿着名单一家家地去兑付，拿到兑付物的终端需要在纸质单据上签字，并留下手机号码。以上所有事情做完，内勤需要再次整理材料，将活动方案、参加的门店、执行的照片、兑付终端签字全部编号予以一一对应，工作量非常大。内勤整理好所有的纸质单据，装订成册，放在旅行箱里面寄到该保健 & 白酒的总部，总部人员需要打开做抽检（全检是不可能的）。

综上，由于整理通路促销活动没有在线化，数据无法及时汇总传递，经销商的费用核销周期自然就变得很漫长，一般都需要 3 个月以上。笔者走访经销商的时候，就遇到很多经销商抱怨核销时间太长导致自身资金压力较大的情况。

3.商品流向和经销商库存不清晰

该保健 & 白酒企业倡导的销售理念是"非饱和式营销"，顾名思义，不是像传统企业搞经销商压货的那一套逻辑。希望基于市场的实际需求量来指导经销商的进货量，以此来营造良性健康的销售市场。这样的背景下，厂家就需要掌握经销商的货物的流向和经销商的动态库存信息。大经销商制下，经销商自己独立经营，终端数据全部掌握在经销商的手上，厂家无法获取经销商的终端数据、订单数据，自然也就无法获取经销商的库存数据。

4.宴会与品鉴会管理粗放，真实性难保证，效果难评估

该企业是保健酒起家的，最近又新开拓了白酒市场，白酒产品发展迅猛，3年多的时间，销售收入已经达到 30 亿～ 40 亿。与其他白酒企业类似，该企业白酒事业部发展过程中也非常重视消费者培育工作，主要方式是宴会和品鉴会的专项政策支持。但是如前文所述，宴会与品鉴会遇到的问题都是一样的，核心就是真实性难保证，效果难评估。

7.4.3 项目建设方案

1.构建费用精细化可视化管理平台，实现核销无纸化，缩短费用核销周期

基于前文提到的费用管理问题，该保健 & 白酒企业与勤策合作，构建了费用精细化管理平台（TPM 系统），通过这个平台实现费用的在线化管理，让数据在多系统中实现自动归集与共享，减少人员手工匹配与核对的工作，实现费用核销无纸化，经销商核销周期从原来的 3 个月缩短到 3 天。具体的做法是这样的：

首先，根据前文提到的方法，该企业在自身预算管理系统编制公司全年预算。预算同步到勤策的费用管理平台，经销商可在线查看自己可以申请的预算额度及使用进度，以及自己本年度需要投入的市场费用额度及完成进度。

然后，厂家可以在 TPM 系统中策划通路活动，系统中可以规定活动可开展的客户范围、商品范围、执行周期等。在所属客户范围内的经销商就可以在 TPM 系统中看到该活动，经销商可自主选择是否需要参加该活动。经销商如果确认参加这档活动，经销商的业务员即可在勤策 SFA 系统中看到相关活动。活动信息的传递不再是通过厂家—营销经理—经销商—业务员层层下达，而是直达经销商，甚至是直达经销商业务员。

接着，经销商业务员在拜访巡店的过程中向终端店主推荐参加厂家的活动。业务员在 SFA 系统中填写申请信息，包括陈列要求、兑付标准等，申请单会到内勤人员处审核。审核通过之后，经销商业务员会先要求终端订一定数量的货（参加活动的条件之一）。然后隔一段时间，经销商业务员拜访门店采集现场的执行照片，一般一个月内需要采集 2 ～ 4 次。照片是即拍即传、自带水印的，同时会有虚假照片识别模块，全方位避免照片执行造假。

现场执行采集的照片结果同样会到内勤人员处审核。审核通过之后，该终端进入待兑付状态。业务员在下次拜访的时候，把兑付的货物（一般都是货物，很少有现金）给到终端店主。为了防止兑付环节出现问题，经销商业务员在 SFA 系统上点击费用兑付，系统会自动给终端店主的手机上发一条兑付验证码，经销商业务员把验证码输入 SFA 系统，兑付完成。

以上就是经销商内部执行活动的主要环节，相关的环节虽然是在 TPM 和 SFA 两个系统完成的，但是两个系统都是勤策提供的，系统中的数据是互联互通的。

基于勤策的 TPM 系统，通路费用的整个管理过程变得可视化，厂家可以在系统中及时查看活动的参加情况、现场的执行照片、现场的兑付照片，前文提到的线下整理纸质数据导致的各种效率问题全部迎刃而解。所有执行环节全部是在线化的，每一条申请数据、执行数据、兑付数据都是自动归集到相应的活动或经销商名下。厂家给经销商核销费用不再需要线上查看各种纸质材料，打开系统，一键核销，真正实现了无纸化核销，整个核销时间，算上经销商开发票的时间，3 天足矣。

厂家在系统中核销费用的同时，经销商也可以在 TPM 系统上查看费用的核销进度、已核销金额、待核销金额等，信息变得更加透明，传递变得更高效。

以上，是厂家主导的通路费用活动。

勤策为经销商提供的 TPM 系统中也可以支持经销商自主创建活动，经销商业务员申请、执行、兑付等环节也是应有尽有。活动的相关数据，厂家也可以在系统中看到。这样一看，经销商自己执行的活动数据也有了系统的支撑，真实性和合理性均有较大的提升。年底总结的时候，厂家可以在系统中查看该年度某区域的整体市场费用投入是多少，其中厂家主导的是多少，经销商主导的是多少，有没有达到年度双方约定的数字。如果没有达到，那么问题出在了什么地方。以上这些都可以在系统中追根溯源。

最后，勤策 TPM 系统为厂家和经销商提供了丰富的活动数据分析的报表。系统可以有效展示活动的申请情况、执行情况、合格情况、兑付情况等各种数据，企业可以在系统中全方位、多维度分析活动的效果。

2.构建全链路订单管理平台，实现货物流向可视化，掌握渠道动态库存

为了掌握经销商的订单流向，厂家为全国 800 多家经销商提供了进销存的系统，要求经销商在系统中管理该保健 & 白酒的日常业务，包括终端管理、商品管理、订单管理等。同时，厂家提供的系统与经销商后端的系统进行了对接，减少了数据二次录入的麻烦。赋能经销商，为经销商提供一套系统管理进销存，这个模块在前面的啤酒案例中已经有较多介绍，此处不再赘述。

3.构建宴会&品鉴会全流程管理平台，提升宴会执行真实性，有效评估宴会效果

（1）建立宴会事前备案与分配机制，确保宴会有据可查。

宴会的最大来源是终端店主的推荐介绍。该企业用勤策系统构建宴会的备案与分配机制。宴会的详细信息，如宴会主、酒店名称及地址、用酒量、促销

政策都可以由业务员在移动端 App 上在线填写。这样既有利于后续的跟进检核，又增加了业务员造假的成本。

此外，在分配宴会跟单检查业务员的时候，勤策系统基于错位分配原则，保障申报人和跟单人不是同一个人。为了防止窜货，该企业还建立了自己的一物一码系统。业务员在申报宴会用酒的时候，就必须扫入具体酒水的码。后续在核销的时候，如果出现不匹配，则拒绝核销，严重的要追查窜货的责任。

（2）实现宴会的大范围或全量巡检，以视频方式确保宴会真实性。

宴会的一大特点就是集中爆发。集中在五一、十一、春节等节假日，且时间往往是全国通用的良辰吉时，比如 18:30、19:30 等。这种情况下，厂家有限的业务员要实现全量覆盖或大范围覆盖简直是天方夜谭。因此，该企业将勤策与第三方系统打通，建立第三方人员合作的机制，比如与外卖骑手合作或让自己的朋友协助跟单。宴会现场稽核方面，告别之前的静态照片采集。取而代之的是以"小视频采集＋水印位置"的方式进行现场稽核。

（3）加强对宴会的执行监控与数据分析，科学评估宴会的效果。

宴会作为一场营销活动，事先势必是有规划与管理的。一个时段，一个区域有多少场宴会举行？不同的时间段、不同类型的宴会应该主推什么系列的酒，匹配什么样的物料，执行什么样的奖励政策？这些都可以通过勤策系统采集数据，并对数据做全面的分析。当然，宴会的效果好不好，表面看是宴会的场次的多少，用酒的多少，更多的还要关注价盘有没有因为宴会受到影响。宴会作为"小盘"有没有对"大盘"产生积极的影响，品牌的美誉度有没有得到提升等。

4.经销商推广：根据经销商情况不同，因商施策

涉及经销商的项目，推广往往是比较头疼的事。勤策项目结合该企业的实际情况，按照生意占比和信息化水平两个维度，把全国的经销商分为四大类，然后根据这四大类的不同情况制定不同的推广策略：

分类一：生意占比高，信息化水平高。这类经销商的体量一般都比较大，

信息化水平比较健全。笔者在走访过程中，有些经销商的信息化水平已经超过了一般的厂家了。比如江苏的一家经销商的 ERP 使用了用友的 NC 版本，2018 年就给一线人员配类似勤策这样的移动 CRM 系统。

推广策略：首先，推广顺序上，该企业选择先推广这类的经销商。这类的经销商业务全面且复杂，能满足这类经销商使用的系统必定也能满足其他中小型企业的使用。但是，这种方案对系统 MVP（最小可用版本）版本要求比较高，系统配置开发时间较长，对那些项目上线时间要求比较紧的企业是不友好的。同时，项目静默期较长，阶段性成果短期难以呈现，项目组面临较大的实施压力。上述问题，该企业高层领导给予双方项目组充分的理解和支持。其次，推广过程中核心关注点包括：一是系统功能的丰富性，操作友好要超越原系统；二是要能与后方的财务系统互联互通；三是能带来新的价值，比如前文提到的缩短经销商费用核销的周期（大经销商，费用流水较大）、带来新的客户增量等，这些都是吸引这类经销商使用系统的重要抓手。

分类二：生意占比高，信息化水平低。这类经销商基本都是发展中的经销商，主营该公司的产品，对提升自身的信息化水平有一定的诉求。同时，这类企业刚起步，自身对信息化的认知水平远不如厂家有经验。搭上厂家信息化建设的顺风车成为很多经销商的有效选择。

推广策略：功能方面，这一类经销商前期上线功能不需要太多，不能贪大求全，重点先聚焦在经销商日常流程中需要使用的功能。培训方面，最好的是现场集中培训，封闭式，且有考试考核的方式最佳。这类经销商没有系统使用经验，更多的还是要在现场就把问题解决了。该企业就分别在武汉、南京、西安组织了多场集中封闭式的培训，培训结束，现场一个个考核，过关才能返回。

分类三：生意占比低，信息化水平高。这一类属于可培养的潜力型的经销商，这类群体都属于起步型的，他们对厂家信息化系统的支持程度更多地取决于生意占比的变化，有可能没做起来，双方的合作关系就结束了。也有可能这一类发展为第二类经销商，所以这一类的经销商的推广方案与分类二类似。

分类四：生意占比低、信息化水平高。这一点属于非主营的大经销商。

推广方案：想让这一类群体全部使用厂家的系统是不现实的。这种情况下，该企业使用费用核销这个抓手，把厂家和经销商之间的费用核销全部放到勤策的平台上。费用核销在平台上，后续再叠加资金、信用、物流发货等信息，逐步把这类经销商也拉进来。

综上，不同的经销商采用不同的推广方案，尽可能把所有的经销商全部或部分地拉上线，这里忌讳的就是搞一刀切，贪大求全。项目的推广直接关系到项目的成败，允许分经销商、分阶段成功，不能允许失败。截止到目前，该企业一共有 856 家经销商推广成功，占其全部经销商的 95% 左右。

（7.5）某食品饮料企业——五个在线化，为企业深度分销战略插上翅膀

ⓔ 7.5.1　项目背景

该企业主要在中国从事生产和销售方便面、饮品、糕饼以及相关配套产业的经营。集团于 1992 年开始生产方便面，并自 1996 年起扩大业务至糕饼及饮品；集团的三大品项产品，皆已在中国食品市场占有显著的市场地位。据 AC Nielsen 2011 年 12 月零售市场研究报告的调查结果显示，在 2011 年 1—12 月本集团于方便面、即饮茶及包装水销售额的市场占有率分别为 56.7%、50.1% 和 19.6%，稳居市场领导地位；稀释果汁以 18.4%、夹心饼干以 22.1% 同居于市场第二位。

该企业是最早在中国大陆开展深度分销的企业，厂家直接参与管理的一线人员高达数万人（编制在经销商，厂家以货补的方式给经销商以获得人员的管理权）；直接掌控的终端数量达到数万家。数万家每天按照固定的线路拜访终端，

采集终端各种数据，包括铺货、陈列、订单、资产数据等。这样大规模深度分销的企业管理的难度是非常巨大的，其中最核心的难点包括五个方面：人员、终端、费用、订单、库存。每个方面的难点都是围绕着"是否真实""是否精细化""是否更有效率"三方面展开的。

缺乏数字化系统，上述的五个方面，每一个方面都面临巨大的挑战。该企业希望借助勤策的渠道数字化系统实现三个"化"，分别是在线化、数字化、数智化。

7.5.2 业务问题与分析

该企业面临的问题就是深度分销企业普遍遇到的问题：

首先，是如何让业务在线化运转：如何搭建营销团队标准化作业平台，确保指令即时触达、动态实时反馈。

如何建立客户线上化运营互动机制，杜绝虚假门店，沉淀企业客户数据资产；如何塑造通路费用闭环管理全流程，提升费用投放的真实性、合理性、有效性，提高费用核销效率；如何构建全渠道订单流转体系，增加商品流向的透明度，保障订单真实性；如何实时观察渠道库存信息，掌握通路库存状态。

然后，是如何让业务能够数字化运转：一线人员的生产力如何；重点品项铺货率怎么样；终端平均订单金额、订单品种数、平均进货天数如何；冰箱、现调机等资产的掌控率、产出率如何；付费陈列的合格率、兑付率如何；核心KPI 的完成状态如何；订单匹配状态、配送及时率、渠道库存运转状态如何等。

最后，是如何让业务能够数智化运转：如何通过系统人力配备模型，科学优化人力数量结构；如何通过智能排线算法，提升人员巡店的效率；如何通过TPO 系统，提高费用投放的合理性与有效性；如何通过渠道实时观测系统，提高库存风险识别能力，加速库存周转，推动产销协同。

以上，就是该企业业务管理面临的问题，也是其渠道数字化系统建设的出发点与落脚点。

⊜ 7.5.3　项目建设方案

1.五大在线化，提升企业核心竞争力，构筑竞争门槛

五个在线化的实现路径如图 7.9 所示。

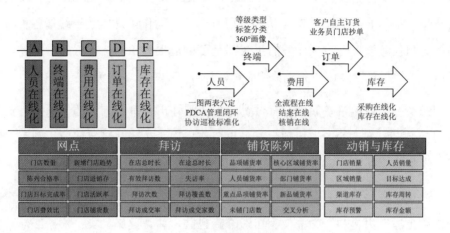

图 7.9　五个在线化的实现路径

1）人员在线

该企业的一线人员具备以下特点：一是一线人员数量非常多；二是一线人员岗位多，业务员、主管、督导、促销员；三是岗位的职责与作业要求不同，业务员负责巡店，督导负责检查，主管要协访新员工，促销员要店内各种数据采集和执行。以上三个特征势必对系统提出了较高的要求。

勤策的 SFA 系统帮助该企业有效区分不同岗位人员，科学划分不同人员的日常工作要求。同时，相关的数据权限也可以做到分权分域，业务员看自己的数据，所长看所在所的数据，以此类推，构建起完善灵活的数据查看与管理权限。

（1）业务员：按线路循环拜访终端，执行针对性的"拜访八步骤"。

所谓线路就是一组终端的组合（包含终端的拜访顺序）。每个业务员大约负责 250～300 家终端，终端分布在 12 条线路中，每条线路大约 20～25 家，新增的终端可以根据所属位置加入到线路当中，确保每一个终端都是有人负责的，也就是所谓的"分组定人"。每条线路中的终端又设置了拜访的频次，比如有付费资产的终端，如冰箱、现调机等，或者有付费陈列的，需要一周拜访一次；其他的非重点的终端则两周拜访一次即可。

传统的拜访八步骤的内在逻辑是，把每一家终端都看成无差别的。但显而易见的是，实际情况是每一家终端的情况都是不尽相同的。因此，与传统的拜访八步骤不同的是，勤策 SFA 认为，所有的拜访动作都是要基于终端各种特征的"有源任务"，每一项任务的生成都是可以追根溯源的，不再简单粗放地仅根据终端类型设置拜访任务。具体而言，任务可能有以下源头：

源头一：终端付费属性。有付费陈列的则弹出付费陈列的巡检项；有资产的则会弹出资产巡检的巡检项目，如果资产出现丢失、故障等问题，则可以填写一张工单，以便后续的相关人员跟进或处理。

源头二：终端业务属性。根据终端渠道类型自动生产该终端的铺货标准，餐饮店更适合大包装；学校便利店适合新包装，新奇健康品类；根据终端历史订单数据、安全库存、渠道热销、促销政策品类等自动生成终端的推荐订单。当业务员报终端铺货或下单的时候，如果系统中推荐的 SKU 未铺或者未下单，则系统可以自动给出提示。

源头三：终端被检核数据。该企业对终端的执行管理非常严格，除了业务员日常拜访之外，基层主管也要定期检核终端。系统会把主管检核发现的问题生成待整改事项，当业务员对该门店进行拜访的时候，系统会自动生成整改事项，业务员在拜访过程中完成整改，整改结果反馈给主管，主管验收合格，则结束；否则，继续整改。

源头四：终端市场活动数据。企业不同渠道的终端设置不同的市场活动。业务员拜访的时候，系统会自动给出该终端可能申请参加的活动，提示业务员与终端店主洽谈相关市场活动。双方洽谈顺利，终端店主愿意参加某档活动，则业务员在拜访任务中填写相关活动的协议申请，申请流转到相关人员审核之后即可生效。

每一家终端的动作都是有源的，业务员的每一项的动作都是匹配该终端的实际情况的，这就大大提升了终端执行的针对性与有效性，尽可能实现每一家终端的"完美执行"，真正意义上实现"千店千面"。

（2）主管：新人协访，终端检核，强化市场闭环管理。

与一线业务员类似，该企业的基层主管也属于一线人员。他们的日常的工作也需要像业务员一样，做到有规划，有计划，有执行。主管的主要工作有三类：协访新员工、检核终端、查看数据报表。该企业要求，新员工入职 1 个月以内，主管必须要协访 2 次，主管要实现对新员工协访的全覆盖。

勤策 SFA 有效规划主管的协访日程，一般情况下，主管是以跟业务员一起跑店的形式协访，因此系统自动把协访当天业务员的拜访计划推送给主管。此外，主管协访的时候也需要协访签到，系统自动判断业务员和主管是不是同一家终端，以确保协访的真实执行。此外，可以按照员工的属性，如过程作业表现、业绩结果表现，选择优先协访哪些员工，并且系统自动生成主管协访时候的评价打分表单，主管直接打分即可。协访结束，系统会自动把协访的结果推送给业务员，方便业务员及时查看。

除了协访新员工，主管的另外一项工作就是检核终端。终端检核是主管自主进行，系统会根据终端的特征排定检核的顺序，比如有付费陈列、有资产投放的优先检核。检核的内容也可以根据终端的类型、属性自动生成，这点与业务员拜访重点执行的任务类似，也是属于有源的检核任务。检核结束之后，主管的检核结果会发送给业务员，有不符合规定的情况会自动生成待办事项及时传递给业务员，等待业务员下次整改。

勤策 SFA 为业务员和主管安排的工作计划，所有的作业过程和结果都是在系统中进行的，这就实现了一线人员工作在线，公司的指令精准触达，市场上的动态实时获取。

2）终端在线

所谓终端在线，包括两层含义。一层是终端静态在线；一层是终端动态在线。

静态在线就是终端的基本信息（位置、门头、联系人）、业务信息（铺货、陈列、销量）、协议信息（付费陈列、资产）等相关内容都已经通过 SFA 工具沉淀在系统中，企业可以及时地查看，更新相关数据，并且可以基于上述数据，有针对性地开展终端的运营工作。

动态在线就是终端店主关注了厂家的订货小程序，厂家可以直接对终端进行营销。

该企业拥有数百万家终端，其中动态在线的终端就有约 200 万家。不管是实现终端的静态在线，还是实现终端的动态在线，核心靠的都是人。静态在线的数据是人员一次次拜访产生的。动态在线是人员一家家地推实现的。

通过勤策 SFA 系统，静态在线的终端数据汇聚成了"一图两表"。

所谓"一图"指的是终端战略分布图。勤策 SFA 系统把原来的钉子图在线化，就形成了终端战略分布图。有了在线化的终端战略分布图，宏观上，企业可以清晰地鸟瞰终端的整体总量；各区域各类终端的分布情况；微观上，可以看到终端客户数量增长的环比、同比数据，区域终端的开发情况；

所谓"两表"指的是客户信息表和客户服务登记表：前者详细记录终端的各类基础信息；后者详细记录业务员的每一次拜访形成的服务记录，铺货上报、陈列上报、订单采集、资产巡检等。两张表共同形成了前文提到的终端静态画像。

通过勤策 B2B 系统，厂家随时可以与动态在线的终端对话，厂家与终端直接建立了对话的渠道，终端可直接在手机上查看厂家的相关政策、在线下单，在线查看自己的相关权益信息（各类优惠券及奖励）等。

3）费用在线

该企业在通路上投入最多的费用有两类，一类是资产，如冰箱、现调机；一类是终端的付费陈列。付费类的费用在线就是把费用从方案—申请—执行—结案—核销的整个过程全部在线化。企业可以实时看到费用申请、执行、结案、核销的进度。资产类的费用在线就是要把资产从签约—投放—巡检—退市的整个过程在线化。企业能够掌握市场上的冰箱的状态、投放冰箱的终端的销售目标的达成情况等。这部分属于消费品企业共同的部分，勤策在很多企业都有着较为成熟的实践，前文的案例中也有较多的介绍，此处便不再介绍。

该企业在费用执行过程中值得一提的是引入"兑货券"的功能。终端参加厂家的付费活动，活动执行，并且审核通过之后，以往是由经销商的业务员去把费用（货物）垫付给终端。但是其中显然会存在兑付周期长、真实性存疑等问题。该企业在终端检查合格之后，直接给终端订货小程序上发一张兑货券。这么一个小小的动作，产生了非常好的效果：

- 真实性提高：以往是经销商垫付，现在是费用直接到达店主的小程序上，真实性自然提高。

- 兑付周期缩短：以往是经销商垫付，多一个环节，现在是直达，兑付路径自然缩短。

- 订货平台活跃率提升：兑付券，本质还是一张券，需要订货才能变现，平台活跃率自然提升了。

- 订单配送及时性提升：厂家后台设置，终端的券使用之后，经销商需要在 24 小时（可自定义）之内送达，延迟配送，则券不核销，经销商需要自行承担损失。若不配送，则会有其他的制度约束。

4）订单在线和库存在线

系统事先设置好终端与经销商的供货关系，有些终端可能会有多个供货商供应不同的商品。一线业务员拜访终端，采集终端订单，订单转给对应的经销商发货配送，厂家不参与订单的处理过程，但是可以实时看到订单的相关处理数据。

2.信息化向数字化升级，借助数据驱动业务发展

信息化的目的是让业务能够从线下转到线上，它是以流程的线上化为基础，对于消费品行业而言，其核心的标志是五个在线化。五个在线化提升了业务处理的效率，与此同时业务开始变得可视，管理者可以有效掌握相关领域的情况。数字化是在信息化基础上做二次升级，核心目的是让管理者能够在"看得到发

生了什么"的基础上，进一步发现"事情做得怎么样，有哪些地方是值得改进的"，实现数据驱动业务发展。

1）数字化助力企业分析人员生产力情况

勤策 SFA 系统为该企业制定人员 KPI 的多元化考核方案，企业可以按照时间、区域设置不一样的考核指标，并且针对不同的指标设置不一样的权重，最终计算出来每位人员的生产力数据。比如，新市场，该企业更强调重点品项的铺货，勤策 SFA 系统可以给该区域的业务员设置三个指标：

- 指标 1：新建并审核终端数，新增 1 个得 1 分，权重 20%。

- 指标 2：重点品项新增终端数，新铺 1 个得 5 分，权重 30%。

- 指标 3：新增重点品项订单，新增 1 张订单得 5 分，权重 50%。

基于上述指标及权重，相关员工的生产力数值就可以有效地计算出来，员工排名可以实时呈现。每个人都可以看到自己当时的生产力数值；每一层级的管理者可以看到自己所属层级的下级人员的生产力数值，如果发现数值较差的员工，主管可以层层下钻查看员工的得分低的问题点在哪，助力企业及时发现问题点，解决问题，推动业务正向发展。

2）数字化助力企业分析市场的表现情况

市场的表现情况，主要表现为终端、铺货、陈列与资产、动销等四个核心维度。

关于终端，如果说终端管理的信息化的核心是终端的数据在线，那么，终端管理的数字化的标志就是终端的贡献度。一个终端会有较多的业务数据信息，这些信息在线之后，需要构建一套评价体系，用这套评价体系来衡量终端的贡献度。勤策的 SFA 系统为该企业提供了自定义的终端评价体系，可以根据终端渠道等级、铺货情况、订单情况、陈列、资产的合格情况等维度，来定义终端的贡献度，用贡献度来评价终端的重要程度和潜力状态。相关的人员可以根据贡献度的指标来针对性地运营管理终端。

关于铺货，铺货的信息化管理主要是解决终端铺货数据采集的问题。但是不同的终端应该制定什么样的铺货标准，不同的铺货标准执行的情况怎么样，新品/重点品项的铺货情况怎么样，重点区域与核心竞品的铺货竞争状况是怎么样的？诸如此类，都是需要上升到数字化的层面，通过数字化反哺业务处理。勤策 SFA 帮助该企业制定多类的铺货标准，管理颗粒度较细的区域，按照终端的类型设置铺货标准，比如餐饮类的终端更适合铺大容量的 SKU，学校便利店更适合铺时尚、新奇的产品等；管理颗粒度较粗的区域，可以按照品类或者 SKU 设置标准，只管理区域内某 SKU 或品类的铺货标准，不再细化到具体的终端。竞争较为激烈的区域，终端需要关注核心竞品的铺货 PK 情况，比如，西安和北京分别当地的知名汽水饮料——冰峰和北冰洋，这些区域就要设置与之竞争的核心单品的铺货标准。通过各种铺货标准的设置，该企业可以从多维度分析目前产品在市场上的铺货标准，铺货的表现可能会直接影响相关费用的流向和力度等。

关于陈列与资产，陈列和资产的管理有两个维度：其一是执行是不是合格；其二是效果是不是达标。勤策 SFA 给不同的陈列形式设置了不同的陈列标准，比如，货架的标准维度应该是排面数、品种数、位置等；地堆的标准维度应该是地堆面积、位置、助销物料、有没有促销员等；冰箱的标准维度应该是纯净度、饱满度等。根据不同标准，系统生成每一个投资场景的结果数据，企业可以分析活动执行是否合格。活动结束再结合相关活动的效果数据，企业分析效果有没有达标；

两个结果结合起来看，如果执行不合格，则需要解决执行问题；如果执行合格，但效果不佳，则需要考虑活动适配的问题，包括品类适配、渠道适配等。另外，活动效果还需要往后追踪一段时间，目的是要观测是"有促就要销"；还是"有促没有销"；还是"没促也有销"，由此来综合判断该商品或者渠道的增长潜力。

关于动销，订单采集和处理的流程线上化之后，就是对终端的订单以及经销商的配送、库存等问题做有效的分析。该企业可以直接采集终端的进货订单数据，这就为终端订单分析奠定了基础。分析的主要维度是：终端订货频次、终端客单价、订单平均 SKU、订单平均品种数、新品重点品项进货等。具体而言，可以从整个行销公司—营业部—营业所—线路等组织维度分析上述指标的情况，基于各类情况的分析判断产品在市场上的动销情况。比如，终端客单价高，但是订单平均 SKU 数少，说明只重点进了某些单品或者爆品的货，其他的产品没有受到重视；终端客单价低，订单平均品种数多，说明该店可能是一家新店，每一品类的产品都进货一点试试水。基于上述的分析判断，企业可以针对性地采取政策提升相关指标，比如，通过终端针对性地推荐订单提升订货频次；通过组合、买赠等方式提升终端客单价，增加平均订单 SKU 数等。

3）数字化助力企业识别订单真实性，管理渠道库存

深度分销体系下，实现订单在线实际上并不是很难，关键是如何尽可能保障终端订单的真实性；如何尽可能准确地管理经销商的库存。为了实现上述两个目的，仅靠信息化是远远不够的，还需要通过数字化助力。该企业借助勤策 SFA 与 DMS 系统设计了一套较为完善的订单闭环数字化管理体系。具体操作方法如下：

检验订单真实性的关键是看订单有没有被配送。我们按照配合程度把终端店主分为强、中、弱三类。基于上述三类情况，该企业分别设计了三种配送验证方式。

- 配合意愿弱：终端店主不愿意配合的情况下，要求配送司机到达现场之后，系统点击签到，系统会校验司机当前位置与终端门面位置或者仓库位置是否一致，以此来确认司机真实到达了现场，提高订单造假的成本。

- 配合意愿中：终端店主有一定的配合意愿，司机送达之后，系统会给终端店主发送一条短信验证码，司机在系统中输入验证码即可确认配送成功。

- 配合意愿强：终端店主配合意愿强的，可以要求店主做实名认证，确保店主是真实存在的，司机配送送达之后，系统会自动弹出提示，要求店主在线签收，手写签名，系统会自动弹出一个验证码，店主输入进入，以确保是本人操作，这样一来，整个订单就形成了闭环。

除了上述流程之外，该企业还要求主管在检核和协访的时候做订单的检查，一是看有没有漏单；二是看有没有虚报订单，如果发现可在系统中发起相关处理流程。因为协访和检核是按人员全覆盖的，因此这一定程度上也增加了订单造假被发现的可能性。

订单真实性管理是止于至善的过程，上述管理办法是用一种权变的方式来避免"大跃进式"运动带来的集体式的造假。所以，订单的真实性理论上是不可能达到100%，但是构建一套订单真实性的管理闭环体系就能让企业在追逐真相的道路上有一个抓手。

经销商库存管理核心是对经销商出货的管理。勤策助力该企业管理好经销商的出货数据，再结合一些系统的数字的前后验证对比，有效给出经销商库存数据及相关异常数据。具体而言：

经销商可以自己做库存盘点，但是系统中做了盘点上下限的限制，不允许出现大量的盘盈或者盘亏，否则数据无法提交。厂家要求主管一个月盘点一次经销商库存，得到实际库存数量，则经销商的实际出货量＝期初量＋当期进货－实际库存。该经销商的理论出货量≈业务员抄单的数量＋经销商自销的数量，其中业务员抄单的数量大约占比90%。因此这个公式可以简化为理论出货量≈业务员抄单的数量×1.1。

系统将实际出货量与理论出货量做比较，允许两者的差值在±10%以内，如果超过了这个区域，则可以做异常结果的分析：

情况一：如果理论值≤实际出货量（且差值超过±10%），那么可能造成的原因如下：

- 经销商有较大的自有销量。需要把这部分销量流向的终端找出来，纳入到日常的管理体系中。

- 有业务员漏单，需要加强对业务员的培训和考核管理。

情况二：如果理论值＞实际出货量（超过±10%），那么可能造成的原因如下：

- 业务员方面：可能是虚报订单，实际市场上的终端的订单需求量并没有这么多。这件事比较严重，企业会有较为严格的处理制度。

- 经销商方面：可能是未送货或少送货；也可能是部分订单配送未在系统中点击配送选项。需要进一步了解未配送的原因，是终端订货量太少导致未配送，还是经销商库存缺货导致未配送。

综上，数字化系统并不能 100% 制止一些违规的行为，在经销商库存管理的场景中，它更多的是扮演提示与预警的角色，通过提示一些蛛丝马迹，引导厂家去发现问题，解决问题。

最后，从数字化到数智化的跃迁，该企业一直也在探索。目前，勤策助力该企业实现智能排程系统和 TPO 系统的建设，其中 TPO 系统在前文的日化案例中已经有所介绍，此处便不再介绍。

勤策智能排程系统依据网点 GPS 信息，设置多维排程策略，通过智能算法，帮助该企业输出最优拜访线路的排程工具，这对于拥有数万名一线人员的企业而言，无疑是巨大的效率提升。管理者可以按员工、客户属性设置多维排程策略，系统自动计算每个业务员所属终端之间的两两距离，并根据业务员的交通方式计算路程时间，利用优化搜索算法计算满足业务员每日拜访总里程和拜访总客户的巡回路径，然后按照每月目标调整每日拜访路径，最后输出最优解即排程结果。

这样一来，完成同等工作量，智能排程需要的工作日比人工排程需要的工作日减少。例如：3 个员工负责 300 家客户，同等限定条件下，人工排程需要30 天才能完成拜访，而智能排程只需要 20 天就能完成拜访，拜访的效率大大提高。同时，智能排程系统充分考虑了客户的重要性，根据重要性划分了优先级，比如有资产或有陈列的需要每周去一次。

此外，智能排程算法的另一大价值是帮助企业优化人力模型，通过算法计算出来的线路需要的人员与实际的人员做对比，企业可以有效分析总人数是否存在冗余，具体到某一个区域，也可以分析区域人力结构是否需要调整。

第 8 章　渠道数字化成熟度评估

对于消费品企业的数字化负责人来说，无论当前的渠道数字化建设状况是顺利的或坎坷的，无论当前渠道数字化建设到了什么阶段，无论当前渠道数字化运营的效果如何，都希望能知道"企业当下的渠道数字化建设处于什么阶段？渠道数字化建设是否全面？和同行企业的渠道数字化相比有多大差距？中长期渠道数字化建设应该规划些什么？"要想回答这些问题，我们对渠道数字化建设与运营要有全面的了解和评估，这样才能清楚地知道当前处境和未来努力的方向，以便合理规划渠道数字化建设的预算和实施计划。

那么，我们从什么维度来评估渠道数字化建设和运营的进程呢？或者说我们能否定义一个评估模型对数字化成熟度进行评估呢？

我们尝试从多个维度来分析渠道数字化进程，比如：组织维度、能力模型维度、业务场景维度等。组织维度是从企业组织架构中和渠道工作相关的部门着手分析每个部门的工作内容是否被数字化了，各个部门分别有哪些工作内容是最有数字化价值的，被数字化的越多则代表数字化成熟度越高；能力模型维度是从企业渠道建设和运营能力模型来分析每一方面的渠道能力是否通过数字化实现了、提升了，提升的越多则代表数字化成熟度越高；业务场景维度则是从企业的渠道建设核心业务工作对应的场景分析每一个场景是否被数字化了，这些场景中的核心业务流程是否被数字化了，被数字化的越多则代表数字化成熟度越高。最终我们认为从"业务场景维度"来评估渠道数字化成熟度更合理一些，因为 IT 系统架构既不是以部门为维度抽象设计的，也不是以能力模型为维度抽象设计的，而是以业务场景为维度抽象设计的，每个业务场景可能需要多个部门的协同，每个业务场景可能会带来多种业务能力提升。

或者说，一个企业的组织部门会不断调整，能力模型会不断进化，但只要这个企业还采取渠道营销的模式，那么其渠道建设和运营的内在逻辑是相对稳定的，内在逻辑表现出来的业务场景也是相对稳定的，IT 系统的架构也是相对稳定的，否则 IT 系统就无法被抽象地设计和架构出来。即便在渠道建设过程中出现了一些变数，如新兴渠道出现、渠道职能的重心发生变化、渠道层级增加或减少，但这些都不会改变渠道建设的基本逻辑。

我们可以把渠道数字化涉及的业务场景分为以下五个方面：销售人员管理、客户精细化运营管理、渠道订单全流程管理、通路库存跟踪管理、渠道费用闭环管理。这五大业务场景对应的业务主体分别是人员、客户、订单、库存、费用。要想实现这些业务场景的数字化，必须首先实现五大业务主体的在线化，只有业务主体在线了才有可能实现业务场景的整体数字化和深度数字化，业务主体在线化是业务场景数字化的最小前提，是渠道数字化的基础。

所以，渠道数字化成熟度的评估就可以转化为业务主体在线化程度的评估，通过评估每一个业务主体在线的广度和深度来衡量对应业务场景的数字化成熟度。基于这五大业务主体，我们设计了一、二级评估指标，并设置了不同的权重，以便我们整体评估渠道数字化成熟度（见表 8.1）。

表 8.1　渠道数字化成熟度评估

一级指标	权重	二级指标	权重
人员在线化	0.15	品牌商业务员在线化	0.4
		经销商业务员在线化	0.4
		促销导购在线化	0.2
客户在线化	0.2	经销商在线化	0.4
		终端在线化	0.5
		消费者在线化	0.1
渠道订单在线化	0.35	下单在线化	0.3
		渠道价格在线化	0.1
		渠道促销在线化	0.2
		渠道返利在线化	0.2
		客户资金在线化	0.15
		物流配送在线化	0.05
通路库存在线化	0.05	经销商库存在线化	0.7
		终端库存在线化	0.3
费用在线化	0.25	预算和费控在线化	0.1
		终端活动在线化	0.2
		终端活动执行在线化	0.3
		费用落地在线化	0.4

当然，每个企业的规模和数字化程度不一，关注的业务重点也各有侧重，企业可以根据自身实际情况调整各个指标的权重值，以便更符合企业当前的实际情况。

下文将对具体的指标分解说明。

8.1　人员在线化

渠道销售模式下，企业往往需要配置较多的渠道销售人员，包括"品牌商业务员、经销商业务员、终端驻场促销导购"三大类，分别对应"经销商管理、终端销售、终端促销"三个渠道管理业务场景。

渠道销售人员在线化是渠道数字化最基础的部分，只有他们被数字化系统连接了，才有可能使用数字化系统完成各种业务动作，高效实现渠道建设和运营工作的落地。所以这三类销售人员在线化广度和深度则代表着销售管理业务的数字化程度。那么，具体从哪些核心的标志事件来描述人员在线化呢？

经过我们的实践总结，销售人员管理要解决三个层面的问题：出工、出力、出效。出工的意思就是真实的人在要求的时间出现在真实的地点，是所有工作开展的基础；出力的意思就是要员工把每一项销售动作都不折不扣地执行好，真正出力了，才能保证执行过程是没问题的；出效的意思就是要有一个好的工作成果、好的绩效。基于这三点，数字化系统应该提供相应的保障，对应的就是"拥有真实账号""日常工作在线""考核激励在线"三个方面（见图8.1）。

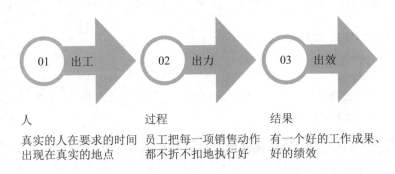

01 出工	02 出力	03 出效
人	过程	结果
真实的人在要求的时间出现在真实的地点	员工把每一项销售动作都不折不扣地执行好	有一个好的工作成果、好的绩效

图 8.1　销售人员管理的三个层面

1.拥有真实账号

每一个真实的人在数字化系统中都应该拥有一个真实的账号，标志着这个人真的在线化了。账号是否真实很重要，如果系统不能做到账号真实性控制，那么账号很容易被任何人在任何设备上冒用，因此就可能带来大量的数据造假，基于虚假账号基础之上的虚假业务数据就会失去数字化的价值和意义。所以一套成熟的数字化系统应该对账号真实性做严格的技术管控。

2.日常工作在线

销售人员的日常工作在线是销售 SOP 过程管理的必备条件。线下销售过程是很难管理的，如果每一个销售动作是否真实发生都未知，那管理者很难收集到真实数据，也难做出正确的决策，更无法给出改进的策略。管理大师德鲁克说过"如果你无法衡量它，就无法改进它"。所以，通过数字化系统保证销售人员日常工作的真实在线，是 SOP 能否落地的前提，是中高层管理者明智决策的前提，是销售策略改进的前提。

3.考核激励在线

在数字化系统精细化管理销售过程以后，还需要完成对销售结果的管理。让每一个销售组织单元和每一位销售对自己的业绩考核方式和业绩指标清晰可见并实时更新，且让每一位管理者对下属的绩效目标可以实时追踪。同时数字化系统还需要支持 KPI 考核、MBO（Management by Objective，目标管理）考核、积分奖励等多种考核激励方式，以便满足企业针对不同岗位人员的考核方案灵活性。

具体评估项如表 8.2 所示。

表 8.2　人员在线化的具体评估项

（注：每个三级指标的多个问题总分为 100 分，可以为每个评估问题设置一定的分值，满足则得分，反之则不得分。）

二级指标	三级指标	评估项
品牌商业务员在线化	拥有真实账号	● 品牌商自有业务员是否全员使用 SFA 系统？ ● 品牌商自有业务员平均每天使用系统的时长是否大于 2 小时？

续表

二级指标	三级指标	评估项
品牌商业务员在线化	拥有真实账号	● 品牌商自有业务员是否强制使用手机设备绑定或人脸识别等强认证方式登录系统？ ● 是否在系统中构建业务员和地理区域关系并禁止超区域作业？
	日常工作在线	● 品牌商自有业务员是否在系统中早晚考勤打卡？ ● 品牌商自有业务员是否在系统中制订客户拜访计划？ ● 是否在品牌商自有业务员拜访每一个客户时自动定位？ ● 是否支持在拜访时按照企业统一规定逐一执行拜访步骤？ ● 品牌商自有业务员是否在系统中对经销商业务员的终端工作进行评价？ ● 品牌商自有业务员是否在系统中制订检核计划并按期检核经销商业务员？ ● 品牌商自有业务员是否在系统中制订协访计划并按期协访经销商业务员？ ● 品牌商自有业务员是否在系统中将检核/协访的整改意见在线发送给经销商业务员并要求业务员逐项反馈？ ● SFA系统中是否采用虚假定位识别和翻拍照片识别技术防止员工造假？
	考核激励在线	● 是否对品牌商自有业务员设置考核指标并支持在线追踪进度？ ● 是否支持基于各个考核指标完成数据自动进行奖金试算？ ● 是否对品牌商自有业务员的工作行为发放积分进行额外奖励？ ● 是否支持积分直接转化成现金提现到卡或到积分商城在线消费？
经销商业务员在线化	拥有真实账号	● 是否将所有经销商业务员纳入SFA系统统一管理？ ● 经销商业务员平均每天使用系统的时长是否大于2小时？ ● 是否强制经销商业务员使用手机设备绑定或人脸识别等强认证方式登录系统？ ● 是否在系统中构建业务员和地理区域关系并禁止超区域作业？
	日常工作在线	● 经销商业务员是否在系统中早晚考勤打卡？ ● 是否给经销商业务员制订每周拜访计划或编排拜访线路？ ● 是否在经销商业务员拜访每一个客户时自动定位？ ● 是否支持在拜访时按照公司统一规定逐一执行拜访步骤？

续表

二级指标	三级指标	评估项
经销商业务员在线化	日常工作在线	• 销售管理者是否对经销商业务员的每日作业情况进行人工评价？ • 是否有晨夕会报表可供每日晨夕会做计划安排或工作总结？ • SFA 系统中是否采用虚假定位识别和翻拍照片识别技术防止员工造假？
	考核激励在线	• 是否对经销商业务员设置考核指标并支持在线追踪进度？ • 是否支持基于各个考核指标完成数据自动进行奖金试算？ • 是否对经销商业务员的工作行为发放积分进行额外奖励？ • 是否支持积分直接转化成现金提现到卡或到积分商城在线消费
促销导购在线化	拥有真实账号	• 是否将促销导购人员纳入 SFA 系统统一管理（不限于APP/ 小程序等系统形式）？ • 是否支持将促销导购人员绑定到零售终端并禁止超范围作业？
	日常工作在线	• 是否使用排班考勤系统管理促销导购人员的考勤？ • 是否要求促销导购人员每日上报终端零售销量？ • 是否要求促销导购人员每日上报终端陈列照片？ • 促销导购人员是否可以在线领用促销物料或陈列工具？
	考核激励在线	• 是否能够基于终端零售销量自动计算业绩提成奖励？ • 是否支持终端 POS 系统销量导入并和人工上报销量对比差异？ • 销量提成的计算策略是否支持基于不同客户类型、不同区域客户、不同级别客户、不同品类、不同品项等多个维度灵活定义不同提成？ • 销量提成的计算策略是否支持多个阶梯设置差异化提成比例？ • 是否对促销导购人员的工作行为发放积分进行额外奖励？ • 是否支持积分直接转化成现金提现到卡或到积分商城在线消费

8.2　客户在线化

销售人员、售后服务人员是企业面向客户的服务窗口，但仅有"人"这一个服务窗口是远远不够的，无论是从客户服务质量监控角度来看或是从提升客户服务体验角度来看，企业都需要有一个面向客户的数字化服务窗口，可以24小时为客户提供在线化服务，可以收集到来自客户的第一手真实反馈，以便让管理层知道员工是否真的服务好了客户，还存在哪些问题需要解决，还有哪些方面需要优化。这就要求企业必须做到全渠道客户在线化，包括经销商、零售终端、消费者，通过在线化实现渠道链路中的各级客户形成联动效应和网络效应。

在销售圈流行一句网络名言"客户虐我千百遍，我待客户如初恋"，可见谈客户就像谈恋爱一样。我们从谈客户和谈恋爱的步骤角度分析，都是分三步：第一步找到他，第二步认识他，第三步追求他。三步都成功了，两个人就在一起"谈恋爱"了，我们和客户的合作就谈成了。具体来说：第一步"找到他"就是你要知道你的客户是谁，不能漫无目的地找，否则你找到的很多非目标客户就是"假客户"；第二步"认识他"就是你要真实地了解你的客户，对客户做360度画像，充分了解以后才能知道如何做客户工作；第三步"追求他"就是要通过制造各种各样的事件和客户进行渐进式互动，关系逐渐变得亲密，让客户了解你和你的产品、喜欢你和你的产品。基于这三步，数字化系统应该提供相应的保障，分别对应的评估项就是"客户真实性""客户清晰度""客户参与度"三个方面（见图8.2）。

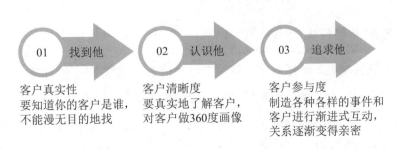

图 8.2　客户在线化三步骤

1.客户真实性

所有的客户数字化都要建立在真实客户数据的基础之上，如果客户数据本身存在弄虚作假，那基于这些客户的业务数据更谈不上真实了，不仅导致运营策略的失效，还会误导管理者的决策。有一件事让我印象非常深刻：有个企业的销售总监很坚定地对我说，目前企业已经覆盖了 50 万零售终端（CRM 系统里有 50 万条终端数据），但经过清洗验真以后还剩下不到 20 万，当他知道这个情况后非常诧异，最后很快对销售策略做了非常大的调整。

2.客户清晰度

对基层销售人员来说，对客户的了解是否清晰直接决定了客户工作的开展思路和方法。无论是新客户还是老客户，都会面临着不了解客户带来的被动挑战，导致客户工作无从下手的局面。比如，在开拓经销商时不知道经销商公司的经营风险，签约后发现经销商经营不善无法提供充足的资金进货；在向经销商压货时不知道自己企业的产品收入在经销商整体生意中的占比，无法制定合适的返利政策；在和终端门店谈进货时不知道竞品销售数据，无法和终端谈到一个合适的陈列费用。

对管理者来说，对客户的了解是否清晰直接决定了市场覆盖策略的制定和产品销售政策的制定。比如，不管理经销商的授权商品范围就无法精细化管理渠道；不知道终端门店的类型就无法制定精准的铺货策略，无法把合适的产品铺到合适的门店；不知道终端门店货架陈列的每个产品排面就无法准确评估给门店陈列费的兑付比例；不构建清晰的消费者画像就无法做精准营销。

3.客户参与度

客户直接参与到企业数字化环节中已经成为企业数字化转型的一个典型标志，在企业内部有些政策在推行时往往会受到一些阻力，各个部门的管理者、各个区域的管理者可能会以各式各样的理由拒绝或敷衍执行，当追问原因时他们可能会给出一些让你无法反驳的理由，这就让高层管理者制定的政策执行效果大打折扣，甚至都开始怀疑是不是政策制定得有问题。但如果高层管理者是有途径和客户建立数字化的通道，可以通过从客户侧收集的数据分析出一些结论，这些客观的数据则会让管理者对制定的政策更有信心，下属也就无法忽悠自己了。所以说，让客户参与到企业的数字化中来，可以倒逼企业做更好的改革或进化。

具体评估项如表 8.3 所示。

表 8.3　客户在线化的具体评估项

（注：每个三级指标的多个问题总分为 100 分，可以为每个评估问题设置一定的分值，满足则得分，反之则不得分。）

二级指标	三级指标	评估项
经销商 在线化	新经销商拓展过程在线管理	● 是否能够管理招商类型的市场活动以及管理每一个活动的投入产出费用？ ● 是否将收集的招商线索录入系统进行跟进的统一管理？ ● 是否支持将线上投放招商广告的登记线索自动进入 CRM 线索池并分配给相应人员去跟进？ ● 是否支持分阶段管理招商的跟进流程并要求销售人员记录跟进状态？ ● 是否对每一个经销商的企业信息做工商信息的验真和绑定？ ● 是否支持经销商资质考察信息的在线代报和审核？
	经销商风险监控	● 经销商是否在经销商门户系统中在线做实名认证？ ● 经销商的工商信息发生变动时是否可以自动发送预警？ ● 是否在线监控经销商的经营风险（如法律纠纷、法人失信等）？ ● 是否在系统中记录经销商资质和授权期，并自动发起过期提醒？
	经销商在线参与业务	● 经销商是否有账号可以登录品牌商提供的经销商门户？ ● 是否支持一个经销商有多个账号登录并分配不同功能权限？ ● 经销商门户是否支持移动端（App/ 微信服务号 / 微信小程序任一）？ ● 经销商门户是否可以收到品牌商发送的各类通知、资讯？ ● 经销商门户是否可以向品牌商服务部门在线投诉反馈问题？ ● 经销商门户是否可以查询每月费用对账单和货款对账单？ ● 经销商是否可以确认对账单（电子签章）？ ● 经销商是否可以在线电子签署各类合同（如授权经营协议、返利协议等）？ ● 经销商是否可以通过直播方式在线参与品牌商线上活动（如订货会、推介会等）？

二级指标	三级指标	评估项
终端 在线化	新终端拓展 管理	• 是否支持业务员在拜访时将新终端录入系统？ • 系统是否能够基于位置发现附近未拓终端？ • 是否在面向终端的系统中提供终端自注册的通道？ • 是否支持员工或老客户使用二维码或推荐链接拉入新客户？ • 新拓终端是否支持采集并记录坐标位置？ • 新拓终端是否支持在线多级审批流程？
	保证终端真 实性	• 终端信息中是否包含联系人手机号的强制采集？ • 系统是否支持智能查重，不允许建立重复终端？ • 终端坐标位置变更是否在线审批？或是否监控位置多变的 终端？ • 终端是否在终端服务系统中在线做实名认证？
	终端铺货 管理	• 终端铺货标准是否支持按产品的品类、品项设置？ • 终端铺货标准是否区分必铺商品和建议铺商品分别设置？ • 终端铺货标准是否支持上报数量？ • 铺货检查时是否可以参照标准进行自动比对？ • 是否通过 AI 自动识别陈列照片中商品的品类、品项、数量？ • 是否将 AI 识别结果对比铺货标准自动计算符合率？
	终端画像 清晰	• 是否根据终端的业务数据自动给终端打标签（如付费终端、 高销量终端、最近未拜访终端等）？ • 是否能够基于 AI 识别终端陈列的数据自动评估门店完美度， 以便划分终端等级甄选完美门店？
	终端直接 参与	• 终端是否有账号可以登录品牌商构建的终端连接系统？ • 终端连接系统是否支持移动端（App/ 微信服务号 / 微信小程 序任一）？ • 终端是否可以向品牌商服务部门在线投诉反馈问题？ • 终端是否可以收到品牌商发送的各类通知、资讯、生意经？
消费者 在线化	新消费者拓 展管理	• 是否建立通过业务员、终端老板、店员、KOC 拓展消费者 的在线通道？ • 是否建立对消费者拓展人员的奖励系统（如红包、积分等）？ • 是否在产品包装上展示消费者会员系统的二维码？ • 是否支持线下市场活动收集消费者信息并进入消费者主数 据库？ • 是否将各大电商平台中收集的消费者信息自动对接到消费者 主数据库？
	消费者运营	• 是否建立面向消费者沟通服务的移动连接系统（App/ 微信公 众号 / 小程序任一）？ • 是否有统一推送平台向多个连接通道批量推送资讯（如品牌 宣传、活动公告等）？

续表

二级指标	三级指标	评估项
消费者 在线化	消费者运营	● 是否根据消费者的业务数据自动给消费者打标签？ ● 是否结合过第三方消费者数据给消费者打标签？ ● 是否支持根据消费者的消费数据或互动数据自动进行会员分级？ ● 是否在商品包装上印有唯一二维码（一物一码）开展消费者营销活动？ ● 是否有市场活动平台支持无代码开发即可配置各类 H5 营销页面？ ● 是否基于消费者标签开展差异化在线营销活动？
	消费者转化	● 是否建立自有的封闭式消费者电商系统支持消费者在线消费？ ● 是否基于微信生态建立消费者社交电商小程序（如拼团、微分销等）？ ● 是否通过在线运营手段促进消费者留存、活跃、转化？ ● 是否基于消费者标签在自有电商系统中给消费者做商品推荐购买？

8.3 订单在线化

企业和渠道客户的合作，最终要体现在合同订单上，是企业经营往来的重要凭证。所有的促销策略、资金往来、仓储配送都是围绕订单展开的，订单在线化可谓是渠道深度数字化最重要的标志。可能有不少人有疑问，订单不应该是 ERP 系统管理的范畴吗？为什么还需要在 CRM 系统中做订单在线化？这是不是重复的数字化建设？订单在线化的意义在哪里？

其实，这个问题很好回答。我们只要看渠道管理部门的新需求能否在 ERP 系统中得到满足？例如，ERP 是否能支持灵活的电商促销玩法（如积分、秒杀等）？ERP 是否能支持多变的渠道返利政策配置？ERP 是否可以给每一个经销商、终端门店开一个订货账号？ERP 是否能支持每一个销售人员在渠道客户现场使用移动端流畅下单？ERP 是否能支持基于人工智能算法的建议订单？ERP 是否能满足渠道客户在线订货的电商般交互体验？显然，面向内部管理人员使用的 ERP 是无法满足或不能很好满足的，渠道客户订单在线化就要放到渠道数字化系统中完成。

当渠道数字化走入深水区时，订单在线化是必经之路。围绕订单的业务有哪些呢？信息化时代大家就已经划分得很清楚了，包括信息流、资金流、物流三个部分，简称"信流、金流、物流"三流。渠道数字化也一样，实现渠道的"三流"在线化就实现了渠道订单在线化。

1.信息流在线化

渠道订单信息的在线化，不仅仅是包含单一的在线下单，还包括下单时的产品可售范围控制、多样化在线促销、实时价格策略、实时库存可视化和库存预占等等。这些都在线化了，才能说订单的信息流在线化了。

2.资金流在线化

订单资金流在线化，不仅仅是包含简单的资金流水记录能够在线化管理，还包括在线支付、资金流水和订单信息的自动匹配、渠道客户预付款余额管理、渠道客户信用额度限制管理、KA 终端账期管理，甚至还要包括下单后的周期性返利计算、按产品的费用分摊等等，这些都属于订单的资金流在线化范畴。

3.物流在线化

对渠道订单履约的常规理解就是交付货物，包括厂家向经销商交付货物、经销商向分销商或终端门店交付货物。货物交付这件事本身没有办法在线化，但履约过程中的运输信息、货车位置信息、签收凭证采集是可以在线化管理的，甚至还包括车型匹配、配送路线智能规划、码流向管理、物流效率评估、物流服务满意度评价都是可以在线化管理的。

具体评估项如表 8.4 所示。

表8.4　订单在线化的具体评估项

（注：每个三级指标的多个问题总分为100分，可以为每个评估问题设置一定的分值，满足则得分，反之则不得分。）

二级指标	三级指标	问卷题目
下单在线化	经销商订单	**下单方式支持** ● 业务员是否可以在手机端代经销商下单？ ● 经销商是否可以在经销商门户中自主下单？ **下单时可见关键信息** ● 下单时是否仅限看到经销商授权范围内的商品？ ● 下单时是否支持快捷选择最近下单商品、上次下单商品、热卖商品、新品？ ● 下单时是否可以实时看到品牌商库存饱和状态（如充足/紧张/缺货）或可用库存量？ ● 下单时是否支持基于历史数据智能推荐建议订单？ **下单后处理** ● 是否支持经销商订单的多级审批？ ● 经销商订单审批时是否支持根据金额、数量等条件走不同分支审批流程？ ● 经销商订单审批时是否支持修改经销商原始要货数量？ ● 是否支持对经销商订单在线退换货及多级审批？ ● 经销商订单是否已经自动对接ERP？
	终端订单	**下单方式支持** ● 是否给经销商业务员提供统一的移动访销/移动车销系统？ ● 是否为终端门店提供可自主下单的移动订货商城？ **下单时可见关键信息** ● 下单时是否仅限看到权限范围内商品？ ● 下单时是否可以实时看到经销商可用库存量？ ● 下单时是否支持基于历史数据智能推荐建议订单？ **下单后处理** ● 是否支持终端订单的多级审批（含业务员确认）？ ● 经销商能否在发货时修改订单数量或添加新品项？ ● 是否支持对终端订单在线退换货及多级审批？ ● 是否能够将终端访销订单转单给经销商发货？
渠道价格管理在线化	经销商价格管理	● 经销商价格（进货价）是否基于合同审批或价格审批后才能生效？ ● 是否支持配置客户等级价和具体客户协议价？

续表

二级指标	三级指标	问卷题目
渠道价格管理在线化	经销商价格管理	• 是否支持按经销商类型、区域、产品多个维度组合定义不同的价格策略？ • 价格策略是否支持有效期管理（过期失效）？ • 是否支持设置阶梯定价（买得越多价格越低，或买得越多价格越高）？ • 业务员代经销商下单时，是否允许改价？ • 业务员代经销商下单时，是否支持"部分经销商不允许改价，部分经销商可以改价但需要审批，部分经销商可以改价但不需要审批"的差异化策略设置？
	终端价格管理	• 是否支持配置客户等级价和具体客户协议价？ • 是否支持按终端类型、区域、经销商、产品多个维度组合定义不同的价格策略？ • 业务员代终端下单时，是否允许改价？ • 业务员代终端下单时，是否支持"部分终端不允许改价，部分终端可以改价"的差异化策略设置？ • 业务员代终端下单时，是否能够对修改价格做浮动区间控制？
渠道促销在线化	经销商促销	• 经销商促销策略是否支持满赠、满折、特价？ • 是否按阶梯设置经销商促销策略（如满10赠1/满20赠3）？ • 是否支持按区域、经销商、品类、品项制定不同的经销商促销策略？ • 经销商促销策略是否支持多级审批流程？ • 是否支持人工修改经销商促销策略自动带出的优惠（如赠送数量/折扣金额）？ • 是否支持多个经销商促销策略的叠加或不叠加（按优先级）？ • 是否支持为"业务员代下单和经销商自主下单"两种方式分别设置不同的促销策略？
	终端促销	• 终端促销策略是否支持满赠、满折、特价、优惠券？ • 是否按阶梯设置终端促销策略（如满10赠1/满20赠3）？ • 是否支持按区域、经销商、终端、品类、品项制定不同的促销策略？ • 终端促销策略是否支持多级审批流程？ • 是否支持人工修改终端促销策略自动带出的优惠（如赠送数量/折扣金额）？ • 是否支持多个终端促销策略的叠加或不叠加（按优先级）？ • 是否支持为"业务员代下单和终端自主下单"两种方式分别设置不同的促销策略？

续表

二级指标	三级指标	问卷题目
渠道返利在线化	经销商返利	● 是否支持基于经销商订单自动计算周期返利？ ● 是否支持对系统自动计算返利进行人工审批并修改？ ● 是否支持一个经销商有多个不同类型的返利账户（如销售返利账户、陈列费用返利账户）？ ● 是否支持对不同返利账户设置不同使用条件（如限制使用比例）？ ● 经销商返利策略是否支持计提日期范围的设置？ ● 是否支持可视化配置各种复杂的经销商返利策略（如仅限部分商品参与返利，以订单金额或发货金额为基数计算）？ ● 经销商返利策略配置是否支持根据销售额的不同阶梯返不同比例？ ● 每一笔返利是否支持设置不同的有效期？ ● 经销商返利是否支持用于抵货或抵钱？
	终端激励	● 是否支持基于终端订单自动计算周期积分激励？ ● 是否支持基于终端订货自动发红包或积分？
客户资金在线化	经销商资金	● 在系统中是否记录经销商多类型资金账户的余额（俗称"账余"）？ ● 经销商自主下单时能否看到自己的账余？ ● 是否为经销商设置信用额度？ ● 下单时当前订单金额超出可用余额（账余＋信用额度）是否设置不同的控制策略（如强控不允许下单／仅提醒但允许下单）？ ● 经销商自主下单是否可以实现在线支付？ ● 经销商是否可以在没有订单的情况下独立在线支付实现预缴款？
	终端资金	● 直营终端／核心终端自主下单是否可以实现在线支付？ ● 是否支持直营终端的账期在线管理和收款提醒？
渠道订单物流配送在线化	经销商订单配送	● 下订单时是否基于整车配送策略做体积或重量的限制？ ● ERP中的发货单是否对接到经销商门户中呈现给经销商查询？ ● ERP中的发货物流信息（发货状态／司机信息等）是否对接到经销商门户中呈现给经销商？ ● 给经销商发货是否记录发货批次（可用于退货查验或溯源防窜）？ ● 是否对经销商自动发送"预计到货时间"的提醒？
	终端订单配送	● 经销商给终端发货的状态是否推送消息给终端老板／店员？ ● 是否支持终端在线签收货物？ ● 是否支持终端对物流配送服务做星级评价？ ● 是否支持统计经销商对终端的配送及时率？

（8.4） 库存在线化

渠道库存一直是渠道分销模式的企业关注的重点，只要产品还在渠道环节流通（还没有被消费者买走），企业总是不安的。如果渠道库存过大，企业不仅会担心库存积压滞销，还会担心经销商砸价倾销，更会担心产品过期退货带来的损失，以及产能过剩带来的经营损失；如果渠道库存不足，企业不仅会担心零售终端缺货导致销量下降，还会担心消费者买不到而造成的品牌伤害，更会担心投放的市场费用白白浪费。

从数字化角度来看，渠道库存是最难在线化的，毕竟经销商、零售终端使用的库存管理系统和品牌商的系统是割裂无法打通的，所以首先需要想办法采集到渠道库存，其次需要高频地定期追踪分析库存，以便及时根据渠道库存情况采用恰当的市场策略和生产安排。

1.库存采集

渠道库存采集的通常方法有人工定期盘点渠道库存、DDI 插件采集渠道库存、人工智能模型预测渠道库存等方式，但无论使用哪种方式，仅靠单一通道采集的库存可信度必然不高，最好能使用交叉验证的方式对采集数据进行校验，比如，两种采集方式同时使用以便对比偏差、和最近一笔进货数据比对、设置月库存去化的最大比例阈值、历史采集数据偏差比对等。

需要特别说明的是，渠道库存数据并不需要非常精确，有一定比例的偏差是可以被容忍的（比如上下偏差在 5% 以内），毕竟更多的数据应用场景是以渠道库存的大盘数据做决策辅助，而不是精准管理库存数量和成本，因此不应该因为库存数据不精准就放弃采集。

2.库存追踪

有了相对准确的库存数据，必然要做多维度的库存分析，以便追踪库存积压或短缺的真正原因所在。至少应该基于区域维度、产品维度、经销商维度做库存量的追踪和变化趋势分析。

具体评估项如表 8.5 所示。

表 8.5　库存在线化的具体评估项

（注：每个三级指标的多个问题总分为 100 分，可以为每个评估问题设置一定的分值，满足则得分，反之则不得分。）

二级指标	三级指标	问卷题目
经销商库存在线化	经销商库存采集	● 业务员是否定期（小于一个月）采集一次经销商库存？ ● 采集库存时是否有自动校验方法和限制策略有效防止乱报？ ● 经销商进货订单是否能自动增加经销商库存？ ● 经销商出货订单是否能自动减少经销商库存？
	经销商库存追踪	● 是否能够对经销商库存积压或缺货商品及时发出预警？ ● 销售管理者是否每日追踪经销商库存报表？
终端库存在线化	终端库存采集	● 是否每次拜访终端都采集终端库存？ ● 采集终端库存时是否要求真实拍照取证？ ● 是否支持基于历史数据智能预测终端库存？
	终端库存追踪	● 是否将终端临期产品的期限做记录并自动给业务员发送预警？ ● 是否分析业务员的零库存终端出现的次数和比例？ ● 是否分析零库存产品出现的终端数量和比例？

8.5　费用在线化

渠道费用是渠道运营管理的重要抓手，无论是对经销商还是对门店，"如何确保费用的真实落地？"一直都是个让企业感到困惑的问题。如果花销费用的活动或行为本身是虚构的，那费用必然就"打水漂"了。

有不少企业还在使用 OA 来管理渠道费用，试图通过流程审批来解决费用真实化问题，其实流程审批只能解决内部定责的问题，只是在发现费用漏洞时知道处罚哪位管理者（审批人），而无法解决费用真实性问题。当然，由于过去受限于软件技术制约，很多企业也无法通过先进的数字化手段解决获取费用真实凭证的问题。但现在不一样了，有了 LBS 定位技术、有了虚假照片识别技术、有了人脸识别技术、有了发票验真技术，通过这些技术能够保证采集的费用花销凭证是真实的，可以说这是近年来渠道费用管理系统最大的突破。

我们把基于 OA 管理费用审批流程的系统称为"猪八戒系统"，就像猪八戒一样明明知道事情的真相，还要蒙住眼睛不去看，捂住耳朵不去听，自己骗自己。把基于新技术的新型费用全过程管理系统称为"孙悟空系统"，就像孙悟空一样火眼金睛，妖魔鬼怪都能被识破，各种假的费用凭证都要现原形。

那么，渠道费用在线化应该包括哪些方面呢？从费用管理的全流程来看，包括：预算管理→方案规划→活动策划→活动申请和审批→活动执行→活动检核→活动评价→活动结案→费用兑付→费用核销→费用核算→费效分析和总结。当然，不同的费用类型在管理流程方面可能会有差异。这些环节都要在线化，才能标志着实现了费用在线化。

具体评估项如表 8.6 所示。

表 8.6　费用在线化具体的评估项

（注：每个三级指标的多个问题总分为 100 分，可以为每个评估问题设置一定的分值，满足则得分，反之则不得分。）

二级指标	三级指标	问卷题目
预算费控在线化	预算编制	● 是否在线管理各类销售费用的预算？ ● 是否支持为不同类型费用灵活定义不同的预算维度（如 A 类型费用基于"年度＋部门＋产品"维度进行编制，B 类型费用基于"月度＋经销商＋产品"维度进行编制）？ ● 是否支持总部和各级区域在线协作自下而上层层汇总式编制预算？ ● 预算编制是否支持多级流程审批？
	预算调整	● 订单类的销售费用是否支持基于订单数据滚动计算并自动调整预算？ ● 是否支持人工干预调整预算？ ● 是否支持跨科目、跨部门、跨区域、跨经销商的预算调整？ ● 预算调整是否支持多级流程审批？
	费用控制	● 是否支持为不同类型的费用制定不同的费控策略（如 A 类费用要强控且不允许超，B 类费用仅提醒但允许超，C 类费用不控）？

续表

二级指标	三级指标	问卷题目
预算费控在线化	费用控制	● 是否支持为不同类型的费用制定不同的控制期段（如 A 类费用按年控，B 类费用按季控，C 类费用按月控）？ ● 是否支持超出预算不同金额的申请走不同的人工审批流程？
终端活动在线化	活动方案	● 是否支持在线管理终端各种类型的市场活动（如付费陈列、进场费、助销物料费、促销导购工资等）？ ● 是否支持在方案中设置可申请的终端范围或具体终端名单？ ● 是否支持在方案中设置可申请的陈列项目？ ● 是否支持在方案中设置结案方式（如单次结案、分批多次结案）？ ● 是否支持自上而下的活动下发模式和自下而上的活动发起审批模式？
	终端活动申请	● 是否支持为不同区域、类型的终端设置不同的参考标准（如陈列标准）？ ● 是否支持基于终端参考标准自动生成付费协议（如付费陈列协议）？ ● 是否支持没有活动方案的直接发起申请（如订货会务费、过期产品处理费用、车辆补贴费用等）？ ● 是否支持后台批量申请和业务员逐个申请两种模式？ ● 是否支持临时性活动不申请即可直接执行？
	终端参与活动	● 终端老板是否可以在线查询付费陈列协议内容？ ● 终端老板是否可以使用电子签章在线签署付费陈列协议？ ● 终端老板是否可以自主上报陈列照片？
终端活动执行在线化	活动执行	● 是否支持到店拜访时自动展示该店档期内活动？ ● 是否支持针对临时性促销活动在执行时指定活动周期？ ● 是否支持到店拜访时采集活动现场照片和数据，并能够自动关联到活动？ ● 是否为不同类型的活动制定了不同的上报表单模板？ ● 是否支持对同一个活动多次执行（多次采集数据）？ ● 是否能够自动识别出虚假上报的现场照片？
	活动检核	● 是否支持基于活动执行的记录现场检核真实性？ ● 检核时是否支持基于打分模板进行打分？ ● 是否支持对不同类型的活动设置不同的检核模板？
	活动评价	● 是否支持在线评价活动执行记录？ ● 是否支持多级人员多次评价？ ● 是否支持对不同类型的活动设置不同的评价模板（评价标准）？

二级指标	三级指标	问卷题目
费用落地在线化	终端费用兑付	● 是否支持为不同方案定义不同的兑付标准（达到什么要求兑付什么）？ ● 是否支持为不同方案定义不同的兑付方式（如按现金兑付、按商品兑付）？ ● 是否按照执行记录的评价合格率自动按比例计算兑付费用？ ● 是否能够自动区分兑付费用高于申请费用的情况并事后稽核？ ● 是否为终端兑付物的交付过程真实性采集现场交付证据？ ● 是否在兑付物的交付过程中给终端老板发送短信通知并要求兑付执行人索要终端门店验证码回填系统已做真实性验证？
	经销商费用核销	● 是否在 OA、TPM 或其他系统中实现经销商费用核销流程审批？ ● 是否支持经销商自主发起费用核销申请然后走企业内部审批？ ● 核销材料中的凭证是否可以从系统中自动取证（而不是申请者人工上传）？ ● 系统是否支持基于订单数据中赠品费用／折扣费用自动核销？ ● 核销时能否根据厂家／经销商的承担比例自动计算？ ● 是否支持费用核销审批通过后自动对接 ERP 财务模块生成凭证？
	费用核算	● 是否支持费用科目和财务会计科目的映射关系配置？ ● 是否支持按成本中心划分费用归属？ ● 是否支持自动生成预提费用凭证？ ● 是否支持核销时自动生成核销凭证？ ● 是否支持自动生成票扣类支付凭证？ ● 生成的凭证是否支持和财务系统无缝对接？
	费用分析	● 是否能够分析出不同部门／区域／经销商／品类的费用投入对销量拉动的相关性？ ● 是否能够对每一个终端的费用投入和销量产出做 ROI 分析？ ● 是否能够自动分析出"产出／投入"比例不高的终端并发出"及时调整费用策略"的提醒？ ● 是否按部门／区域／经销商／品类等维度分析历史预算制定的准确度（预算执行率）？ ● 是否能够自动分析出"产出／投入"比例不高的终端并发出"及时调整费用策略"的提醒？ ● 是否按部门／区域／经销商／品类等维度分析历史预算制定的准确度（预算执行率）？

综上，我们通过评估"员工在线化""客户在线化""订单在线化""库存在线化""费用在线化"五个方面来评估渠道运营管理在五个基础业务数字化层面的成熟度，从而得出渠道数字化的成熟度。

当然，这个评估模型仅仅是覆盖了一些核心业务领域和核心业务流程，具体到每一家企业来说，并不完全能够完整覆盖渠道数字化建设的全部业务范围。比如有的企业会做一些渠道建设的创新尝试，这就要求渠道数字化要能够支撑到这些创新业务，这部分不会被当前模型所覆盖。再比如有的企业会做更深层次的综合数据分析和预测，以便为管理者提供决策依据，这部分也不会被当前模型所覆盖。每家企业可以以本评估模型为基础进一步扩展和完善，制定适合企业自身的渠道数字化成熟度评估模型。

第 9 章　新技术对 SaaS 未来的影响

写这一章的时候，压力很大，因为现在 AIGC，LLM 等概念如火如荼，并且演进变化十分快速，因此任何对 AI 未来做出的预判，都显得不那么靠谱。不过既然写数字化，我们不妨憧憬一下未来。

首先把概念理顺，现在比较流行的概念是 AIGC 和 LLM，这两者概念其实有所差别，AIGC 指的是用 AI 生成内容，我们也叫生成式 AI。而大语言模型 LLM 可以完成很多任务，生成式任务是其中的一种，比如生成诗歌、小说，甚至生成代码。而其他能用 LLM 完成的任务，还有很多，比如识别出图片中的内容，根据指令控制代码执行，等等，有无穷的想象空间。所以现在我们描述新一代的 AI，往往用大语言模型 LLM，更为准确。

说到新一代大语言模型 LLM 的 AI，就必须要先提一下以前的 AI，即神经网络算法下的 AI 技术，其实企业的数字化已经在很多场景下使用了。比如大家经常使用的人脸识别、语音转文字、文字识别，以及勤策的 AI 识别货架图片功能，都是常用的 AI 技术，种类繁多，百花齐放。这些 AI 技术给企业切切实实地提升了效率，使用成本也很低。

那么为什么这次大语言模型 LLM 的出现就这么让人激动呢。我觉得主要是两个原因，一个是生成式的 AI，智能地回答问题和创造图片等内容，这样的用户体验让所有人眼前一亮，用惊艳两个词形容一点也不过分。第二个是演进的速度太快，可以参照表 9.1。

表 9.1　2018—2023 大语言模型 LLM 参数量的变化

模型	发布时间	参数量
GPT-1	2018 年 6 月	1.17 亿
GPT-2	2019 年 2 月	15 亿
GTP-3	2020 年 5 月	1750 亿

续表

模型	发布时间	参数量
GTP-3.5	2022 年 11 月	不可知
GPT-4	2023 年 3 月	5000 亿

注：网络上对 GPT-4 使用的参数量有着不同的数据，但是笔者自己问了一下 GPT-4，他给出的答复是 5000 亿个。

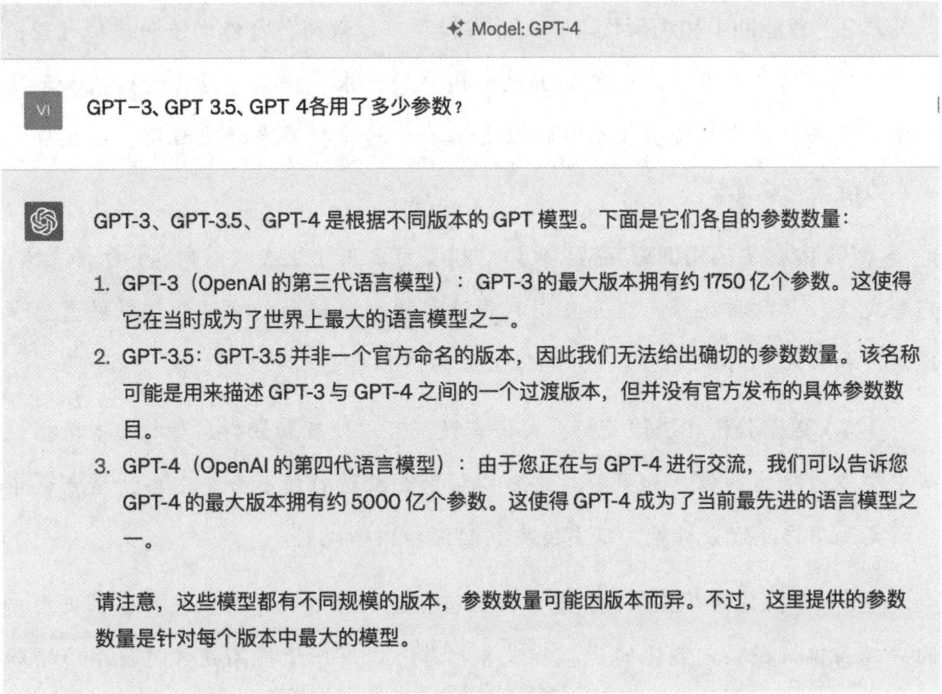

✦ Model: GPT-4

 GPT-3、GPT 3.5、GPT 4各用了多少参数？

GPT-3、GPT-3.5、GPT-4 是根据不同版本的 GPT 模型。下面是它们各自的参数数量：

1. GPT-3（OpenAI 的第三代语言模型）：GPT-3 的最大版本拥有约 1750 亿个参数。这使得它在当时成为了世界上最大的语言模型之一。

2. GPT-3.5：GPT-3.5 并非一个官方命名的版本，因此我们无法给出确切的参数数量。该名称可能是用来描述 GPT-3 与 GPT-4 之间的一个过渡版本，但并没有官方发布的具体参数数目。

3. GPT-4（OpenAI 的第四代语言模型）：由于您正在与 GPT-4 进行交流，我们可以告诉您 GPT-4 的最大版本拥有约 5000 亿个参数。这使得 GPT-4 成为了当前最先进的语言模型之一。

请注意，这些模型都有不同规模的版本，参数数量可能因版本而异。不过，这里提供的参数数量是针对每个版本中最大的模型。

图 9.1 Model：GPT-4

参数数量对于大语言模型来说是非常重要的。参数数量指的是模型中可调整的参数的总数，这些参数用于存储模型的知识和能力。较大的参数数量通常表示模型具有更多的学习能力和表达能力。这是因为参数数量的增加可以使模型更加复杂，能够学习和表示更多的语言模式、概念和知识。模型参数的增加可以提高模型的准确性、逻辑推理能力和生成连贯文本的能力。

那么大语言模型 LLM 的 AI，到底给企业数字化带来什么帮助呢，关于这个问题，我们似乎不用自己回答。ChatGPT 已经能给我们很好的答案了：

以下内容摘自 ChatGPT-3.5 模型的回答：

大语言模型对企业数字化未来有深远的影响。下面是几个方面的例子：

（1）**自然语言处理**：大语言模型能够理解和生成自然语言，对于企业的自然语言处理任务非常有帮助。它们可以用于智能客服、自动化回答常见问题、语义搜索、文档摘要和翻译等任务，提供更高效和准确的语言处理能力。

（2）**智能助手和虚拟代理**：大语言模型可以被用作智能助手和虚拟代理，与用户进行对话和交互。它们能够理解用户的需求、提供个性化的建议和解决方案，并执行特定的任务。这可以改善客户体验，提高自动化程度，并减少企业人力资源的需求。

（3）**内容生成和创意支持**：大语言模型可以用于生成文本内容，包括文章、广告文案、产品描述等。企业可以利用这些模型来辅助创意过程，提供灵感和建议，加快内容创作的速度，并确保生成的内容质量。

（4）**数据分析和决策支持**：大语言模型可以处理和分析大量的文本数据，从中提取有价值的信息和见解。这可以帮助企业进行情感分析、舆情监测、市场研究和用户反馈分析等，以支持决策制定和战略规划。

（5）**个性化推荐和营销**：基于大语言模型的个性化推荐系统可以根据用户的兴趣和偏好提供定制化的产品和服务推荐。这有助于提高销售转化率、增加用户满意度，并优化营销策略。

（6）**虚拟培训和知识管理**：大语言模型可以用于虚拟培训和知识管理，帮助企业培训员工、提供在线教育和知识库服务。它们能够回答问题、提供解释、解决疑惑，并在学习过程中提供个性化的指导和反馈。

总体而言，大语言模型提供了更强大、智能和自动化的语言处理能力，可以改善企业的效率、创新能力和用户体验，推动数字化转型和企业发展。然而，在使用这些模型时，需要注意数据隐私和伦理问题，并确保透明、可解释和负责任地使用。

而 GPT-4 的回答却略有不同，下面摘自 GPT 4 模型的回答：

大语言模型，如 OpenAI 的 GPT-4 等，对企业数字化未来产生了深远的影响。这些影响涉及多个领域，包括自动化、决策支持、产品和服务创新等。以下是一些主要的影响：

（1）自动化：大语言模型可以执行许多简单到复杂的任务，如自动回复客户邮件、编写报告、生成代码等。这将显著提高企业的自动化水平，提升生产率，降低成本。

（2）决策支持：借助大语言模型，企业可以更快地获取有关市场趋势、竞争对手策略等的信息，从而做出更明智的决策。此外，模型还可以协助分析公司内部数据，为决策者提供有价值的洞察。

（3）产品和服务创新：大语言模型可以帮助企业设计新产品和服务，或优化现有产品。例如，可以将模型应用于产品设计、营销策略制定、用户体验改进等方面。

（4）客户服务：借助智能聊天机器人，企业可以提供实时的客户支持服务，减轻客服团队的负担。此外，大语言模型还可用于分析客户反馈，从而更好地满足客户需求。

（5）人力资源管理：大语言模型可以协助企业招聘、员工培训、绩效评估等人力资源管理任务。通过自动筛选简历、生成面试题、提供培训材料等方式，企业可以更高效地管理其人力资源。

（6）提高数据安全：大语言模型可以辅助企业发现网络安全威胁、识别异常行为等，从而提高数据安全。

（7）企业文化与沟通：大语言模型可以用于自动生成员工手册、培训材料、内部通信等内容，从而有助于传播企业文化，提高员工沟通效率。

总之，大语言模型对企业数字化未来的影响是多方面的，将带来生产力的提升、创新的推动以及企业运营的优化。然而，企业也需要关注隐私、道德、法律等方面的问题，以确保技术的可持续发展。

另外，大语言模型未来会对企业数字化有什么影响，读者都可以问 GPT-4，或者以后更先进的模型，包括程序员会不会被淘汰，现在的 BI 技术会不会被淘汰，自己的工作会不会被淘汰，等等。而更有意思的是，大语言模型每次生成的回答内容都不完全一致，这好像也是一个很好的预示：人工智能自己也不知道自己未来能改变些什么。

虽然现在 Copilot、Cursor 等工具已经用上了大语言模型，对生产效率的提升有一定的帮助，但目前还未发现杀手级的应用出现。笔者相信，随着大语言模型的更新迭代，新的应用会"涌现"，我们完全可以等到那个时候，再来看数字化这件事，将会何去何从。